- 2022年广州市哲学社会科学发展"十四五"规划项目（2022GZYB53）
- 广州城市职业学院校级高水平培育专项（2022JKY010022022-07）

岭南传统商业街环境评价及激活策略

侯夏娜　著

华南理工大学出版社
·广州·

图书在版编目（CIP）数据

岭南传统商业街环境评价及激活策略/侯夏娜著．—广州：华南理工大学出版社，2023.12
　　ISBN 978-7-5623-7541-8

　　Ⅰ．①岭⋯　Ⅱ．①侯⋯　Ⅲ．①商业街-研究-中国　Ⅳ．①F723

中国国家版本馆CIP数据核字（2023）第251889号

岭南传统商业街环境评价及激活策略

侯夏娜　著

出 版 人：柯　宁
出版发行：华南理工大学出版社
　　　　　（广州五山华南理工大学17号楼，邮编510640）
　　　　　http：//hg.cb.scut.edu.cn　E-mail：scutc13@scut.edu.cn
　　　　　营销部电话：020-87113487　87111048（传真）
策划编辑：骆　婷
责任编辑：洪梅芳　骆　婷
责任校对：梁晓艾
印 刷 者：广州一龙印刷有限公司
开　　本：787mm×1092mm　1/16　印张：15.5　字数：371千
版　　次：2023年12月第1版　印次：2023年12月第1次印刷
定　　价：78.00元

版权所有　盗版必究　印装差错　负责调换

前　言

传统商业街是指在城市老城区中长期存在并延续至今的，以传统小商业及行业集中为主要特点，以传统建筑形式及城市肌理为环境状态的区域集合商业载体。这种商业形式区别于现当代购物环境，往往在空间尺度、场所意象、城市角色等方面具有独特性。传统商业街在城市社会生活、文化传统、地理环境等多种因素综合作用下形成，秉承商业职能，构筑出特有的城市风貌。随着城市化进程的推进，在传统商业街融入现代社会生活的过程中，传统街区往往因缺乏更新而式微，或因不适宜的更新而消解。在电子商务、线上购物盛行的今天，传统商业街所面临的挑战在某种程度上更甚于现代大型商业实体。传统商业街对城市而言，不仅仅是商业集散地，更是市民文化生活不可或缺的一部分。如何使街区的城市角色得以最大化实现，如何激活街区自身的内在商业动力并使其与时俱进，如何使街区的改造与城市的传统相衔接，这些都是值得设计者和历史遗产保护学者们共同研讨的命题。

岭南地区具有悠久的商业传统和深厚的商贸积淀，很多老城区留存着数量可观的传统商业街，这些街区承载着动人的商业故事，有些街区仍熙熙攘攘，但也有为数不少的街区已经成为城市发展的死角，未能充分体现及承担城市的商业、交通等职能。显然，如果对于这些传统商业街的更新改造仅仅停留在原样修复与更新层面，其非物质的商业文化仍将难以为继。对传统商业街的保护、更新、激活的研究，应超越传统视角，从城市衔接、环境实体、商业逻辑及人群体验等多个方面切入探讨。本研究以地域性、文化性与时代性的有机统一为设计价值归依，从分析和评价岭南传统街区的使用状况入手，提取岭南传统街区典型的空间组合（结构性）及使用方式（人文性）等要素特点，对传统商业街作出使用后评价。在这基础上，本书围绕传统商业街的商业适用功能，从空间使用方式、空间句法关系、既存建筑改造、场所意象传达等方面探讨如何在更新改造中激活传统街区的商业活力，唤醒其应有的历史情怀，从而在保护和活化、历史和现实、经济和人文之间找到其新的支点。

无论是在地理气候条件还是在文化特质层面，"岭南"均是具有稳定表征的地域文化符号。本研究聚焦岭南地区的传统商业街，基于建筑学、遗产保护学、规划学、社会学、统计学、评价学等多学科的理论成果以及关于舒适度的研究，建立主观心理层面的传统商业街综合性评价模型，进而通过空间句法研究探讨空间、动线、人流等商业关联要素的逻辑关系，通过可意象性研究探讨街区的真实环境、文化氛围与行为特征，借此提出具有较强实践指导意义的传统商业街的活化更新设计策略，使对既存建筑的研究体现出符合当代学科发展要求的科学与理性特征，同时呈现POE方法在传统建筑研究领域的应用。本研究注重客观物质环境与主观使用态度、使用行为的互动机制，在地域适应的语境下研究岭南人群在传统商业空间中的环境评价及行为模式，以此达成岭南传统街区更新设计的文化性表征。本书主要探讨了以下几方面内容：

（1）岭南传统商业街的先导性研究及研究逻辑框架的建立

通过对评价主体、客体背景体系的调研并对传统商业街区进行实地走访，尤其是通过对传统商业街和现代商业实体之间的差异与共性进行分析，厘清研究对象的概念外延，掌握街区的环境状况、内部空间使用状况等。通过多侧面、多层次的探索性研究，使评价主体、评价客体、评价旨趣、评价方法得以具体化，从而提出有利于展开论述的逻辑空间类型化方式、全书框架结构与针对性的研究方法，这是研究的前期理论和技术准备。

（2）岭南传统商业街的环境舒适性研究

对现有岭南传统商业街区进行实态研究和评价，从使用人群与实际环境的相互关系中提取评价信息，运用"结构—人文"方法评价判断研究对象的合理性，检验环境品质，预判潜在问题和内在环境需求。据研究，舒适性因素往往在很大程度上主导使用者对购物环境的优劣评价。传统街区物质环境相对固定，与游历者的环境需求特别是不断提高的舒适标准之间存在矛盾，游历人群对于舒适环境的心理需求呈复杂化，因此对于传统商业街舒适感的可量化评价及标准化衡量显得尤为重要。本研究从物质环境、心理环境、社会软环境等要素切入充分考察使用者对岭南传统商业街的显性、隐性需求，建立舒适性评价的因素集，提出舒适性权重模型，由此获得公众对传统商业街的舒适性水平集体意识和态度的相关量化结果。

（3）岭南传统商业街动线空间句法分析及人流分布规律

相较于一般性的历史街区，本书研究对象的本体功能为商业职能，激活营商条件、契合商业逻辑与传统商业街的保护与更新是主要矛盾。城市在改变，业态对空间的需求在改变，传统商业街中的空间使用状态在改变，商业街中游历者的空间需求也在改变，对传统商业街的研究不能脱离空间逻辑关系。本书借助空间句法相关技术，对街区的商业人流分布规律、空间的视线关系、空间深度等作出分析，总结出有利于商业运营的传统商业街空间组合关系及业态格局。同时结合商业营销、消费行为心理等理论，综合考虑合理利用街区的空间组合，了解与掌握有利于商业运营的空间动线逻辑与消费人群分布之间的规律性特点。

（4）岭南传统商业街可意象性研究

传统商业街保存着较为完整的历史风貌，其作为当地的文化符号应具有一定的视觉可识性和氛围可意象性。在街区传统文化意象的传达意义上，现代商业元素更多地表现为反向效应，因此，关于可意象性的研究焦点往往集中在如何维持商业性和文化性的适度平衡，使二者相辅相成，相互依存。本书结合历史传统建筑保护改造的基础理论，结合地域与文脉、空间与场所、建筑与民俗、行为与使用等方面对传统街区活化策略中所体现的真实性、文化性、行为性等作出探讨。

（5）岭南传统商业街环境激活策略的提出

在前述研究的基础上，本书最后一章是"理论—实践—理论"渐进式研究过程中的结论提炼和成果转化环节。本书的研究成果是认知层面和方法层面的综合理论构建，力求实现两个方面的理论贡献：其一，提出有益于提升街区活力的空间模式语言，把研究成果落实到建筑设计理念层面。本书根据使用后评价结果，以空间为叙述载体，提炼相关的设计模式语言，在岭南传统商业街领域实现亚历山大的"建筑模式语言"理论体系的扩展。本书遵照经典著作《建筑模式语言》的研究和表述逻辑，将研究结论提炼成为设计模式语言。其二，把不同阶段、不同深度的研究结论具体化、条理化，进而形成有利于传统商业街活化更新的建议和策略。

著者

2023年6月

目 录

第1章 导 论 ··· 1
  1.1 研究缘起 ··· 1
  1.2 研究对象及关键词 ··· 2
    1.2.1 岭南 ·· 2
    1.2.2 传统商业街 ··· 2
    1.2.3 更新 ·· 3
  1.3 研究的社会背景 ··· 4
    1.3.1 "重商"的城市文化传统 ··· 4
    1.3.2 "老化"的城市街区现状 ··· 6
    1.3.3 "过激"的改造更新 ··· 7
    1.3.4 "复兴"的经验反思 ··· 8
  1.4 研究的文化背景 ··· 9
    1.4.1 多维、动态、积极的当代保护主题 ··································· 9
    1.4.2 多层、综合、法治的国内保护体系 ·································· 10
  1.5 研究的学术背景 ·· 11
    1.5.1 国外：对街区更新的内涵理解不断深化与拓展 ··················· 11
    1.5.2 国内：对街区更新的已有研究有待填补与完善 ··················· 12
  1.6 研究目标、意义及创新点 ··· 13
    1.6.1 研究目标 ·· 13
    1.6.2 研究意义 ·· 13
    1.6.3 研究创新点 ·· 15
  1.7 研究策略和方案 ·· 15
    1.7.1 研究方法 ·· 15
    1.7.2 研究框架体系 ··· 16
    1.7.3 技术路线及可行性分析 ·· 17
  1.8 拟解决的关键问题 ·· 18
  1.9 本章小结 ·· 18

第2章 前期研究及逻辑架构的建立 ·· 19
  2.1 关于街区保护及城市更新的文献研究 ······································· 19
    2.1.1 西方关于街区保护及城市更新的代表性著作理论 ················ 19

2.1.2　我国关于传统街区保护更新研究的理论动态 ·················· 21
　2.2　关于研究客体的先导研究 ··· 25
　　2.2.1　研究客体的历史溯源 ··· 25
　　2.2.2　对研究客体的现场初勘 ·· 28
　　2.2.3　对研究客体的图纸分析整理 ····································· 31
　2.3　对研究主体的先导性调研 ··· 35
　　2.3.1　消费者行为与心理的理论准备 ·································· 35
　　2.3.2　对研究主体的现场观察和问卷调研 ···························· 36
　2.4　传统商业街区的空间类型化研究 ···································· 42
　　2.4.1　A空间：活跃空间（Activity Space） ························· 43
　　2.4.2　C空间：动线空间（Circulation Space） ···················· 44
　　2.4.3　B空间：后勤空间（Back up Space） ························ 48
　　2.4.4　D空间：区域空间（District Space） ························ 48
　2.5　研究客体样本框的确立及研究样本选取 ·························· 48
　　2.5.1　确立样本框 ··· 48
　　2.5.2　研究样本选取原则 ·· 48
　2.6　研究架构的建立 ·· 49
　　2.6.1　研究旨趣的提出 ··· 49
　　2.6.2　传统商业街综合性评价与焦点性评价研究思路 ·············· 50
　　2.6.3　分析方法的确定 ··· 51
　2.7　本章小结 ·· 52

第3章　岭南传统商业街舒适性评价模型 ······························· 53
　3.1　研究概述 ·· 53
　　3.1.1　概念界定 ·· 53
　　3.1.2　舒适性影响因素 ··· 54
　　3.1.3　国内关于传统街区使用后评价研究概况 ······················· 54
　3.2　研究设计 ·· 55
　　3.2.1　研究目的 ·· 55
　　3.2.2　研究内容 ·· 55
　　3.2.3　研究方法 ·· 56
　3.3　先导性调研 ··· 56
　　3.3.1　开放式的访谈问卷 ·· 57
　　3.3.2　李克特量表式的先导问卷 ·· 58
　3.4　以街区平面类型为自变量的舒适度研究 ·························· 60
　　3.4.1　评价对象背景信息 ·· 60
　　3.4.2　问卷设计及数据采集 ··· 63

   3.4.3 调查结果的统计与分析 ·· 64
 3.5 运用层次分析法的层次权重评价分析 ·· 77
   3.5.1 递阶层次结构模型的建立 ·· 78
   3.5.2 准则层因素重要性排序 ·· 79
   3.5.3 对子准则层因素的层次权重决策分析 ·· 81
   3.5.4 对评价样本的舒适性的综合分析比较 ·· 84
 3.6 本章小结 ·· 86

第4章 传统商业街动线空间句法分析及商业适宜判断 ······························ 88
 4.1 相关理论基础 ·· 88
   4.1.1 空间句法理论 ·· 88
   4.1.2 传统商业街理论 ·· 89
 4.2 研究概述 ·· 90
   4.2.1 研究目的 ·· 90
   4.2.2 研究内容 ·· 90
   4.2.3 空间句法与地理信息系统集成研究方法 ······································ 90
 4.3 研究可行性分析 ·· 91
   4.3.1 传统商业街的空间构成 ·· 91
   4.3.2 传统商业街的商业要素 ·· 92
   4.3.3 空间句法研究动线空间的适用性 ·· 93
   4.3.4 传统商业街要素的转译 ·· 94
 4.4 研究技术路线 ·· 95
   4.4.1 研究步骤 ·· 95
   4.4.2 研究样本的选取 ·· 96
   4.4.3 研究样本空间句法轴网的建立 ·· 98
 4.5 基于空间句法技术的传统商业街商业性分析 ······································ 101
   4.5.1 传统商业街C空间的商业均好性研究 ·· 101
   4.5.2 传统商业街空间的空间识别性研究 ·· 104
   4.5.3 传统商业街空间的视线可达性问题研究 ······································ 110
   4.5.4 三类传统商业街要素比较 ·· 112
 4.6 传统商业街空间句法参数与GIS信息地图人流关联性分析 ···························· 114
   4.6.1 GIS信息人流热力图 ·· 114
   4.6.2 建立各样本的GIS人流信息库 ·· 114
   4.6.3 关联性变量分析 ·· 125
   4.6.4 传统商业街人流量多元线性回归方程预测 ···································· 127
 4.7 本章小结 ·· 130

第5章 岭南传统商业街的可意象性研究······132
5.1 研究设计······132
5.1.1 意象概念界定······132
5.1.2 城市尺度下的意象理论······133
5.1.3 环境心理学的意象及相关领域理论······133
5.1.4 研究旨趣与研究方法的选取······134
5.2 基于真实体验的可意象性研究······135
5.2.1 "真实性"两种理论倾向······135
5.2.2 传统商业街的真实性概念表征······135
5.2.3 真实感的传达机制分析······136
5.2.4 真实意象小结······147
5.3 基于使用方式的行为意象研究······148
5.3.1 行为方式的研究基础······148
5.3.2 对街区空间的行为方式测量······149
5.3.3 对街区空间的行为认知地图调查······164
5.3.4 街区空间的行为意象小结······167
5.4 本章小结······168

第6章 岭南传统商业街环境激活策略研究······170
6.1 传统商业街区的环境导则······170
6.1.1 总则······170
6.1.2 客观认知合理发挥既存优势······171
6.2 传统商业街区的环境建议······179
6.2.1 关于平面布局······179
6.2.2 关于使用者······180
6.2.3 关于业态要素······181
6.2.4 关于空间可达······183
6.2.5 关于空间识别······183
6.2.6 关于空间指引······184
6.2.7 关于交通······184
6.2.8 关于动线······185
6.2.9 关于建筑立面······185
6.2.10 各空间模块的具体建议······187
6.3 传统商业街模式语言······191
6.3.1 文献回顾······192
6.3.2 空间模式研究途径及内容选择······192
6.3.3 空间模式语言的提出······193
6.4 本章小结······197

第7章　总结与展望 ··· 198
　　7.1　研究成果 ··· 198
　　7.2　研究创新点 ·· 198
　　7.3　研究不足与展望 ·· 199

参考文献 ·· 201

附　录 ·· 209

后　记 ·· 232

第1章 导　论

1.1 研究缘起

历史上由于海上贸易发展及地理因素，岭南地区是我国最早拥有通商口岸的地区，也是我国最早受到西方商业文化冲击并参与到对外贸易的地区。岭南秉承商业传统的同时开对外贸易风气之先，逐步形成了有别于中原地区的商业贸易文化。其中发端于广州的商业街区文化，随着商业贸易与文化交流在周边地区蔓延，逐渐形成具有文化共性的商业街区形态——岭南传统商业街区。岭南传统街区一度是近代中国国际商业贸易的门户、资本输入输出的渠道和引进科技文化的窗口。当今的岭南继往开来，作为我国改革开放的前沿，依然是我国的商业重地。可以说，传统商业街区是岭南地域的文化符号之一，是再现广府传统生活原型的城市风景线。要进一步发展岭南，离不开对岭南传统商业街区的深入研究与解读。

更新与发展是城市的永恒主题，当代中国在不同的时期先后对传统商业街区进行保护与改造，既取得了阶段性成果，也引发了思考。一方面，在发展的浪潮下，仍然有大量传统的老旧街区在新与旧的选择中被放弃，以及一些传统元素被草率翻新。当城市旧貌换新颜，传统商业街区表现出了明显的不适应。不过人们逐步意识到，大型现代商业区象征全球化，而传统商业街区则代表地域性，两者相辅相成构筑现代化城市风貌。传统商业街区对于展现城市文化的深度不可或缺，尤其是对城市历史的接续至关重要。随着人们开始思考传统商业街区在当代市民生活中的角色，以及地域特色、城市记忆和人文传统对于城市发展的意义，对传统商业街区的开发、保留、利用、活化、更新等命题逐渐进入研究者的视野。另一方面，传统商业街区的改造面临着新的困境和契机。调研显示，传统商业街区材料设施老化、功能空间衰败、理论定位模糊等现象较为明显。同时，伴随着拆除与新建，新的城市设计格局与城市规划思想已经介入并成为主调，原有的连续、成系统的环境信息被中断、割裂或转换，传统商业街区的原有生存土壤已然变化。而电子商务、线上购物对传统商业街的冲击更甚于现代实体商业。因此，笔者认为，不论是从环境现状、城市背景的角度出发考虑，还是就消费体验、商业形态而言，对传统商业街的改造研究均面临新的背景，新的研究应把视角扩展到"城市—建筑—空间"层面。

文献研究显示，当前学界对传统街区的研究主要集中在城市更新与街区规划、传统商业街空间形态、传统商业街地域文脉特色、传统商业街改造模式、传统商业街改造评价等几个方面；而针对改造策略的研究大多沿用传统方法，多以个案为对象，多聚焦建筑实体层面，较缺乏对新兴研究方法的结合应用，较缺乏基础研究。尤其是研究中未能将传统商业街与其他历史建筑或既存建筑作出类型区别，未能从激活商业这一可持续的视角探讨传统商业街的保护命题。因此，笔者认为，就研究命题、研究旨趣、研究方法、研究工具等几个方面而言，对传统商业街的改造研究均有新的契机，新的研究应把研究的维度扩展到"行为—心理—意象"层面。

基于以上分析，如何使街区的城市角色得以最大化实现，如何激发街区的商业潜力，如何使城市更新与城市传统相接续，应成为城市环境研究者和城市文化学者们共同研讨的命题，笔者认为有必要对岭南传统商业街的既有改造作出研究与评估。引入新的研究手段探讨传统商业街激活策略也趋于成熟。在上述背景下，本书以地域性、文化性与时代性的有机统一为价值依归，从分析和评价岭南传统街区的使用状况入手，提取岭南传统街区长期积淀的空间组合（结构性）及使用方式（人文性）等要素特点，对传统商业街作出"结构—人文"评价，对如何激活城市中既有传统街区作出策略探讨。

1.2 研究对象及关键词

1.2.1 岭南

由于"岭南"意象的多向性和概念的多元性，学者们对岭南的地域界定问题提出了不同的看法。岭南北依南岭，南临南海，独特的地理环境使该地区自成一个独立的单元。岭南作为官方的行政区概念始于唐代，广东从省级建制成为岭南的中心地区始于清朝，并相沿至今。广东人民出版社出版的"岭南文库"丛书中也明确界定："广东一隅，史称岭南。"现今学界对"岭南"地域范围一般作狭义理解，即以广东作为代表岭南地域文化的主要区域。借此，本课题在研究中主要选择地处广东的传统商业街作为样本。

1.2.2 传统商业街

本课题所涉及的"传统商业街"主要是指：在城市老城区中长期存在并延续至今的，以传统小商业及行业集中为主要特点，以传统建筑形式及城市肌理为环境状态的区域集合商业载体。具体而言，这类街区具备相对完整的或可整治的街巷肌理及历史遗存建筑，反映了当地的商业风貌特色，延承了社会经济结构、商业逻辑与文化习俗。在新的时代发展背景下，相当一部分的传统商业街因其"商业本能"而具有持续的生命力和竞争力，至今仍融入市民的购物、交通、休闲等日常生活。街区不仅有功能的更迭，也有风俗的继承和生活的连贯。

与之相关的概念主要有"历史文化街区""历史风貌区"和"商业步行街"，对这些概念作出区别规定有助于更好地把握"传统商业街"概念的内涵与外延。

我国于2002年正式规定"保存文物特别丰富并且具有重大历史价值或者革命意义的城镇、街道、村庄，由省、自治区、直辖市人民政府核定公布为'历史文化街区'"。

2010年颁布的《历史文化街区保护管理办法》中对"历史文化街区"的设立条件作了较详细明确的规定，例如，历史格局和风貌相对完整；历史建筑和历史环境要素保存完好且较为丰富的；核心保护范围内的文物古迹、历史建筑、具有传统风貌建筑的占地面积不小于总占地面积的60%等。相较于此，随着营商环境的改变，"传统商业街"的界定需要与时俱进地作出调整和更新，其遗存状态往往新旧共存，难以达到完整意义上的历史文物保护级别；或者核心保护范围未完全达到历史文化街区所规定的面积比例；或者在更新保护方式上，未达到文物建筑和历史建筑的标准。与以保存原生环境形态为特征的历史文化街区相区别，本书的研究对象往往仅保留传统空间模式与风貌，在商业界面和空间内容方面允许一定的灵活和弹性。

广州市政府于2013年颁布的《广州市历史建筑和历史风貌区保护办法》中规定，"空间格局、景观形态、建筑样式等较完整地体现地方某一历史时期地域文化特点，具有一定规模，但尚未达到历史文化街区标准或者尚未公布为历史文化街区的区域，可以确定为历史风貌区"。本书的研究对象与历史风貌区在概念上的共同点是，注重对历史风貌的展现。但传统商业街在展现历史风貌的数量和规模上往往有所局限，风貌仅仅作为形成街区商业吸引力的媒介，其所携带的历史信息是否准确与完整并不是衡量传统商业街环境品质的关键要素。换言之，传统商业街所关注的是街区的传统风貌意象而非历史风貌真实，这是其与历史风貌区的主要差异。

"商业步行街"是对现当代新建的以人行为主的街区购物环境的统称，往往是指多个建筑按照一定的业态逻辑呈带状分布，符合当前所通行的建筑设计规范的商业建筑群。其建设特点是往往经过统一的城市设计和规划布局，具有体系性和一致性。而传统商业街往往在形态上具有自发性和历时性，是多个建设个体顺应特定的商业活动需求而自组织逐渐生成的整体形态，反映了众筹式的建设智慧与商业生活轨迹。其空间环境的个性化体验的丰富与深远往往是现代商业步行街所难以复制的。

总体而言，传统商业街在空间组织、街巷肌理和商业传统方面具有一定的历史沉淀，但相较于"历史文化街区""历史风貌区"，其遗存建筑所保留的历史信息相对零散和失真，未达到历史建筑或文物级别，其整体规模和建筑典型方面也有所受限。而较之于现当代的购物环境（如现代商业街、购物中心等），传统商业街往往在空间尺度、场所意象、城市角色等方面具有独特性。

1.2.3 更新

历史街区的更新一般是指对城市中的传统街区在物质环境、空间规划、商业经济等属性方面所作的改变。本课题的"更新"参考吴良镛先生所提出的"更新"内涵，尤指以街区的城市角色定位和街区的历史文化价值为前提，对建筑整体环境和建筑内部空间作适当的整修，以促进街区有活力地运营。据此，"更新"主要包含以下内容：

（1）改建或再开发（Redevelopment），指有选择地去除现有环境中不合理的物质要素，增加新的空间内容和环境要素，提高整体环境质量。

（2）整治（Rehabilitation），指对现有环境的局部空间作出调整，尤其是调整内部空间的格局以适于商业活动的开展，建筑外立面则作较小改动，以保全街区整体的传统历史风貌特色。

（3）保护（Conservation），指保留有历史价值的遗址或建筑，通过必要的修缮维持基本的空间格局和立面造型，对具有地域建筑特色的装饰构件重点修复。

传统商业街是居民商贸、生活的场所，顺应时代的发展和人民的日常需求而处于不间断的新陈代谢中，更新是其可持续发展的根本。更新的前提是在持续发展和固有历史环境之间取得平衡，通过更新重塑城市形象，改善商贸环境，丰富城市文化生活，营造广泛的社会价值、人文精神和经济效益。

1.3 研究的社会背景

1.3.1 "重商"的城市文化传统

岭南地处五岭之南，自秦以来中原的生产技术和贸易方式逐渐传入，古南越国一方面注重与中原的陆路贸易，另一方面也开辟了与东南亚诸国的海上贸易路线。唐显庆六年（661年），创设市舶使于广州，总管海路邦交外贸。随着海外贸易的发展，宋、元均于广东置市舶提举司。明嘉靖年间，由于海盗猖獗，官府实行海禁，只留下广州市舶司作为海上丝路的唯一联络点。番舶以"四夷朝贡"的名义满载洋货抵广（见图1-1）。随着私人商贸的兴旺，市舶司找商人开设牙行，代为管理番舶的验货并报官。除了少部分贵重、精美的商品运入京城，大部分商品在本地招商发卖，折成现银。番货"交易会"吸引三州六府的商人奔涌而至，不少平民从中获取博买转手的商机。国内各地商品通过广州海路销售出口，当时的商家以"走广"预示生意商机。如文所记："广城人家大小俱有生意，人柔和，物价平……以故商贾聚集，兼有夷市，货物堆积，行人肩相击，虽小巷亦喧填。"清康熙二十三年（1684年），朝廷正式开放海禁，设立了粤、闽、浙、江四海关通商贸易。朝廷沿用"以官制商，以商制洋"之法，指定若干家富商开设牙行，承办官府与外商的交涉，形成"十三行"。据不完全统计，从清康熙二十五年（1686年）至清乾隆二十二年（1757年），外国商船有312艘。清雍正年间，经营洋货的商行已多达四五十家。当时的进出口货物云集"十三行"，各地商人屯集于此，"银钱堆满十三行"。番舶入港所抵埗——西关成为"致天下之民，聚天下之货"的商业繁华之

图1-1 清朝外销画描绘当时商船洋货抵达盛况

地（见图1-2）。明清时期许多富绅乡贾们在今广州下西关至泮塘一带兴建私家庭园，并开辟新宝华纺等商业街，一时店铺兴盛（见图1-3）。相距不远的上西关，则是下层民众的廛居市井（见图1-4）。在烂马路一带，也就是现在的中山七路附近逐渐形成了庞大的天光圩和旧货交易市场。深厚的商贸渊源使岭南地域产生了一批数量可观的传统商业街，街区繁华盛极一时。

民国时期骑楼大规模出现，迎来了发展的高峰期。岭南地区的商业街分布主要以广府、客家以及潮汕三地为代表。以广州为例，民国初年店铺总数达27000多家，涉及近50个行业门类，平均每50个广州人便有1间商铺。在20世纪30年代，广州建成了将近40公里的骑楼街（见图1-5）。这些骑楼建筑南北向至同福路和德宣路（今东风路），东西向至东华东路和龙津路。最密集的骑楼集中在中山路以南、越秀路以西，现称为"老城"的区域。这一带的骑楼街长度是25500米，占全市骑楼街的六成以上。

图1-2 清朝外销画描绘商船靠岸交易

图1-3 清末民初广州商铺

图1-4 清朝外销画描绘广州旧城区

图1-5 民国时期广州骑楼街景

客家地区的骑楼主要分布在梅州市以梅江北岸为中心的旧城区域，形成"两横五纵"骑楼街格局。其中，两横是东西走向的仲元路和凌风路，五纵则是南北向的和平路、泰康路、义化路、中山街、元城—民主路。20世纪20年代，当地大量出洋客家人返乡经商置业，加上近江水运商品贸易的发展，催生了依附于往返客流与侨资的商业街和骑楼式建筑群。梅州市目前保存的传统商业街主要位于梅江北岸的凌风路一带，建于

1932年，长约1000米，宽约8.5米，道路两侧建有连排的中西混合式骑楼商业建筑，前店后库、上居下商。骑楼建筑多数为二或三层，有少数骑楼的局部建至四层。现今凌风路一带的骑楼街得到一定程度的修复保护，街区内整体建筑呈现出朴素简洁以中式为主的建筑风格，成为梅州市历史文化保护区。

汕头骑楼始建于20世纪20年代，随着中国城市近代化的脚步而得到发展。"四永一升平"绵延连续的街区格局，融合了当地敞开式商店门面和欧化的建筑立面，尤以小公园的沿街骑楼为典型代表。以小公园片区为中心，周围的骑楼街形成环形放射状的路网格局。安平路、升平路、国平路等街区密集排布着众多的商业网点，商业氛围活跃，而街区中的骑楼建筑融通东西方特色，具有较高的建筑审美价值。整个片区充分展现汕头"百载商埠"的人文历史风貌。

可以说，岭南地区"重商"的地域城市文化由来已久。

1.3.2 "老化"的城市街区现状

与其他既存建筑有所不同的是，传统商业街由多个建筑组合，以整合形态与功能根植于街区，其基本功能并没有被取代，依然是市民生活中不可替代的城市环境内容。而物质环境的老化，尤其是添加的用水、用电设备设施的逐步老化，人口的迁出，机动交通的普及等，使环境面临着越来越多的现实问题。如果缺乏整体的更新改造思路，局部的修缮与短期的整理可能导致更多更复杂的新情况，城市功能与交通衔接关系、旧城街区功能植入、公共配套设施补充、历史与文化定位等各种层级的问题应优先于现今物质环境的修缮加以考虑。根据研究者对商业街的实态调查与访谈，总结出以下几个方面的共性问题。

（1）建筑环境设施的老化

传统街区的建造材料普遍较为简单实用，往往耐久性一般。地段内建筑易老化、损坏，加之在特定历史时期，建筑曾经转变使用功能或胡乱搭建，建筑之间的关系处于失语状态。很多建筑的基础设施老化且配套不全，道路交通条件得不到改善，所处地段往往不能满足城市基础设施设备对地下空间的要求。不同历史时期添加的水、暖、电等设施混乱杂陈，隐患较多。这些新增设施本身已经成为传统商业街区改造的难题，如何根据实际情况对实体环境作出修缮整理，应是首要考虑的问题（见图1-6）。

（2）外部城市要素的脱节

当前的传统街区普遍滞后于所在城市区域或当地建筑环境的发展水平。随着城市人口增长和城市发展规模扩大，城市不同区域资源在配置方面往往发生变化。传统街区依托的外部环境要素变化较为显著，周边用地性质的转变，以及出行方式、人流走向、人口结构、交通管理等新情况，这些与区位条件、其他城市功能相关联的因素发生改变，难免导致传统街区与外部城市环境产生衔接困难。

（3）功能角色定位的失语

传统商业街随城市贸易发展应运而生，街区与城区是相互依存、密不可分的。在快速城市化进程中，街区原有的功能角色定位发生了转变，现代商业的发展淘汰或取代越来越多传统商业街区的原有功能。功能差异化的商业聚集地逐渐变成了功能趋同的观光

图1-6　部分传统商业街存在水电设施隐患且外墙残破（笔者调研）

游历点。在早期更新改造过程中，对于岭南传统骑楼街的改造与利用较为短视与单一，政府的穿衣戴帽工程以及业主采用的不恰当的广告、装修等，都对骑楼原有历史文化风貌造成不同程度的冲击。另外，在一些骑楼街整治改造中，政府盲目扩大原有街区的尺度和功能，缺乏人性化设施的配备，也导致传统商贸活动和传统生活模式的消解。

1.3.3 "过激"的改造更新

我国街区的保护与改造在以城市更新为主导的大背景下展开。由于经济的快速发展和城市化进程的加速，现今全国范围内都处于大拆大建的城市新区开发和基础设施建设过程中。公众对历史街区的保护意识薄弱，国家立法暂未涉及对历史街区的保护，导致传统街区的物质环境和空间肌理遭到建设性破坏。

改革开放后，广州的城市建设迅速发展，老城区的基础设施随之作大规模改造。与此同时，在现代主义、后现代主义西方建筑思潮的影响下，旧建筑被视为与落后文化相关联，有损城市现代化形象。该时期广州的骑楼街新建一度停滞，主要是对原有骑楼街进行拆除和改造。由于对街区的改造缺乏系统性和完整性，在大南路、龙津路、万福路、长堤大马路等路段出现新老骑楼参差不齐交错杂乱的场景（见图1-7）。此外，老城区为拓宽道路也拆除了一部分骑楼街，对城市形象和布局造成了不同程度的损坏。如人民路高架桥的建设改变了人民中路、人民南路的骑楼街肌理和风貌；人民桥、内环路的建设和地铁一号线的修建等，导致解放路、中山五路、中山六路、六二三路和洪福路的传统骑楼街相继被拆除或遭到不同程度破坏。这个阶段的政府和群众对骑楼街的价值缺乏成熟科学的认知，更新改造略显片面和激进。

1.3.4 "复兴"的经验反思

随着对城市历史地段和传统建筑价值的重新评估，人们对于传统街区保护更新初期出现的"过度商业开发""仿造传统街区""孤立静态的僵化保护"现象作了质疑和反思。

图1-7 20世纪90年代扩建的六二三路骑楼建筑

针对过于简单笼统的保护方式，相关专家和设计人员进行了积极探索，传统街区的改造逐渐从大规模拆建转向有选择的保留和复兴。在修缮危房基础设施时，相关专家和设计人员对空间功能结构、人文环境也作不同程度的调整和优化，以期推动城市经济、文化等全面发展。

骑楼承载着广州城市独特的历史印记和岭南建筑文化，其复兴受到广泛关注。广州市第十次党代会提出"复兴具有岭南特色的历史文化街区，塑造具有历史文化内涵的城市形象"。2000年上下九路至第十甫路被列入广州市第一批历史文化保护区名单。2001年，广州城市总体规划明确指出"加强历史旧城区传统城市风貌格局、西关大屋、沙面及特色骑楼街的保护，划定历史文化保护区、历史风貌保护区及缓冲区，针对不同情况分别提出保护对策"。《广州市历史文化名城保护规划》明确规定，对"具有南方建筑特色的骑楼建筑街，城市建筑规划予以保护，改建时应按骑楼建设"。《广州市城市规划审批技术标准与准则》第7节对各种骑楼建筑的保护、更新、改造和新建作出了明确规定。《广州市骑楼街保护与开发规划》提出骑楼街保护和开发的总体布局，将市区现有骑楼划为3个片区和不同类型。其中，3个片区分别为"骑楼风貌区"（人民南路—长堤）、"西片骑楼街区"（第十甫路—上下九路）、"东片骑楼街区"（北京路—中山路）。该规划根据保护的级别和措施的不同，规定了"核心保护段""重点改造段""风貌协调段"及"建设开发段"4种类型，着手对现存状况和商业区位较好的骑楼商业街，诸如下九路、第十甫路、北京路等实施立面整饰。

梅州市政府以保留客家风情为前提，力图提高城市文化品位并激发商业活力，在2005年对旧城局部地区进行整治和美化。随着沿江一带打造成公园以及滨水绿地整体环境的改善，传统商业街区凌风西路的传统格局得到有效保护，建筑立面的装饰构件和破损的街面得到修补，人行道棚顶按原有的骑楼样式进行恢复，水电设施也相应配套，街区整体的建筑风貌得以保护和更新，商业功能可继承发展。汕头市政府对小公园片区出台了专门的保护规划，按文化、商业、休闲、旅游和居住等不同功能，将片区分为"一点二环五线六片"，保持沿街骑楼建筑风格连续的同时，深入发掘小公园环形放射的路网格局的优势。国平、升平、安平三路五向延展，居平路和旅游文化街各自连接成两环，整体构成保护区内部道路框架。小公园片区作为城市次中心的角色定位得以确立。

总的来说，岭南传统街区的保护更新大致经历了"立面表皮式保护——内部功能调整的渐进性保护——环境与文化整体性保护与整治"的发展过程。人们在经验、教训中得出的认知是，应在更新保护中更多地融入人性化的设计理念，在最大限度保护街区物质形式的同时，更应对传统商业街的空间拓展以及功能优化作深入研究，形成持续发展、弘扬文化的良性循环，从而逐渐使传统街区作为城市形象塑造、经济可持续发展的关键因素得到普遍认同。

1.4 研究的文化背景

1.4.1 多维、动态、积极的当代保护主题

世界各国对历史文化遗产的保护，经历了长期的发展和演进。西方对历史遗迹进行保护性研究始于20世纪初，一系列的宪章和建议从行政、社会和经济等维度建立关于历史街区的较全面的保护体系，形成"保护可供人们欣赏的艺术品—保护各种作为社会文化发展见证的历史建筑与环境—保护与人们当前生活休戚相关的各历史地区乃至整个城市"逐层递进的保护思路。

文物保护对象从单个文物建筑扩大到历史地段是20世纪60年代以后国际的新潮流。1964年的《威尼斯宪章》明确提出了保护历史街区，"历史街区"强调的不是个体建筑，个体建筑和街区整体环境是相辅相成的，不同的个体建筑组合构成的整体环境和秩序反映了街区某一历史时期的风貌特色，个体建筑的历史价值也相应得以彰显。1976年，联合国教科文组织第19次大会中的《内罗毕建议》提出"保护历史地区并使它与现代社会生活相结合"，明确指出了保持历史街区延续性的必要性。1977年的《马丘比丘宪章》指出"不仅要保存和维护好城市的历史遗址和古迹，而且要继承一般的文化传统"，保护的范围从物质形态向精神文化转变。同时，宪章指出要把"保护、恢复和重新使用现有历史遗址和古建筑同城市建设过程结合起来"，进一步强调了历史文化遗产的现实意义。1979年的《巴拉宪章》提出了"改造性再利用"，为改造建筑制定好相应且适合的改建、保存、修复、维护、重建等方案，赋予某一场所新的功能。1987年的《华盛顿宪章》对"历史地段"的概念作了新的补充修正，对"历史地段"中所涉及的街道格局、建筑物和绿化、场地空间关系、历史性建筑的内外形态、地段与周围环境的关系等五项内容，结合地段的历史功能和作用作了必要的阐述。至此，国际上对于"历史地段"的认识基本达成共识。1994年的《关于原真性的奈良文件》提出将文化和社会与历史遗产保护相结合，这一主张不仅包括有形的元素，还应包括无形的社会及生活形态，表达了对非物质文化的关注。1996年的《圣安东尼奥宣言》强调了历史街区中生活与发展的关系，指出应对历史街区原真性和传统生活进行持续性保护与更新。1998年4月，联合国教科文组织通过了《苏州宣言》，宣言强调尊重文化的多样性，鼓励采用传统建筑材料来开展保护和修复工作，并鼓励公众参与。保护范围则从历史地段、历史街区扩展到了历史城市。2005年国际古迹遗址理事会通过《西安宣言》，把文化遗产环境的概念外延拓宽，由周围的有形的物质环境，扩大到遗产周边环境以及环境所包含

的一切无形的精神活动和社会活动。

西方国家关于历史遗产的保护理论日渐成熟，文化遗产保护理念在范围上，由个别到整体，由局部到全局，由文物单一体扩大到与其相关的整体环境；在立法层面上，由国家立法到国际立法；在保护深度上，不仅保护物质环境，也重视保持自然环境、历史环境、人文环境；在保护渠道上，由过去的文物考古和建筑学科研究保护发展为跨学科共同参与兼公众合作的综合保护。总而言之，保护观念逐渐由静态的文物保护过渡到开始利用历史建筑和历史地段的历史价值、美学价值和经济价值的多维、积极、动态的保护。

1.4.2 多层、综合、法治的国内保护体系

我国历史文物遗产保护起步较晚，其发展轨迹大致经历了三个阶段：①单一保护体系的初级阶段，即以保护个体文物为主；②双层级保护体系的发展阶段，提出历史文化名城保护理念；③多层次保护体系的成熟阶段，以全面保护历史文化保护区为标志。

我国城市化进程从20世纪80年代开始加快，人们关注的视野突破单一的文物建筑保护，扩展到对历史地段和古城镇的保护。1985年建设部所核定的历史文化名城标准中提出"具有一定的代表城市传统风貌的街区"，意味着"街区"的范畴逐渐进入保护视野。80年代中期至90年代中期，我国逐渐形成从文物古建到历史文化名城保护的双层保护机制，初步明确历史街区的保护意义。1986年国务院在公布第二批国家历史文化名城时指出"对文物古迹比较集中，或能完整地体现出某一历史时期传统风貌和民族地方特色的街区、建筑群、小镇村落予以保护……"1997年建设部转发《黄山市屯溪老街的保护管理办法》，在行政法规层面为地方制定历史街区的保护原则和方法提供范例。2002年颁布的《中华人民共和国文物保护法》提出了"历史文化保护区"概念，指"经国家有关部门，省、市、县人民政府批准并公布的文物古迹比较集中，能较完整地反映某一历史时期的传统风貌和地方、民族特色，具有较高历史文化价值的街区、镇、村、建筑群等"。随着对物质环境保护的逐渐重视，相关的场所精神、社会文化活动也相应得到关注。故2005年《西安宣言》强调重视历史建筑及其周围环境并扩展到精神文化和社会活动层面。2005年颁布的《历史文化名城保护规划规范》对历史文化名城、历史街区的保护整治方法作了详细的规定。2008年颁布的《历史文化名城名镇名村保护条例》中提出的"历史文化街区"概念，逐渐取代了之前的"历史文化保护区"提法，两者内涵基本相同，都指"保存文物特别丰富，历史建筑集中成片，能够较完整和真实地体现传统格局和历史风貌并有一定规模的区域"。2010年颁布的《历史文化街区保护管理办法》再次对"历史文化街区"的设立作了细致的量化规定。例如，区域占地面积不小于2.5hm^2；保护范围内的文物古迹、历史建筑、具有传统风貌建筑的占地面积不小于总占地面积的60%等。至此，我国文化遗产的保护理念由"点"扩展至"面"，不再只着眼于单个建筑，而是将与历史文物建筑相关的某个片区乃至整个城市划为保护区域，逐步构建和完善了"独立的文物、古迹—成片的历史文化区域—整座历史文化城镇"的法治化保护框架。

具体落实到岭南地区，在保护更新实践推进的同时，法律条文也相继完善。广州市

政府于1998年通过的《广州历史文化名城保护条例》提出,将名城内文物古迹比较集中的区域,或比较完整体现某一时期传统风貌地方特色的街区、村落等,视为"历史文化保护区"。2013年颁布了《广州市文物保护规定》《广州市历史建筑和历史风貌区保护办法》,后者指出"空间格局、景观形态、建筑样式等较完整地体现地方某一历史时期地域文化特点,具有一定规模,但尚未达到历史文化街区标准或者尚未公布为历史文化街区的区域,可以确定为历史风貌区"。

1.5 研究的学术背景

1.5.1 国外:对街区更新的内涵理解不断深化与拓展

随着国外旧城更新运动的兴起,西方国家对于历史建筑保护更新与合理利用在理念和实践方面都作了深入探索,历史建筑、历史街区在社会、历史和经济效用等方面的价值得到普遍重视。

20世纪初至20世纪50年代,欧洲国家对于文物古迹的保护主要针对单体建筑、构筑物和重要遗迹。这一时期普遍流行现代建筑风格,破旧的老建筑遭到规模化拆除或改造,仅教堂之类的重要历史遗迹得到重点保护,城市肌理和历史文脉受到不同程度的破坏。20世纪60—70年代,历史建筑群、城市景观和建筑环境之间的关联增加,新的保护理念形成,历史区域作为一个整体被保护起来,许多欧洲国家相继颁布了地区保护政策。例如,法国的《马尔罗法》将有价值的历史街区划定为"历史保护区"。1966年美国的《国家历史保护法案》、1967年意大利的《城市规划法》、1973年土耳其的《遗址与历史建筑法案》都对历史地段在城市规划及建设中的重要性作出肯定。英国于1967年颁发的《城市文明法》指出应对"有特殊建筑艺术和历史特征"的地区给予必要保护。日本1975年修订《文化财保护法》,将"传统建筑集中,与周围环境一体,形成了历史风貌的地区"视为应保护的"传统建筑群保护地区"。在这一时期,大量历史建筑被保留下来,废弃码头、工厂、火车站也被改造为住宅、博物馆、旅馆等,更新了使用功能,延长了使用周期。20世纪80年代至今,历史建筑保护与利用发展迅猛,欧洲进入城市复兴的重要时期。欧美地区开始聚焦传统历史街区的功能振兴,涉及土地的可持续性利用、交通系统、地区人口及经济结构等城市规划中的现实问题,保护理念与实践要求更具可操控性、更为人性化且更为精致。故自20世纪90年代开始,相关人员试图通过"持续规划""滚动开发""控制性规划"等较为审慎的规划思想对实践作出实时修正与补充,从而在发展与保护中达到动态平衡,而这也是"循序渐进式"(Step by Step)动态保护模式的落实。

此外,"更新"这一概念表达方式的变化,反映了街区更新侧重点的不同,历史街区的保护思想和理念随着城市化发展有了新的时代意义。其中,"Redevelopment"针对美国20世纪80年代在社区开展的小规模整治,指构造合理的邻里相处模式和完善的交通系统。"Reuse""Remodel"则是对历史建筑与传统老街作具体但是小范围、小尺度的修复,前者较常用于街区的更新保护,后者则针对历史建筑。英国历史街区的更新改造用"Regeneration"表达，在改善实际物质环境的同时，在更宽泛的社会和经济层面上追求城市的整体再生、城市经济结构完善、环保可持续的生态建筑、通过文化活动丰富城市生活等。

综观国外城市对传统历史街区保护开发所采取的政策与措施，基本上可以归结为物质、经济、社会、人文四个层面：（1）物质层面：以历史建筑物的修复为基础，改善整体物质环境，从而有望衍生为旅游点。(2)经济层面：通过有特色的商业活动和氛围吸引游客，保持街区良好的经济活力。(3)社会层面：通过社区参与，以休闲、商业、观光等元素延续街区固有的生命力，达到整个片区乃至城市更新的目的。(4)人文层面：注重营造以人为本的空间环境，关注个体对于历史场所精神以及空间宜人要素的感知。

1.5.2 国内：对街区更新的已有研究有待填补与完善

笔者通过"中国知识资源网"检索从1999年至今关于传统商业街更新改造的文献，共搜索到295篇，其中博士论文6篇、硕士论文96篇、期刊文献193篇，并阅读了国内学者的相关著作。大部分关于传统商业街改造的文献是基于作者自身参加工程实践的经验总结，不同文献在改造的模式和侧重点上略有不同。笔者以改造模式作为切入点，从规划与城市更新、空间形态、地域文脉、功能定位、岭南本土传统街区改造等几个维度对文献资料进行梳理，以期丰富和完善本课题的理论基础及文本背景素材。总体而言，近年来关于传统街区更新保护的研究中，研究内容趋于丰富，研究方法更为多元，并取得了许多有意义的成果和结论。但客观地看，在研究的选题方面，传统街区的一些本质问题，例如街区的历史价值与街区商业活力激发之间的环境价值平衡问题并没有得到有效解决，商业的可持续发展没有达到预期效果。而在研究的架构方面，笔者认为有关传统街区的后续研究在如下方面仍有进一步深化的必要，值得研究者关注：

（1）研究普遍性方面：很大一部分研究针对个案的更新保护作介绍，是对某项具体工程设计的经验总结。其设计策略未上升到类型化层面，难以形成普遍适用的法则，具有一定片面性。

（2）选题针对性方面：其一，目前的街区保护理论大多拘泥于建筑学科的讨论范畴，其设计策略大多关注空间构成、空间类型、立面造型等，未把研究范围延伸到商业人流、业态分布、顾客行为等跨学科的领域，故而在实际的保护更新中难以触及"激活街区活力"这一问题的实质；其二，研究的分项中侧重于保护，而对经济、文化、社会等层面的复兴不够重视，未能合理协调好保护与商业之间的互动平衡；其三，缺乏对街区内各个空间内部关联的研究，较难形成完整体系。

（3）成果全面性方面：主要强调街区环境物质层面的保护更新，不够重视街区使用者的行为、心理要素，从而缺乏对购物体验、场所氛围等软件环境的营造。

总体而言，研究者通过对已有文献的研读，认为国内关于传统商业街区尤其是岭南地域传统商业街区的研究，无论是选题的针对性还是研究的体系性均有空白，有必要借助多学科理论知识，从关注街区的本体功能价值及人们的实际需求出发，从商业与人、商业与历史、商业与文化等多种研究视角，作出学术填补。

1.6 研究目标、意义及创新点

1.6.1 研究目标

本研究目的在于借助综合、多元的研究手段，结合传统街区的历史保护和商业动态理论，在传统商业街区的更新改造与实际运营中，实现历史性、舒适性、经济性和科学性的统一。具体而言，拟实现以下研究目标：

（1）建立传统商业街区舒适性评价模型

通过完整的"结构—人文"评价实践，提出多层次、多元化的评价结论，建立关于传统商业街区的综合性满意度评价专业模型，这是关于岭南传统商业街区的基础性理论研究，也是使用后环境评价研究在传统商业街区领域的扩展。在地域适应性、现实可行性的诉求下，有效地提高传统街区的保护改造策略的科学性。

（2）总结传统商业街动线空间与人流分布关系的规律性因素

本课题借助空间句法技术，分析街区人流分布，从而总结影响街区人流分布的空间布局及环境因素，得出街区人流分布规律的预测判断。试图从"经济—商业""历史—地域"等多维互动的立体层面总结出可供借鉴的合理的传统商业街区空间组合关系，以及利用空间的组合模式设置业态布局和商业动线。

（3）提出适于传统商业街区保护更新设计的建议、导则及模式

基于岭南传统地域特色，提出适用于岭南传统商业街区活化更新的设计策略。本课题将在可持续发展的理念下，在应用层面上为传统商业街的保护更新设计提供理论借鉴和实际指导，使传统商业街环境在维护历史人文场所的前提下，契合特定时代和地域条件，同时符合特定使用人群的精神需求和行为习惯，提高该类环境的综合绩效，实现社会价值、经济价值和历史价值的良性互动。

1.6.2 研究意义

1.6.2.1 对岭南地区乃至我国传统街区保护更新作必要的理论补充

传统商业街是城市中物质生活、文化传统、地理环境等诸因素综合作用的产物。在城市发展建设中，如何使街区维持自我性格和资源又不与时代发展脱节，如何使街区商业活力和历史风貌得到有机统一，是建筑设计者和历史遗产保护学者们共同面对的课题。我国建立了"单个文物古迹—历史街区—历史文化名城"的保护体系，随着城市规划、建筑、文物保护等学科相互融合，提出了有机更新、动态保护、整体保护、小规模渐进等更新保护观点后，传统街区保护的思想观念和政策法规得到不断完善。与此同时，传统商业街区的活化更新建设仍然客观地存在着种种不理想的状况。例如，街区改建扩建后运行效益不尽如人意，于是产生了改造与保护的尺度矛盾；已改建更新的传统商业街区在运营中也存在不能同时满足经营者和消费者对不同空间需求的矛盾等。凡此种种，希冀通过更为全面丰富的评价和设计理论，运用基础性研究手段予以解决。

历史上，岭南的城市发展一直处于相对独立的地理、社会及政治环境中，形成了具有地域特色的市民文化和街区形态。快速的城市化，使城市在忘我的更新中陷于标准

营造，城市个性普遍丧失，岭南也不能免俗。如何重拾地域性，恰恰成为提高城市核心竞争力的突破点。广州作为岭南地区的政治和商贸中心，作为我国探索新型城市发展路径的"首善之区"，自然成为多方关注的焦点。《广州城市总体规划纲要（2011—2020）》提出构建"世界文化名城"，这意味着城市建设和管理将更精细化、更人性化。新型城市力求让城市回归发展的本质，包括让市民在城市里找到自身的价值认同、提供完善的服务设施、创造富有活力的社区环境等。岭南地区的传统商业街区数量可观，至今仍承担着城市的商业、交通等职能，传统街区兼顾经济、文化和民生，利于引导旧城功能，提升生活品质，良好的商业氛围使传统商业街区在城市职能中显得尤为重要。广州市政府于2011年第10次党代会上提出"复兴具有岭南特色的历史文化街区，塑造具有历史文化内涵的城市形象"，对传统街区的保护成为广州乃至岭南地区推动旧城更新、体现新型城市化的时代使命。

本课题通过探讨街区使用人群的根本需求、商业业态流线、街区的空间组合、传统文脉等多层次相关联因素，对传统商业街区开展基础性的设计研究，旨在丰富传统商业街的更新保护理论，从整体上提高我国传统商业街区的环境质量，从而革新岭南地区传统商业街更新保护的起点和视角。

1.6.2.2 跨学科研究引入传统街区更新保护的有益尝试

由于传统街区存在着复杂性与矛盾性，诸如多段时空汇集、多种功能交织、多重权益牵扯、多种改造方式的尝试、多种社会观点的交锋等，影响着传统街区更新保护设计的有效度和实施的可控度。当前局限于运用建筑专业技术条件对传统街区进行改造更新，对于传统街区的设计策略缺少科学系统的知识方法，对街区中的商业活动特性、使用者的价值取向、各种社会及人文因素的制约把握不足，易造成改造更新后的绩效不理想、不稳定。

本研究将紧扣传统商业街商业运行的本体功能需求，结合建筑学、规划学、社会学、心理学等学科的相关理论，通过对使用者需求及建成环境使用的实证调查，以及空间句法的运用等，突破以往局限于建筑学、文物保护领域的较为单一的学科研究，尝试以综合多学科的方法和理论，为决策提供科学依据，形成一些在实际改造保护过程中易于操作的策略，具有较强的实践意义。

1.6.2.3 建筑遗产保护利用向科学化、定量化、综合化方向的实践探索

在学科交叉的发展趋势下，建筑设计理论正从以专家知识和经验模式为主导的传统研究思路，转向科学、定量和综合的研究方向。建筑环境评价学对人的关注、对新技术"融贯"的研究策略，使建筑设计理论得以与现代建筑技术学科步调一致、整合发展。这种探索的学术意义主要表现在以下几个层面：

（1）利用空间句法量化传统商业街区的空间组合关系

作为一种以分析为主的建筑学理论与方法论，空间句法尝试发现限制空间组合的因素。本课题借助空间句法的技术手段分析空间关系及人流合理性，并借此提出关于业态布局及空间组织的建议。

（2）采用建成环境评价技术（SEBE）构建合理化的传统商业街区活化更新模式

本课题从传统商业街区的实际使用状况入手，以"结构—人文"评价方法为中心，

整合环境心理学、建筑学、统计学、评价学等学科的研究手段，探讨传统商业街区的保护更新设计模式。这是具有科学化、定量化、学科综合化特征的建筑遗产保护利用理论探索和评价实践。

1.6.3 研究创新点

（1）作为对传统商业街区活化更新设计理论的研究，本研究试图从岭南地域的文化和建筑共性等方面，选取若干案例进行较全面、多元的评价，并借此提出较为完整的综合评价指标集，从而填补岭南传统商业街区使用后评价研究的空白。

（2）本研究以第一手的现场调研资料佐证传统商业街区空间设计的理论策略和技术对策，结合商业营销理论和空间句法技术，对街区的业态流线、空间格局、商业要素等作出分析，得出传统商业街人流预测方案。这种研究方法具有很强的科学性，可为以后的研究提供大量的数据化资料，同时丰富国内的空间句法研究。

（3）本研究首次从真实、文化、行为层面探讨岭南传统街区的可意象体验问题，摒弃了传统建筑学领域的表象性研究方法，以传统建筑修缮改造技术与理论为基础，通过实证研究获取量化的研究成果，这是传统建筑保护理论与实践的创造性尝试。

1.7 研究策略和方案

1.7.1 研究方法

本研究所采用的核心技术是"结构—人文"评价体系，以大量的实证研究为基础，选取定量观察、数理统计和逻辑推理等基本科学研究方法并结合人文方法中的定性分析，务求多元的评价主体和多角度的评价方法，同时选取具有代表性的评价对象，秉持价值中立的评价原则，使评价程序系统化、科学化。具体有以下方法：

（1）文献研究法：查询、考察和总结与本研究相关的文献，了解所研究问题的学术现状和社会背景。

（2）田野调查法：以经验观察和科学分析为研究基础，通过大量实证调研，在现场采集第一手资料和数据。

（3）问卷调查法：在资料收集上采取定量和人文相结合的方式，其中结构化问卷、访谈资料用于定量分析，无结构访谈和观察法则偏重人文。

（4）通则式解释：选择若干有代表性的研究对象评价，剔除个别的案例因素影响，从而找寻某类行为或事件的主导因素并作概括性解释。

（5）分类、比较：本书根据不同的研究对象特点作条理化、系统化分类，并通过比较不同类型研究对象的异同点以获得更为全面的研究对象图景。

（6）归纳、演绎：归纳推理指通过研究一系列个案，从而得到一般性规律或秩序。演绎推理则从一般规律出发，反推检验该预期模式是否合理存在。

（7）心理及社会统计分析：结合使用 Excel、SPSS 等软件作统计分析，以求运算严谨及准确。

1.7.2 研究框架体系

从技术层面而言，本研究以使用后评价、空间句法和历史建筑保护作为主要的技术实现手段。其中街区舒适性是以"环境—行为"为理论基础，通过使用后评价技术来实现的；街区商业人流的分布、街区视线深度等，是对空间句法的运用；而对街区既存建筑的改造、场所可意象性的研究，则是以历史建筑保护为技术支撑。三种方法的运用，既针对研究对象特性而展开，同时也是基于笔者自身的研究基础，具有一定的可操作性。通过三种方法的有效运用构建出"人—时间—空间"这一较为完整的研究逻辑。研究逻辑流程如图1-8所示。

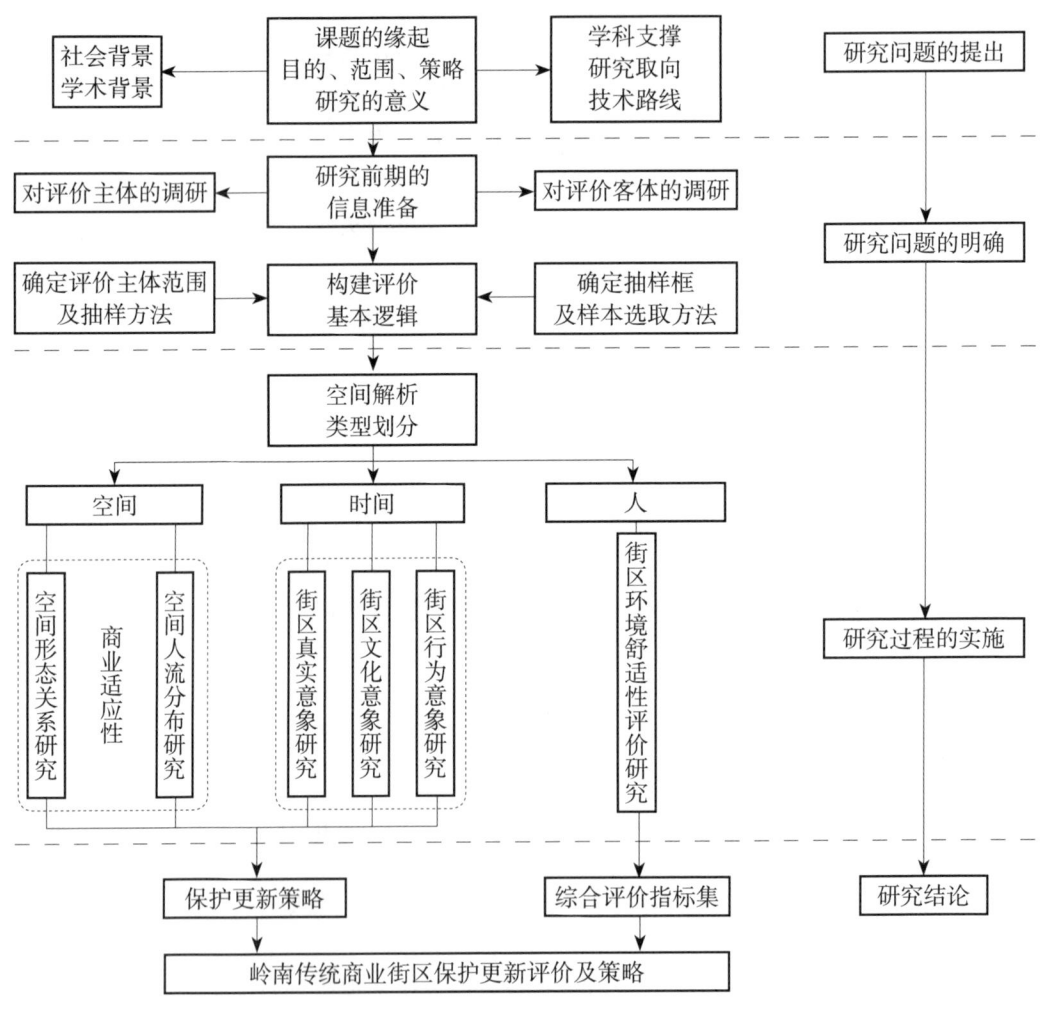

图1-8 研究框架体系图

1.7.3 技术路线及可行性分析

本研究以大量的第一手现场调查资料为基础，采用多元的研究方法，规范的研究过程，定量与定性、主观与客观相结合的技术路线，具体包括以下内容：

（1）建成环境评价技术

建成环境评价（Built Environment Evaluation，BEE）是指依据某种标准，对所设计的环境在满足使用者需求和价值方面作出评价判断。建成环境评价是建筑设计和环境管理学科交叉范畴。概括来说，建成环境评价主要包括建筑设计前期评价（Pre-Design Evaluation，PDE）和建筑使用后评价（Post-Occupancy Evaluation，POE）两个方面。

使用后评价是对建筑及其环境在使用一段时间后作出系统、全面的评估。本研究以传统商业街整体环境的正常使用状态为前提，结合实时性、历时性与现实性，关注使用者切身使用感受和街区实际使用状况。本书主要涉及的是关于岭南传统商业街的使用后评价研究，所采用的研究工具主要为建成环境主观评价（Subjective Evaluation of Built Environment，SEBE）方法体系。

本书以"结构—人文"为评价体系，根据不同的研究个案作灵活处理，既包含结构式的量化方法、人文化的质化方法，还有介于二者间的半结构技术。

（2）定性分析技术

本研究使用的定性方法是根据研究者的专业知识和推理分析想象能力，对案例中的影响因素作归类分析，从而寻找隐含的模式和规律，力图用普遍适用的逻辑解释事件资料及评价细节。

（3）定量分析技术

定量评价方法体现了评价的严谨性和科学性。本研究主要是选取合适的统计分析方法，运用Excel、SPSS等软件，对采集的样本数据作反复分析以检验结论。

（4）空间句法技术

空间句法通过对人居空间结构的量化，描绘空间组织与社会之间的关系，是一种全新的方法和理论，也是一种描述现代城市空间形态模式的计算机算法语言。其基本思想是捕捉人类在某空间内的活动规律，运用拓扑理论对空间作尺度划分，从而用一系列参数变量来表达空间组合关系。在对空间作分割时，对于建筑群体比较密集的城市空间，一般采用轴线法；对于呈现非线性布局的城市自由空间，则采用凸多边形方法或者采用视区分割法。本研究关注空间句法技术如何实现空间划分与人类认知方式的有机契合，并试图运用空间句法的算法，探讨传统商业街区中的不同空间组合对于使用人群的购物行为可能产生的影响。

本研究借助空间句法相关理论和技术，在对街区空间进行类型化处理的基础上，对街区的商业人流分布、空间视线关系、各空间的组合以及街区与城市空间的衔接等作出分析，从而达到更好地理解与认识街区空间的目的。

1.8 拟解决的关键问题

（1）岭南传统商业街区空间类型化的确定

岭南传统商业街区建筑环境规模大，包含历时性和共时性的发展，时间跨度长，空间布局复杂，功能多样，与此同时还涉及各种不同的使用人群以及多种业态经营，这给研究对象类型化造成一定困难。类型化的研究对象有助于简化研究问题，且可使论述更有条理性和说服力，是后续研究的基础。

（2）岭南传统商业街区评价旨趣的选择

评价旨趣的选择在环境评价研究中是与评价对象密切相关的关键问题。如何在传统商业街区的诸多相关因素中选择合适且有意义的评价旨趣，把握好传统历史价值保护与现代商业活力更新之间的尺度，这一问题将贯穿本课题始终。评价旨趣的选择旨在打造多个层面的评价研究体系，这是研究体系建立的关键性指标。

（3）岭南传统商业街区舒适性评价模型的建立

关于业态和动线的商业理论与传统商业街更新改造设计的紧密结合具有较强的现实意义，而这有赖于对传统商业街的实证评价研究，其空间设计策略的提出也有赖于对传统商业街的历时性诊断分析。舒适性的标准因人因时因地而异，随着购物环境舒适性的主题多样化，对于舒适性评价存在一定的不稳定性。借助"结构—人文"评价方法对传统商业中心进行使用后评价，是与评价对象及结论息息相关的关键问题，是整个课题研究的核心章节之一。

（4）岭南传统商业街区保护更新策略的总结

岭南传统商业街区保护更新研究是从具体个案入手，寻求普遍、可行且适用的设计结论，既需兼顾保护与更新的平衡，又要满足商业运营的需求。传统商业街区的改造设计有许多不确定的因素，如何在概念层面提出可操作的设计模式和普遍适用的策略思路，合理保全并发挥现有的传统价值，将是研究的重点和难点所在。

1.9 本章小结

本章首先通过阐明本研究相关的社会背景、文化背景和学术背景，大致确定研究的目标和定位。渐次阐述了国外、国内和岭南传统商业街理论及实践方面的发展现状，反思研究对象的困境原因及预测其发展趋势。通过对论文的学科支撑、研究取向以及主要技术路线的系统阐述明确研究者的观点和方法论立场，并进一步明确论文的研究目的、意义、方法和策略，提出本书的研究框架体系，力求使本研究的技术路径有较为清晰的轮廓。最后提出本研究拟解决的关键问题，以期为该研究领域提供一定的现实价值。

第2章　前期研究及逻辑架构的建立

本章将通过对研究相关的文献资料作阅读整理，明确研究的学术背景和需求。同时通过对评价主、客体背景信息的探索性调研，初步了解传统商业街使用者对环境的态度、行为习惯和主观需求，基本掌握岭南传统商业街的现状，并对评价主体所普遍关注的物质环境要素以及客体相关资料作整理归纳和分析评价，明确传统商业街样本选取原则，建立抽样框，在此基础上对传统商业街作空间解析和类型划分，为论文的研究设计做好前期技术准备。

2.1 关于街区保护及城市更新的文献研究

2.1.1 西方关于街区保护及城市更新的代表性著作理论

西方学者关于城市历史街区更新的代表性著作理论见表2-1。

表2-1　西方学者关于城市历史街区更新的代表性著作理论

领域	作者及相关著作	理论内容	备注
保护与再开发困境及导向性开发研究	新加坡学者B. SA. Yeoh与S. Huang《The Conservation-redevelopment Dilemma in Singapore: The Case of the Kampong Glam Historic District》	将城市街区中所面临的更新与保护问题放置在新加坡的整体意识形态与政策背景之下作探讨	以当地历史街区为例
	史蒂文·蒂耶斯德尔《城市历史街区的复兴》	历史建筑与街区的过时性源于其功能与当代需求不相协调，通过运用维修置换、功能重组与更新等手段，达到物质结构及经济活动双重振兴	以一系列历史街区案例，结合城市设计与城市更新，展示多样历史街区振兴策略
	B. Vukonić, D. Tkalac《Tourism and Urban Revitalization a Case Study of Poreč, Yugoslavia》	以南斯拉夫Poreč为例，指出对旧城区进行旅游开发可带动旅游业发展，同时有利于文化与历史遗产保护	20世纪90年代始，以文化为先导的振兴策略鼓励将旅游业导入历史街区更新

续表

领域	作者及相关著作	理论内容	备注
从城市空间规划、城市更新角度	简·雅各布斯《美国大城市的生与死》	主张"小而灵活的规划",总结产生城市多样性的4个不可或缺的条件,指出街道在城市中的重要作用	开启了从社会学角度研究城市旧城区更新的先河
	科林·罗伊《拼贴城市》	强调了"以小为美"的原则,主张以"拼贴"把割断的历史重新连接起来	把视觉焦点从建筑单体转移到整个城市空间
	R.克里尔《城市空间》	对城市的街道和广场的形态进行归纳总结。通过研究欧洲城镇的公共空间,倡导在城市空间环境整治中注重历史文化的可持续发展	运用类型学的分析方法
	罗格·特兰西克《寻找失落的空间》	对在城市更新中如何维护人性尺度,如何保护地方特色和场所精神作了详细介绍	运用图底理论、连接理论和场所理论
	F.吉伯德《市镇设计》	通过对城市中心与商业空间进行分析,总结出物质空间符合生活及美学的组合规律	集中在美学艺术层面,关注街区对城市外在形象的影响
关注街区更新中人的环境行为及心理精神感受	诺伯格·舒尔茨《场所精神——迈向建筑现象学》	建筑空间加上人的心理认知,构成一种知觉图式体系,即"存在空间"。场所中的诸事物集结之后表现出来的性格,谓之"场所精神"	从现象学的角度探索空间作为场所的意义
	阿摩斯·拉普卜特《建成环境的意义——非言语表达方式》	对建成环境的意义作多角度分析,涉及商业街环境与顾客行为心理的关系,设计者意义与使用者意义之间存在差异与冲突,强调关心使用者的意义	融合建筑学、符号学、心理学等多个学科
	芦原义信《外部空间设计》	提出了"内部秩序与外部秩序""积极空间与消极空间""互逆空间"等具有启发性的概念	
	芦原义信《街道的美学》	提出"第一次轮廓线与第二次轮廓线""阴角空间"等概念,总结出良好的街区空间关系,并对街道空间的形态,如尺度、比例、轮廓等进行量化分析	对街区空间构成元素从视觉美学的角度进行分析
	凯文·林奇《城市意象》	强调人对城市的实际知觉和感受,提出有助于人们形成方向性、认同感及鲜明城市意象的五要素	开创城市意象研究领域
	杨·盖尔《交往与空间》	通过研究人们如何使用街道、人行道、广场等公共空间,总结出如何创造富有人情味的户外空间、激发行为活动的途径	

2.1.2 我国关于传统街区保护更新研究的理论动态

2.1.2.1 关于街区规划与城市设计的保护更新研究

作为城市重要节点之一的传统商业街区，其改造影响着城市功能和城市发展。有学者致力于分析街区与城市的发展关系，从城市整体设计角度，较宏观地探讨商业街与城市空间的关系，强调动态的更新策略。例如，魏祥莉在介绍传统商业历史文化街区形成演变的过程、动力机制、自身特点的基础上，阐述了商业性街区保护利用的内在和外在要素。李俊在城市空间综合开发改造的背景下，指出传统商业区的开发与城市综合体、城市立交系统、城市交通体系、城市中心商业区之间的关系。刘涟涟运用图像—背景、实地调查及计算机三维模拟等方法，推导出天津传统商业步行街设计导则，并在研究方法上做出新尝试。

"有机更新"理论越来越广泛地被学者们肯定并加以运用。例如，侯柠提出对历史街区以小规模渐进式的方式进行活化，从物质环境的改善逐步过渡到社会环境的改善。徐琴指出历史街区保护更新关键在于通过谨慎的渐进式更新取代草率的激进式更新，以"自下而上"的自愿式更新取代"自上而下"的指令式更新。吕斌通过分析台湾地区三峡老街的保存活化过程，指出应鼓励民众参与并尊重其自主权。

与此同时，不少规划学、环境学的理论也开始引入传统街区的更新改造中。例如，"城市触媒理论"被运用于旧城区、城市轨道交通、大型城市综合体的更新改造中；刘雪菲对触媒元素的合理选取及塑造触媒反应的控制与引导进行了分析；孙乐选取功能更新的公共空间植入和功能置换的历史建筑，作为城市触媒两种类型。另外，GIS作为一种应用地理信息的计算机系统，逐渐应用于城市规划、古村镇和古城镇的保护规划。例如，李佳伶将规划模式中的定性分析转化为定量分析，通过建立数学模型控制街区的开发强度；联合国教科文组织与东南大学建筑学院合作，运用GIS建立镇江西津渡历史街区保护管理信息系统，为历史街区的振兴提供新的思路。

关于城市动态更新的著作成果也颇多。吴良镛先生提出了传统商业环境的"有机更新"理论，建立了理论基础。方可主要从城市规划角度，探讨北京旧城居住区的发展与保护问题，提出了北京老城区有机更新的理论与框架。单霁翔从城市文化的角度，探讨了城市文化遗产保护与城市建设的若干问题。阙维民结合世界遗产保护公约，以浙江省绍兴市历史街区的保护改造为例，探讨目前我国历史街区保护存在的问题症结及其产生原因。谢建辉等人以历史街区图片等第一手资料为依据提出历史街区的保护原则、方法以及功能定位，并提出整体框架。同济大学阮仪三教授的著作中列举了多个古城和历史街区规划保护的案例，为留住历史文化提供宝贵经验。

2.1.2.2 关于空间形态的保护更新研究

对传统商业街的空间研究，主要是在分析街区空间特点及改造的可塑性基础上，探讨如何营造兼顾传统与现代需求的合理空间。这类问题在传统商业街区的研究中引起了较广泛的关注，大致有宏观和微观两个层面：①梳理传统商业街的发展形态演变，从商业街整体空间层面探讨传统历史街区空间的共性特点或设计方法。②针对街区中某类特定空间作探讨，挖掘改造的可行性和可塑性。有代表性的文献如表2-2所示。

表2-2 关于传统商业街空间形态保护更新研究的文献列举

研究范畴		研究者及文献	研究切入点	研究主要内容	对本课题有启发借鉴意义的方面
宏观层面	传统商业街发展流变	蔡辉《我国传统商业街区的形态演进》	形态演进	传统商业街区在景观、文化价值以及城市肌理、空间范式方面的形态演进	传统商业街区的发展
		梁江《中国封建传统商业街区的空间形态及模式分析》	形态特征	围绕用地、街道、地块等城市形态基本要素，总结我国传统商业街区的典型形态特征	传统商业街区的形态特征
		夏志伟《传统商业街空间形态研究》	地域空间	分析研究在不同的地域环境、建筑文化背景下传统商业街的空间形态特征	不同地域环境下传统商业街区的空间表征
	空间共性特点及设计策略	王汀《融入民居环境的商业空间》	商业空间融入传统民居	立足商业空间与历史街区的相互关系，探讨在历史街区中商业空间与民居环境融合的可能	商业空间设计特色
		许艳《传统商业街空间环境更新研究》	空间环境更新	基于传统商业街环境更新原则，初步形成传统商业街空间环境更新评价体系	空间环境特征、空间环境更新的评价指标体系
		赵瑞云《历史街区商业步行街传统特色营造》	步行街道传统特色营造	从步行街空间形态、街道两侧建筑形式、文化活动总结步行街传统特色体现的要素	相近类型街区比较、商业步行街传统特色要素
		高盛《传统风貌商业街区空间特点研究》		归纳传统特色营造的设计原则与方法，探讨现代传统商业街空间形态如何展现传统风貌	
		何淼《城市更新中的空间生产：南京市南捕厅历史街区的社会空间变迁》	社会空间变迁	运用空间社会学理论，将历史街区的空间变迁与城市的社会过程结合，探讨更新的社会机制	空间运作的动力机制
		张晶《城市中心历史街区商业复兴空间设计方法研究》	使用者空间感知	通过对使用者进行问卷调查、访谈获取数据，从空间容量数值、空间道路、主体空间形态等方面提取空间特征量	空间设计特征量提取及检验
		万陆洋《历史性商业街区的保护与改造研究》	空间类型	从"人性空间""生态空间""整体空间"等方面探讨历史性商业街区空间的变换与氛围的营造	"人性空间"的应用性分析

续表

研究范畴	研究者及文献	研究切入点	研究主要内容	对本课题有启发借鉴意义的方面
宏观层面	郭湘闽《基于空间句法的深圳东门老街更新策略研究》	空间句法	从空间形态和空间结构的角度解读街区的空间特征	空间句法理论
	姜芹《步行街情境化设计研究》	空间情境	围绕商业、娱乐、旅游等主题，归纳尺度、围合空间的界面以及景观的情境化设计方法	情境化景观要素，公众参与、街道活动的意义
	段影《城市历史文化街区情境策略》		将情境概念与历史文化街区融合，从实体环境、人文环境和活动环境多维度解读情境构建共通策略	街区情境化的表现元素、肌理构建
	赵洁《自发形成的与经过设计的商业步行街空间形态的比较研究》、祝琬《影响街道活力的物质空间研究》	街道空间活力要素	分析街区保持活力的因素，并分析不同要素在整个街道空间中所起的作用	步行街空间形态要素
微观层面	兰峥《历史街区商业外部空间设计研究》	外部空间	探讨历史街区中的商业外部空间如何与室内商业空间以及整个街区相辅相成	外部空间的构成要素及可达性布局
	潘旭《济南商埠区公共空间改造与活力复兴》	公共空间	从公共空间的序列、体量等方面提出公共空间改造的原则和方法，运用于济南商埠街区改造	城市公共空间改造理论及案例
	陈丽《江南传统街区入口空间的景观原型研究》	入口空间	对入口进行景观原型类型提取，结合江南传统生活模式提出入口空间设计策略	传统街区入口空间景观原型的影响因素
	詹少辉《汉正街地区的隙间类型研究》	隙间空间	借助类型学的方法，对传统街区内建筑和道路关系进行隙间空间研究	类型学的隙间视点
	朱昌萍《历史商业街临街立面保护与改造的方法》	立面造型	分析历史商业街临街立面保护与改造的可行性及其组成要素	立面改造理论基础

2.1.2.3 关于地域文脉的保护更新研究

传统商业街所蕴含的地域文化特色侧重于街区中非物质层面的表达，关注地域文化特色在城市环境改造、城市形象塑造中的价值和意义，体现了设计者对街区中场所精神的关注。一类研究通过具体个案与当地地域特点紧密联系，其改造策略对于当地传统街区的改造具有较强针对性。例如，彭燕从物质因素、景观因素及人文因素揭示商业步行街空间设计地域特色的表达。刘英杰、帅湘、史学民等人通过剖析当地地域特色的成因，提出传统商业街更新设计的途径。

文脉语境是地域性格的表征，有学者关注街区改造中人文环境的传承。如姚玉祥提炼出传统商业街文化意境由背景要素、实体要素和人为要素构成，总结传统风貌商业街文化意境营造的策略。张可欣在城市文化和城市设计相关理论基础上，对步行商业街区物质空间环境的文化语义表达作了较有意义的论述。毛成功立足于历史文脉和传统商业空间的结合，探寻基于文脉的商业空间形态和商业环境的营造。李瑶针对三个不同功能特色街区的现状总结出各街区内的非物质文化遗产的类型及特征，探讨历史街区中非物质文化遗产对街区活力复兴的重要作用。

针对地域文脉的更新保护模式，有学者开始引入类型学的理论，关注传统遗存和现代新建建筑的关系。例如，李佳通过实地调研分析不同的历史地段价值和地域性因素因子，探索传承历史文脉和地域特色的历史地段商业化更新模式。

地域文化的表达还常常依托于景观环境，有学者对街区改造中的视觉传达要素给予一定的关注。例如，潘莹针对当前景观设施在重塑城市历史商业街区过程中所面临的问题，从地域性、文化性两方面探讨景观设施如何体现出城市历史商业街区独特的城市氛围和历史气息。李东生分析传统街区以建筑肌理营造环境视觉标志对现代商业街视觉标识系统的启发。

2.1.2.4 关于基于功能主题的保护改造研究

随着保护经验的逐渐丰富和对历史文化的日益重视，传统商业街多元价值得到越来越多的认可。街区自身所具有的可塑性赋予改造的街区不同的主题和功能，这成为街区复兴的有效模式。但在赋予街区多元功能的同时，如何在街区的旅游开发与历史保护之间达到互动平衡，尤其是实现对街区真实性的维护，一直是学界中存有争议的课题。

（1）以游兴街

随着旅游活动的介入，"以游兴街"成为历史街区较为广泛的复兴模式，旅游产业也成为街区保护的有效驱动力，广义上历史街区的旅游开发研究很普遍。例如，王瑶探讨通过旅游开发、商业复兴、商旅联动发展实现历史街区的振兴，总结以游兴区、以商兴区的开发策略。田华结合行业结构竞争模型、资源基础理论和动态能力理论，论证老商埠区进行保护性旅游开发的可行性和对策建议。张杉、韩刚分别从物质基础、内外部条件提出传统商业空间和游憩空间整合的策略和方法。

（2）以商旺街

传统商业街区的更新模式更多地依托于街区持续的商业活力，旅游功能也是建立在商业功能的基础之上的。有不少学者立足于街区商业经济的原始功能，从改善促进商业活动的角度提出传统商业街的更新模式，其中体验经济理论的介入是近几年激活街区商业活力的主要媒介之一。例如，许艳在对体验经济的概念和特征进行介绍的基础上，分析在体验经济条件下历史街区中的主体体验需求，探讨历史街区商业化的设计思路。王艳丽归纳了体验经济下历史街区商业化更新设计的原则和目标，并重点分析了体验经济下历史街区商业化更新设计的要素。邓慧针对历史街区商业化和体验经济的关系，分析了历史街区商业化进程中体验设计的基本原则。在商业化活动大规模引入街区的同时，一些学者也理智客观地批判其中的得失，例如张京祥等学者就以空间消费理论为基础，指出许多城市塑造的近现代风貌型消费空间实际上是以追求商业利益为目的，依靠特定的文化氛围粗制滥造的一种符号化消费空间，这并不能称之为真正意义上的历史街区更新与保护。

（3）以真存街

真实性原则是文物遗产保护与更新的基本准则，如何把握传统街区的商业化开发与历史真实信息保存之间的平衡，历来是历史街区保护的重点和难点。洪屿从物质遗产和非物质遗产两个方面层层递进探讨沙湾古镇的保护更新。孟春晓以旅游研究领域的视角，分析游客和居民两种不同利益群体的原真性感知影响因子，构建原真性感知模型。曹娟介绍原真性概念在遗产领域的发展历史以及当代国际遗产界对这个概念的理解。何俊乔深入思考历史街区的建筑、街道、定位等各个关键要素，力求探索出更详细的保持小城镇历史街区原真性的思维模式和实施方案。

2.1.2.5 关于岭南本土传统商业街区相关研究

岭南本地不少研究者针对广州市传统街区的保护更新作了一系列的研究，主要围绕"岭南传统骑楼街区在旧城改造中如何更新利用以适应城市建设发展的需求"而展开。例如，李青琳、黄浩、慎重波、王玫等人分别对广州的昌兴街、上下九路、恩宁路、新河浦路等具体的街区从街区空间肌理、交通状况等方面作更新设计的探索，这类个案研究，从微观的角度近似于工程设计经验的总结，对于特定地域街区实际问题的解决具有一定针对性。也有学者从较宏观的角度展开思考，例如，杨芸基于商业背景探讨西关特色街区的再生模式；苏国彦在对广州现有老街进行大量调研的基础上，探索历史街区边界空间共有的特性和影响边界空间现状的动因。

2.2 关于研究客体的先导研究

2.2.1 研究客体的历史溯源

考虑到研究开展的可行性和研究目标的针对性，本研究主要以岭南地区的传统商业街作为研究客体。对研究对象的发生背景、形成原因的历史溯源有助于更好地了解其地域和文化背景信息。

在岭南特殊的社会商业氛围下，城市商业街道的格局主要是在平民和商人等个体的小商品商业活动推动下形成和发展的。与岭南特殊的地域气候环境和商业渊源相适应的骑楼建筑在民间商业和政策制度的双重推动下，数量不断增多，规模不断扩大，商业骑楼街逐渐成为岭南主要的商业街区模式。其源起可追溯至18世纪末至19世纪中期，夷馆时期的小规模商业街及"铺廊"概念的提出。

"十三夷馆"可以说是骑楼建筑发展的雏形。清乾隆二十二年（1757年），海上贸易兴盛，洋商与日俱增，牙行们开始兴建供洋商入住和存货的馆舍，始称"番馆"（夷馆)。洋商们参与设计和建造夷馆,具有西方风格的外廊式夷馆建筑样式在广州本土开始兴起。在夷馆建设时期,民间就自觉地吸收并发展骑楼街的商业功能,形成小规模的初具骑楼特征的商业街市。馆区有三条小型商业街与商馆平行布列,街道宽5～7米,两旁是两层小店,其中一边是连贯的骑楼,上层是装有玻璃窗户的小骑楼,下层是木板店面。店家往往通过搭建雨棚或在铺前僭建的方式扩大货摊经营范围,混乱无序的状况难以适应当时频繁的商业活动。清光绪十二年(1886年),两广总督张之洞参考西方城市规划布局改善广州城市交通,同时借鉴香港骑楼样式用于广州商业环境的振兴,在天字码头一带建造120丈长的堤岸,兴建类似骑楼的"铺廊",以期实现商业的兴起。虽然该举措最后未真正实施,但极具前瞻性和实用意义,可以说是广州骑楼街设计之源起。

在现存的部分清代外销画及老照片中能一览清末广州传统商业街道的规模。临街商店主要沿袭传统上宅下店的经营模式,临街商铺由多间连续的铺屋组成,这些铺屋通常采用三间两廊式的凹入门廊,个别采用外廊结构。凹入的门廊两侧用砖墙封闭,街道与铺屋之间并不具备骑楼所具有的连续公共空间,可以说初具骑楼的使用意识,但尚未形成真正意义上的骑楼街格局(见图2-1、图2-2)。

图2-1 清代外销画之广州十三行靖远街　　图2-2 清道光三十年(1850年)前后广州街区

民国初期,在政策的大力支持和民间自发需求的积极推动下,骑楼街获得充分的发展空间。1912年,广东都督陈炯明上任后规定"凡堤岸及各马路建造铺屋,均应在自置私地内留宽八(英)尺建造有脚骑楼,以利交通"(《广东省警察厅现行取缔建筑章程及施行细则》)。条文中的"铺屋"近似于张之洞当年所提倡的"铺廊",因每栋建筑的廊下有柱子支撑,故以"有脚骑楼"形象描述,这也是官方文献首次记载"骑楼"。该条例试图运用公权力强制将骑楼推广到主要商业街屋,"骑楼街"的大规模建设遂始于此。

1918年5月,广州成为我国东南沿海第一个实施大规模都市改造计划的城市。市区61条道路和郊区35条道路皆纳入改造范围,政府以"影响最小,破坏最小"为原则,全力推进城市道路拓宽改造和骑楼建设(《工务实施计划》)。西方古典建筑中的券廊与岭南的传统建筑形式相结合形成的骑楼街成为当时广州的主要街景(见图2-3)。1918年至1920年,政府细化了发展骑楼的相关准则。例如,将广州市建骑楼的地块分为7等,不同宽度的马路应建设相应高度的骑楼。当时的马路面宽大多为80英尺,允许建进深15英尺的骑楼,但底层高度不得低于15英尺。政府对该类骑楼在建筑结构、构造方法技术等层面作了细致的要求(《广州市市政公所取拘建筑十五英尺骑楼章程》)。可

图2-3 20世纪30年代广州主要街景

以说,20世纪20年代末至30年代初是广州骑楼街大规模建设时期。在这场都市改造运动中,广州建成的骑楼街有30多条,总长度超过20千米,主要集中在今旧城区域内,如永汉路(今北京路)、太平路(今人民南路)、惠爱路(今中山四路)以及长堤等,骑楼街呈现出繁华成熟的规模和特色(见图2-4)。广州骑楼商业街模式一度被国内外许多城市效仿。

图2-4 20世纪40年代广州太平路(今人民南路)

中华人民共和国成立后至20世纪70年代,广州城市建设和商业发展缓慢,骑楼街基本维持旧有格局,建设减少。这一时期所建设的骑楼街,如越华路和豪贤路,均有别于20世纪20年代至40年代的骑楼街。在体量上,该时期的骑楼街层数较多,有些达7层或8层(高22~30米);在功能上,骑楼的住宅功能重于商业功能,首层廊道空间多用于穿行;在风格上,立面装饰朴素简洁,有别于传统骑楼较花哨的"洋式立面",整体街道景观略显单一,这与当时社会的整体审美取向有关。

随着对传统骑楼街历史意义、城市职能和商业价值的重视和再挖掘,广州市政府意识到特色的商业活动开展需要特色的骑楼建筑与之匹配,遂于1998年编制《广州市骑楼街保护与开发研究报告》,针对街区现有交通、建设状况及旧城地块开发等方面推出了一系列的规划整改方案，并相继出台一系列的法规和措施有序推进骑楼街的整治改造。目前广州市区内现存的骑楼街总计有36条，总长度达20多千米，集中分布在老街区约10平方千米的范围内，主要包括位于荔湾区的人民路、上下九路、第十甫路、长寿路、恩宁路、龙津路、长堤，位于东山区（已并入越秀区）的文明路、德政路、豪贤路、文德路、东华东路和东华西路，位于越秀区的北京路、大南路、一德路、起义路、海珠路等。海珠区的同福路、南华东路、南华中路、南华西路也有一部分为骑楼街。传统骑楼街区的保护与更新在城市风貌建设中比重较大。

2.2.2 对研究客体的现场初勘

为了更深入地了解研究客体，本研究开展了逐步深入的调研，具体包括三个部分：①实地走访珠三角地区的传统商业街，对环境要素以照片和视频的形式进行观察记录；②在街区现场进行问卷调查，了解研究客体的使用现状；③收集传统商业街的图纸资料，作分析整理。期望上述先导调研能为后续研究打下坚实的基础。

调研工作包括：①研究者亲自到街区现场体验，涉及商业动线、休闲配套及历史景点的切身参观体会；②观察街区中的游客和商家相应的使用习惯，发现、记录并提炼环境要素；③对使用人群进行自由式访谈，获取关于街区使用状况的第一手资料。在具体的初勘工作中，笔者于2013年10月至2014年12月实地走访了广东省27条传统商业街（广州8条、佛山4条、江门3条、梅州2条、潮汕2条、珠海2条、深圳2条、中山1条、东莞1条、惠州1条、高州1条），分别对样本以照片和文字的形式进行观察记录。出于横向比较的需要，笔者在2015年3月至2015年12月还走访了国内其他城市中改造影响较大的几条传统商业街，如上海（1条）、苏州（1条）、厦门（1条）、成都（1条）、重庆（1条）、澳门（1条）的传统商业街。照片记录文件共计8967个，可直观获取样本的环境要素和使用状况。根据整理的照片资料，以及观察和体验的现场笔录，研究者从交通组织、空间布局、环境面貌、平面类型、业态类型和租赁状况等方面，对样本概况作了较详细的列表分析（详见附录3），初步形成对走访对象的片段性判断。通过现场调研，对样本情况大致归纳总结如下：

（1）鉴于地理位置和气候，珠江三角洲的传统商业街大部分属骑楼街的形式，一部分街区在原有民居村落的基础上改造而成。骑楼街根据建筑风格大致可分为传统骑楼街、现代骑楼街和传统现代融合骑楼街。

（2）传统商业街的业态分布较广，部分为老旧业态，偏向原始商业组成。其中，餐饮业态占比较大，且功能分区比较明显。以饮食业带旺街区是较为主流的业态模式。服装等零售业的商铺主要是作为商品展示的平台。纯粹传统手工艺制作店铺较为边缘化，在部分研究样本中，商家试图从店铺装修风格、体验介入的角度寻求突变。对当地传统文化、地域特色、技术工艺进行挖掘，注重消费者的商业体验需求是传统街区发展的关注热点。例如，广州北京路以保留元明清等几个朝代的街道地基为其文化内核，佛山岭南新天地则以岭南民居建筑文化作为其宣传重点，广州恩宁路则以铜匠工艺作为其特色文化，等等。连锁、文艺、网红小店融入传统街区有助于提升整个街区的品位。相较而言，低档次批发零售商店所在街区商业氛围较弱，街区的脏乱现象也更为明显。

（3）在规划和交通上，研究样本大多位于老城区，周边配套完善，城市功能齐全，附近有住宅区。街区内部以人行交通为主，部分街区人车混行。外部城市交通主要靠公共交通站点，尤其是地铁站点。现有传统街道大部分为历史街道，局部地段的路宽有限，部分骑楼街路段是批发商业集中地，货运量大，行车和停放不能满足城市日益增长的机动车交通需求。另外，由于地处老街，地铁和公交的设置也存在面积和地段区域的限制。对此，政府往往通过扩路和增设地铁或公共交通线路来缓解交通压力，代价是导致一部分骑楼的损失，如广州解放路和中山五路就因此拆除了骑楼街区。可见，传统商业街道与现代交通在街区的使用和发展中存在一定的矛盾。

（4）在感受街区和所在区域环境时，笔者发现相当一部分的传统街区与周边的建设并没有保持很好的关联。传统街区的外立面有着连续的界面，随着旧城整体建设的推进，骑楼周围的用地陆续开发，而传统街区所在地块基本处于孤岛状态，内部街道与城市主道的联系越来越少，传统街区只是物质形态作了简单保留，其整体并未融入区域地段的整体更新。

（5）为了更好规范和保护街区建筑，政府一般会对店铺的使用功能统一协调管理。例如中山的孙文西街、广州的一德路，沿街店铺发展商业，而二层则堆放货物，不允许居住或经营（见图2-5）。这在某种程度上利于街区建筑的保护和管理，但同时也限制了店铺的更多使用可能。梅州的陵风西路、大埔的湖寮同仁路以及潮州的牌坊街等街区的店铺，仍沿用传统"下铺上住"的使用格局，但二层的采光、卫生、通风条件普遍较差。而广州北京路、上下九路这些经过改造的街区，整体地块价值不菲，因而二楼空间也尝试发展饮食业态，拓展商业利用空间。街区中的店铺单体建筑经营面积一般为100～300平方米，传统骑楼廊柱距宽一般为4～5米，进深约4米。店铺间隔很小，空间拓展余地有限，这也间接地限制了现代商业功能的发展。例如，新型的创意产业、娱乐设施等并不宜设置在传统街区中。一些传统街区在经营主力店时，会打通几个单体店铺间的内部格局，以连通扩大经营面积，适应现代商业品牌的经营模式。但由于历史原因，骑楼的产权较为复杂，一般分为私房、公房和华侨房三种。故而，打通改造一般是在公房的基础上协调实施的。

LFD-MZ二楼空间用以居住　　SWX-ZS二楼空间政府统一管理　　BJ-GZ二楼空间用于商业经营

图2-5　传统商业街二楼空间不同用途举例（笔者拍摄）

（6）在传统街区的立面效果上，简单的"穿衣戴帽"翻新做法对建筑原有的特色工艺造成损坏，也引起观者的审美疲劳。笔者在现场感受到的另一种违和是部分商铺业主采用不恰当的广告、装修、电线空调等设备掩盖建筑历史文化痕迹，这一现象极为普遍，直接影响到传统商业街社会文化价值的展现和提升。大型现代投影广告屏也越来越多运用于传统商业街，某种程度上削弱了传统街区的特色氛围（见图2-6）。

图2-6 传统街区过度使用广告屏（笔者拍摄）

（7）据观察，行人大多选择在骑楼街的廊道下行走。尤其是下雨时，廊道较主街的使用频率显著增加。这与岭南高温多雨的气候特点有关，骑楼为人们提供了舒适便利的遮阳挡雨环境（见图2-7）。

图2-7 人们选择可遮阳挡雨的骑楼廊道行走（笔者拍摄）

街区的景观环境采用大量的小品雕塑、绿化和水景。入口空间常以广场、门楼、历史遗迹等标志建筑物作为触发点。大多数传统商业街的景观能匹配相应的地域和历史文化特点，但也有相当部分样本的景观设置缺乏代表性。

2.2.3 对研究客体的图纸分析整理

笔者在现场调研的基础之上,联系城市规划行政主管部门、街区管理部门、街区改造相关设计单位并结合网络平台等多种渠道,查阅了国内9个传统商业街的图纸及其他相关资料。通过读图,笔者尝试对研究客体进行类型划分,并提取相关的传统商业街要素。

2.2.3.1 传统商业街的平面分类表述

以下对研究客体进行类型划分,以便于研究的明确与论述的清晰。通过现场调研和读图分析,借鉴克里斯托弗·亚历山大教授以数学集合阐述城市结构的思路,笔者从空间平面的角度,对样本框中30个样本进行平面分析,将传统商业街大致分为三种类型:

(1)树形街区

在亚历山大的表述中,树形结构主要由树干、树枝和树叶构成,各部分联系相对较弱。树枝与树枝之间通过树干横向的节点和枝杈交换养分,而位于树枝端部的树叶彼此独立互不关联,影响了空间的可达有效性(见图2-8)。平面相类似的街区具有相似的特征。传统商业最初沿着城市交通线路两侧发展,其纵向尺度往往大于横向尺度。随着商业聚集,商业行为沿着纵向尺度延展和横向尺度增长,于是商业

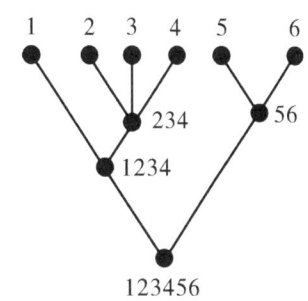

图2-8 树形结构示意(笔者改绘)

从主街往两侧次要街道渗透,次要街道通过衍生街巷取得联系,逐渐形成一定规模的商业分支的街道布局。这些特征与上述树形结构的特征具有较大的相似性,因此,本书将该类型的传统商业街定义为"树形结构街区"。该类商业街在样本中占较大的比例(见图2-9),如SXJ-GZ、DSF-GZ、EN-GZ、SW-ZS、HG-SD等。

图2-9 树形街区空间举例(笔者拍摄)

在所调研的传统商业街中,树形街区具有较好整体性效能,整体空间格局较清晰,有良好的方向引导性,人流依据"主干"—"分支"—"节点"开展层级活动。但由于主动线("主干",即主街)是单向线型,迂回特征不明显。次动线("分支",即巷道)虽然有助于商业行为的外延,但不能无限制延伸,也不能形成回流,易形成尽端式和节点式商业。故该类街区视线交流性较弱,商业价值相对较低。

（2）网络形街区

亚历山大认为，网络形结构由若干个树形结构构成，由于多种组合而呈现出更为复杂的结构关系。每个树形结构之间相互关联，不同的空间节点起到信息交流和交通组织的作用，空间动线整体有序且协调有效（见图2-10）。相应类型的商业街区基于较好的网状交通结构发展而成，具有相对明显的交通主轴与空间节点。其发展基于原有尺度空间，受周边的城市交通制约，呈块状纵横均衡发展。主干（主街）与分支（次巷）之间通过若干个

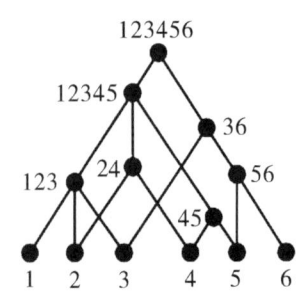

图2-10 网络形结构示意（笔者改绘）

放射的节点相连，主次之间相互交错，街区内部的商业空间联系较为紧密，各处的交通便捷度与商业价值较为均衡。具有与网络结构相似特征的传统商业街区，本书将其定义为"网络形结构街区"，如LNTD-FS、BJ-GZ等（见图2-11）。

图2-11 网络形街区空间举例（笔者拍摄）

这种网状传统商业街区中的街道特点接近于我们一般意义上的"鱼骨状"街道。主街与次巷往往呈"鱼骨状"的自由生长态势，整体动线渗透性好，可以有一个或多个业态核心群，在不同的分支可以形成差异互补的业态。动线的自由发散使消费者可以灵活地选择路线，易于形成回流，各级商铺人流均较均衡。而且，内部街道短小且富有变化，空间体验性较强。但与此同时，由于分支的放射动线较多，增加了街区方向的辨识难度，过多的动线分流和视觉吸引，也可能导致客流分散流失。要在场地内形成连续环形商业动线，需要通过不同方向的片区组合来达成。

（3）梳形街区

在实际的走访中，还有一种平面类型不能严格意义上归纳为树形或网络形。这类街区受原有周边城市功能、地形及交通等因素限定，街道沿纵向不断延伸，其横向空间发展相对滞后，局部因城市发展连接城市次要道路空间。但就街区内部而言，由于受城市空间的限定，较少存在横向扩张而成的商业空间。简单来说，该类型街区空间组织与树形街区具有相似性，但其并未衍生出其他支巷空间，因而将其单独划为一个类型，简称为"梳形街区"（见图2-12），如YD-GZ、TK-GZ、

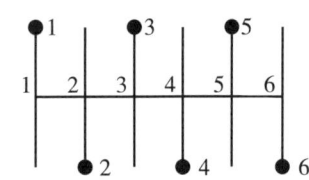

图2-12 梳形结构示意（笔者改绘）

LFX-MZ、DM-ZH等（见图2-13）。

图2-13 梳形街区空间举例（笔者拍摄）

梳形街区内部往往呈现较为单一的空间形式，例如直线、折线、弧线等基本的线型。这种模式拥有较长的商业动线，建筑主要沿着纵向的街区布置，形成较为完整而统一的商业沿街立面。该类型街区整体空间格局清晰，方向引导明确，但用地往往狭窄紧凑，动线过长不利于停留，商业渗透性不强。且视线景观易使消费者审美疲劳，削弱了行走体验的乐趣。

（4）三类街区的优缺点归纳比较

三类街区具有各自的优缺点，在实际的更新改造中应综合考虑有所侧重，扬长避短因地制宜。具体比较如表2-3所示。

表2-3 传统商业街平面类型比较

街区类型	空间组织/动线模式	优点	缺点	样本举例	平面示意
树形街区	纵向主街向横向次街与次巷渗透	格局清晰，方向引导良好，巷道商业有助于主街业态的延伸	主动线以单向线型为主，迂回特征不明显。次动线不能无限延伸，易出现尽端式和节点式商业	广州上下九路、广州泰康路、广州恩宁路、佛山顺德华盖路、开平赤坎中华西路、高州市中山路	
网络形街区	主街与次巷呈鱼骨状态势，以若干个放射的节点相连，主次之间相互交错	整体动线渗透性好，易形成回流，各商铺人流均衡。内部街道短而丰富，体验较好	方向辨识弱，动线分流和视觉吸引易导致客流分散流失。连续的环形商业动线需要不同方向片区的组合	广州北京路、佛山岭南新天地、珠海北山广场、深圳南头中山街道	

续表

街区类型	空间组织/动线模式	优点	缺点	样本举例	平面示意
梳形街区	主街沿纵向延伸，呈直线的线性分布，少横向次巷的扩展	商业动线较长，完整而统一的商业沿街立面，方向引导明确	主动线过长不利于停留，无次线商业补充。视线景观和行走体验一般	珠海斗门老街、梅州陵风东路、大埔湖寮同仁路、东莞正华路、广州一德路、台山通济路、中山孙文西路、潮州牌坊街、惠州水东街	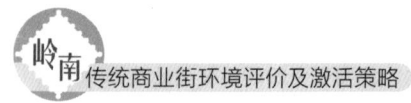

2.2.3.2 传统商业街的要素提取

结合上述传统商业街空间平面的分类研究，以及凯文·林奇对城市物质形态所归纳的意象五要素，提取研究传统商业街空间的五大构成要素：街区区位、街区路径、空间形态、环境标识及建筑的组合布局。

（1）街区区位

传统商业空间不是一个独立的建筑单体，它是一种特殊的城市空间，是在历史的延续中形成发展起来的。传统商业街的影响力因其所在城市区域的发展变迁而发生着改变。街区外围的交通状况、配套设施决定了顾客能否顺利到达该区域，这是商业街集聚人流的前提。同时，街区在城市中所承担的功能也辐射影响周边建筑，体现街区在当下的城市角色。区位要素是基于城市立场，从宏观尺度感知传统商业街的整体环境质量。

（2）街区路径

传统商业街的路径是交通和商业动线的主要构成，也是街区平面关系的直观反映，呈线形，具有导向性和连续性。使用者的空间体验和视觉感受随路径尺度、路径方向、构筑物的变化而变化。为了避免因街道太长而导致行走疲劳或视觉单调，街区路径往往通过节点相隔。节点空间是交通路线中的休息点，是道路的交接点或是汇聚点，可以使消费者从一种状态过渡到另一种状态，具有承上启下的意义，比如街区广场、公共庭院、休息平台、景观绿化或街道交界处的集散场所等。路径的设置影响着街区交通组织，随着传统商业街规模的逐步扩大，路径的宽度和走向也应相应调整。行车与步行是商业街内的两大交通方式。行车交通系统主要关注如何将城市外围的人流更有效、快捷地引入街区，而步行交通组织则侧重于考虑人流在街区各个板块的均衡分布。传统商业街运营效果很大程度上取决于街区整体交通路网的运行效率。

（3）空间形态

传统商业街的空间形态主要指街道的组合所体现的空间特征。路径之间通过建筑、景观或其他街巷相联系，从而产生不同的空间形态，如秩序感和引导性显著的直线形、

L 形或 U 形空间；街巷纵横交错，平面自由生长的鱼骨形空间；主街相互平行，纵向主街与横向巷道互为补充的树形空间等。不同的空间形态引导消费者集聚和流动，也影响业态的分布与组合。传统商业街的空间形态有别于现代街区，其空间形态经过历史的累积，已形成相对稳定的格局。空间形态影响着街区内人流的分布走向，是实现商业均好的主要因素。

（4）环境标识

标识物是街区空间的点状要素，是人们认识空间的主要参照物。街区的标识体系有助于使用者在街区中建立归属感和领域感。使用者通过标志物等构建街区空间心理地图及辨识行走的方位，从而实现有效的空间定位并进行步行规划。街区的空间识别度可以通过标识物、节点空间、建筑、景观等提升。比如，空间中设置的节点往往具有识别性、焦点性和集散性的特征，方位可以依凭有特色的节点空间来确认，从而有助于顾客有效感知街区中的商业节点和街道形态，并对其行为与视线产生引导。另一方面，有特色的标志物一般蕴含历史文化意义，是各个街区主题或形象的独特表征。

（5）建筑的组合布局

建筑布局模式是指不同的建筑类型在传统商业街中的空间组合与布局方式。传统商业街中，不同功能建筑的布局设置体现了人们在长期商业活动和日常生活过程中建立的一种使用习惯和管理秩序，体现了商业与生活既相互联系又各自独立的状态。商业街空间的功能主体模块中，建筑的空间结构、功能分区和商业运营情况等都受到建筑自身布局模式的影响。另外，各种建筑由于长时间的使用积累，围合出不同的空间序列。这种序列不是井然有序的，而是通过建筑之间的围合与开放，产生凸出、凹入、转折、弯曲、宽、窄等丰富的层次，在使用上形成开放公共的空间、过渡渐变的空间（灰空间）和私密个人的空间等层级。总的来说，建筑的组合布局研究是从建筑功能分配和建筑空间序列的角度，考察街区中的店铺空间、历史建筑空间以及配套服务功能空间之间的逻辑组合关系。

2.3 对研究主体的先导性调研

2.3.1 消费者行为与心理的理论准备

2.3.1.1 消费者行为

消费行为是消费者在商业环境中的表现方式，有别于一般意义上单纯的购物行为。本研究还涉及消费者在街区中的行走路径、商业动线和交往交流行为，即包括购物、吃饭、娱乐等消费行为和行走、停歇、感受、交往等非消费行为。消费行为涉及个体行为、集体行为两个层面，其中个体行为是指以个人为单位的消费者在街区中的行为表现，而集体行为则是指由多个个体所组成的集合中，个体表现出的共通的行为特性。本研究主要是通过消费者行为来分析街区内部的空间使用与行为之间的关系，从而反映街区整体空间环境、业态等对消费行为和消费心理的影响，寻求消费者行为发生机制。

(1) 个体行为

个体行为是消费者因自身的目的、喜好,在环境因素的协同作用下自发做出的选择。换言之,消费者在某个空间逗留或行走,是不自觉的主体和客体相互影响的行为结果。由消费信息而产生的商铺偏好,由消费需求而产生的消费目的,以及在闲逛游览中由于对景观和建筑的关注等而产生不同的路径、驻足或交流,会综合影响个体在街区动线空间的行为活动。消费者在街区的活动是多样丰富的,通过对消费者行为轨迹的观察和捕捉,理解其对街区不同空间的态度和使用方式。在动线设计中,更多地考虑延长消费者在某个空间乃至整个商业街区停留的时间,以产生更多消费的契机和可能。

(2) 集体行为

消费者集体行为可以看作是共通的普遍的个体行为的反映,是一种无意识的选择,更多地取决于空间固有环境条件和属性。例如,一定数量的消费者会选择在某个空间停留,与该空间的可达性、可视性不无关联,通过对这一空间可达和可视要素的分析获得该空间作用于行为的影响机制。

(3) 网络行为

随着互联网的快速普及,网络消费逐渐成为新兴消费模式。其以便捷实惠的特点对实体经济产生巨大影响。传统街区在抗衡网络消费行为的同时也应尝试消解利用。一方面更多地利用历史人文景观、传统店铺的影响力、号召力等来营造体验经济的环境,以"体验"消解"网购"的竞争。另一方面,利用网络传播、消费评价等,使消费者之间相互影响,从而推广街区的某一空间,乃至宣传强调整个街区的空间特性,潜在地鼓励消费者的街区消费行为。

2.3.1.2 消费者心理

本研究中的消费者心理主要是指顾客对商业环境的综合体验和使用需求。舒适度是指在街区基本商业功能实现的前提下,消费者所追求的更高级别心理满足的程度。针对消费者对舒适度的评价,本研究结合街区的物质显性层面和场所精神隐性层面进行分析。物质需求主要通过消费者的购物目的、使用习惯、空间认知等维度把握,涉及交通组织、布局形态、业态组合、空间尺度、设施设备等,以此探求街区环境给使用者留下的总体印象及实际使用感受,这是在较浅的层面研究街区的综合使用效果。精神需求分析主要立足于消费者对于场所精神的感知、景观氛围、环境审美、识别标志等方面,由此探寻使用者对街区的历史及人文的情感意象。

2.3.2 对研究主体的现场观察和问卷调研

对于研究主体的先导性研究主要分两部分进行:(1)通过现场问卷调研和定点拍照观察,了解消费者在商业街区内的行为轨迹和消费选择。(2)通过网络平台和现场开放式采访相结合的方式派发问卷,了解消费者在街区中的偏好习惯和消费模式等。

2.3.2.1 街区消费者行为轨迹的先导性研究

该研究选取佛山某改造后传统街区,组织学生在当地随机派发消费者行为轨迹先导性研究问卷（见附录1、图2-14），初步了解消费活动之间的关联性和影响消费活动的空间因素。问卷包括四部分的内容： a. 消费者基本属性（性别、年龄、居住地等），用以了解消费者的背景。b. 消费者行走游览路径，调查消费者停留的节点及时长，主要涉及商店购物、历史建筑参观、公共空间休闲。通过消费者在街区中的空间行为、在不同空间逗留的频次，了解其在街区中的分布特征。c. 调研消费者当天在各地块进行的消费活动（消费内容、消费金额、停留次数等），从而考察不同阶层消费者的消费情况。d. 了解消费者对该街区整体购物环境的综合感受，捕捉其满意和不满意的评价关键词，从而获得消费者对该传统商业街区的大致使用评价。

图2-14　消费者行为轨迹调研现场

（1）调查数据

笔者选取2017年5月的某个周末（周六、周日两天）及两个工作日，于12:00至20:00在某传统商业街，对已结束游玩活动即将离开的消费者进行关于消费及游历情况的问卷调查。共派出问卷220份，最终回收有效问卷212份，有效率为96.4%。

（2）消费者基本特征

在性别比例方面，女性消费者偏多，占总调查样本的54%，男性占总调查样本的46%。从消费者的年龄分布看，20~30岁的青年人占总样本的45%，30~50岁的中年人占34%，20岁以下的青年学生占17%，50岁以上的老年人占4%。这说明该传统商业街区的游览人群涉及各个年龄段，但主要集中于中青年阶层。消费者月收入情况呈两极分化的趋势，2000元以下（含学生0收入）占30%，10000~20000元占21%，5000~10000元占25%，2000~5000元占24%（见图2-15）。这说明该传统商业街区整体消费水平属于中高层次，但也有较低收入人群游玩。从中或可预测，在消费项目中有适宜高消费人群的服务项目，对于中低消费人群，游览和参观也能让其在该街区实现游玩目的。进一步推测，街区所提供的内容能兼顾各个消费层次的人群。这个假设，将结合下文的消费情况及游览节点路线进行分析。

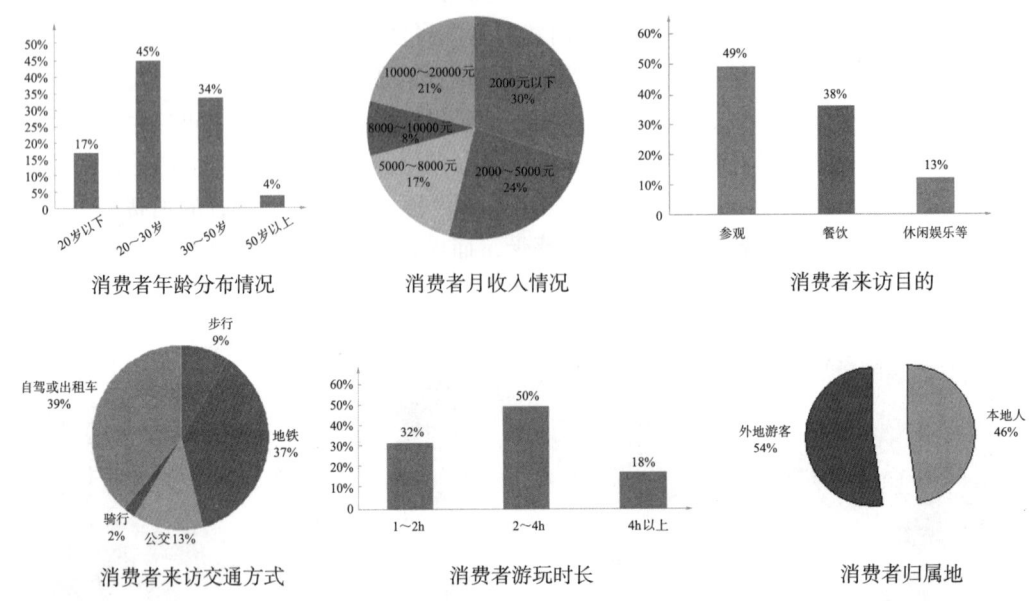

图2-15 消费行为轨迹调研主体的主要背景资料

从职业分类情况看，公司职员和事业单位职员所占比重较高，两者共占总调查样本的34%；其次是学生，占总调查样本的27%。这说明具有一定收入讲究品位的白领和公务文教人员、追求时尚的学生是街区的主要客源。从客人归属地来看，本地人占46%，外地游客占54%。这说明该街区并未完全改造成纯商业化旅游化的景点，本地人对该街区仍有较强的认同感，仍愿意到此休闲游玩。传统街区仍与原有的历史人文有较好的关联，扎根于本土生活，这是保持生命力的前提。

对消费者活动基本特征进行分析，结果显示，从消费目的看，来该传统商业街区的消费者中，以旅游参观为第一目的的最多，占总调查样本的49%。其次为餐饮，占总调查样本的38%。另外休闲和娱乐也占有一定比例，单纯以购物为目的的消费者较少，共占总调查样本的13%。这说明该传统街区的综合特性吸引了较多游玩参观的消费者，其中既有日常的餐饮消费，也有慕名前来的参观者。

交通方式统计结果表明，消费者自驾或乘坐出租车出行的比例最高，占总调查样本的39%；其次为乘坐地铁，比例为37%。这说明前来该传统街区的消费者具有一定经济实力。此外，其他公共交通也较为方便，消费者可选择多样的交通方式。

总体来看，街区吸引了大量有一定经济实力以及追求时尚的中青年。其中，以旅游参观为第一目的的最多，这与街区目前的定位（成为佛山市中心具有历史文化特色的都市旅游景点）是基本一致的。

（3）消费者活动空间分布基本特征

根据对消费者活动消费情况的调研统计可知，消费人数和人次较多的店铺是星巴克、民信老铺、庸羲和探鱼，其次是福茗堂、Coast Coffee、太良母米粥、老佛椰、Summer House 和卡卡松堡书店等。消费业态大多集中在饮食类，轻奢时尚和传统老店并重。消费金额以200~500元所占的比重最多（32%），其次是50~200元（26%），500~1000元的高额消费占12%，这说明该传统街区的消费水平在中高层次。在被调查的对象中不乏有纯粹游玩的游客（13%），几乎没有任何消费。

考察街区中历史景点到访率，从数据分析可见，该传统街区的历史建筑和文化景点具有一定吸引力。名人故居的到访率最高（约65%），其次是介绍岭南风俗的博物馆（52%），而祠堂等历史建筑的到访率相对较低（约12%）。

改造后的街区设置了适宜休闲的公共空间，在对公共空间的人数进行统计时采取了定点拍照记录的方式。入口的喷泉水池逗留的人数最多（42%），游客一般在这里拍照留念。其次是位于主干道的钟楼建筑，游客穿行通过时亦会拍照或驻足休息。另外，游客也会选择靠近饮食业态和历史景点的喷水池闲坐休息或嬉戏游玩，因为其地理位置特殊且水池景观本身具有趣味娱乐性。值得注意的是，位于次出入口的景观水池，由于不在主干道上，通过的人并不多，附近也没有较好的商店吸引人流，该公共区域的景观设置观赏性质大于休闲意味。

（4）行为轨迹和消费情况先导性调研小结

a. 消费者在商业空间中的行为可以分为消费行为与非消费行为，消费行为包括购物、餐饮、娱乐，非消费行为包括行走、停歇、感受、交往。

b. 消费者对传统商业空间塑造的基本要求包括便捷交通、特色餐饮、宜人景观、良好的历史氛围、合适的人群密度、足够的休息场地等。

c. 在历史建筑和人文景观优美的传统街区，以游玩为目的的人多于来消费的人。好的历史景观和氛围能刺激消费者潜在的消费需求。在采访中，有相当一部分游客到该传统街区是以参观游玩为初衷，但在游走的过程中，会顺便购物，或者为了品尝传统老字号美食（如仁信的姜撞奶）而消费。另外一部分游客则因为喜欢该传统街区的特色建筑，在选择就餐地点时，会愿意带朋友来此就餐兼参观。

d. 由于街区平面是鱼骨状的主巷和次巷纵横交错，游客常常需要借助街区中的指示牌以及主干道上的特色商店来辨识方位和寻找相应的店铺。游客在街巷中迷失方向，会阻断店铺和商品信息的传递，从而导致人流量降低，甚至让人不耐烦，产生焦虑感。方位感对游客的游历舒适程度有较重要作用。

e. 休闲和欣赏兼顾的公共区域游客更愿意停留，如配休闲座椅的喷泉水池。另外，餐饮店铺旁边的公共区域也有较多的人逗留，人们就餐后往往在喷泉水池附近玩耍逗留。

f. 在消费业态的选择上，特色餐饮尤为突出，店铺的装修、宣传乃至网络评价都会影响消费者的选择。

g. 轻奢餐饮和传统老字号店铺的消费人数较多，如星巴克、满记甜品、仁信等。而位于小品景观和历史建筑旁边的店铺人流量更大，体现出明显的触媒效应。

h. 传统街区中有一定数量的工艺精品、衣饰小店，装修和商品强调别致的小众品位，定价普遍较高，以营造情怀和宣传品牌为主。游客虽然实际购买行为不多，但愿意驻足游览。这类小店与街区的历史人文气息相融合，对于整个街区氛围和格调的营造有一定意义。

2.3.2.2 街区消费者消费习惯和消费模式的先导性研究

对消费者消费习惯与消费模式的先导性调研主要以开放式问卷的方式进行。问卷主要围绕消费者选择街区的偏好和习惯展开提问，涉及传统商业街的使用频率、选择到传统街区的原因，以及个人对于传统商业街喜欢或不喜欢的主观因素，由此初步获取人们对于商业街区的基本感受。问卷以两种方式派发，一是在广州和佛山的两个传统商业街区现场派发；二是尝试利用网络渠道，通过"问卷星"平台向不同职业、不同年龄段的受访者发送问卷链接，实时接收并统计分析反馈数据（见附录2）。对先导性开放式问卷综合分析如下：

（1）在街区现场共采访了50名行人，其中男性23名，女性27名。在网络平台共发出259份问卷，回收259份，主要受访者以20~30岁的中青年为主，身份职业方面以教育和技术从业者以及学生所占比例较多，具体年龄段和职业分布比例如图2-16所示。

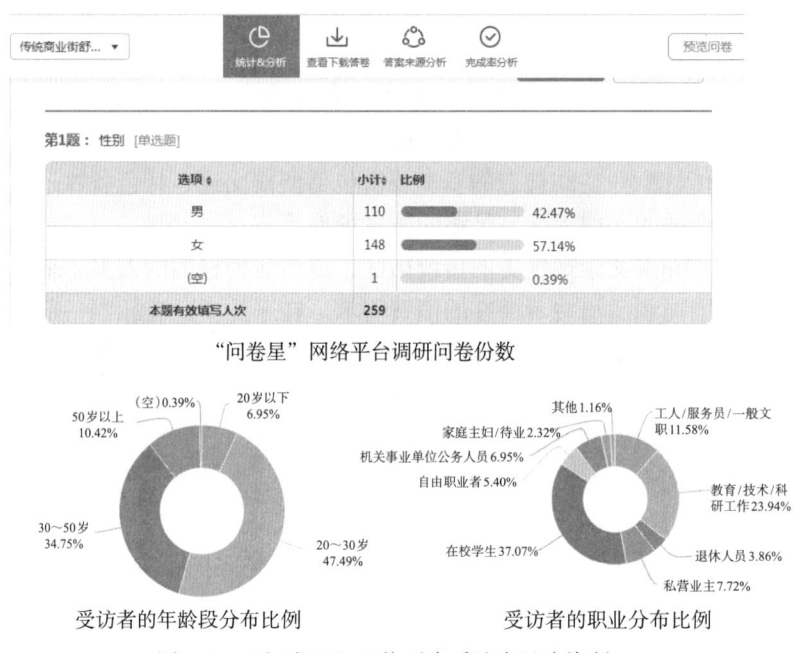

图2-16 "问卷星"网络平台受访者基本资料

（2）受访者喜欢的街区特点较为统一（见图2-17）。其中关于街区的老建筑特色提及最多（75.32%），其次占较大比重的分别是有特色小吃（60.17%）、可以边吃边逛（56.71%）、交通比较方便（39.83%）和环境悠闲（48.48%）。可见，消费者较为关注街区的整体视觉景观、交通和餐饮业态。一些受访者提及美食、历史氛围、传统建筑等词汇，可见街区中的特色因素会潜在地吸引人流和引导消费行为，而街区中的商品价格和消费水准并不是太主要的影响因素。

（3）受访者对传统街区不满意的原因较为多样（见图2-18）。综合来看，提及较多的因素主要集中在街区整体氛围方面，例如游客多太嘈杂（45.45%）、商业气息过于浓厚（34.63%），而环境太沉闷、改造不当、买不到合适的商品、商品价格偏贵、交通不便等因素都有一定比例。另外，街区中的休闲座椅也有较多受访者提及，这可能与街区的动线较长或缺乏必要的休闲设施有关。

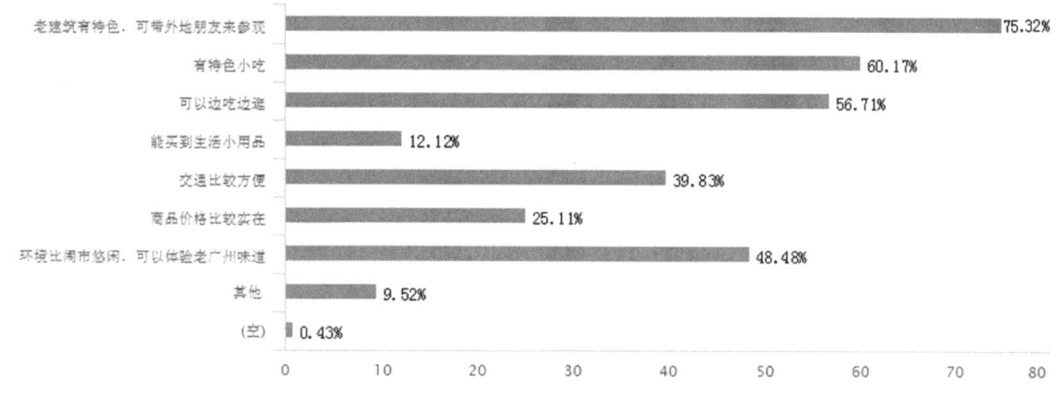

图2-17 "问卷星"网络平台受访者对街区满意的原因

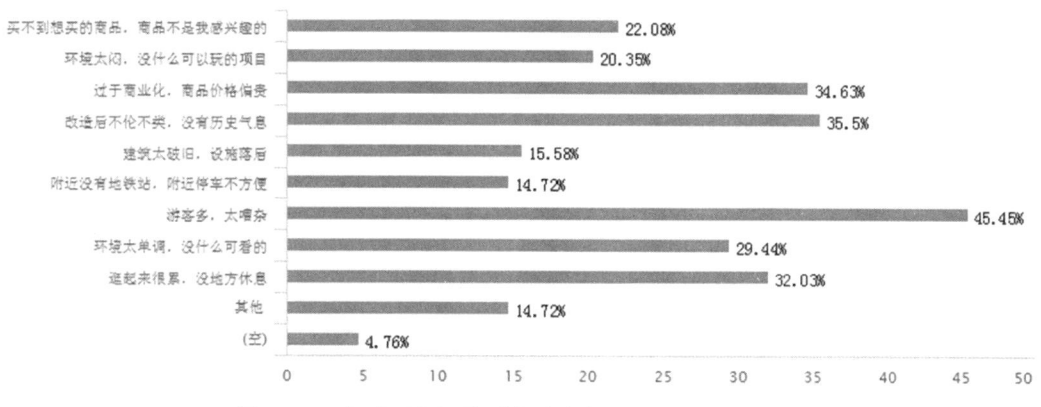

图2-18 "问卷星"网络平台受访者对街区不满意的原因

（4）在受访游客中，一部分受访者表示平时较少专程逛传统商业街，主要原因是交通不便或没有特别吸引人的兴趣点。而选择到传统商业街的原因，较多提及的是在家附近出行方便，且有熟悉的店铺，价格实在，质量放心；或是有特别的商品或老字号商品要到老街才能买到。也有一些人提及逛老街的主要动力是带朋友来参观，以游览为主。另外，有相当一部分受访者（42%）表示已没有逛街的习惯。可见网购模式在现代人的生活中日益普遍，人们逛实体店丰富多样的乐趣已渐渐被网购的方便快捷所取代。生活消费方式的改变，间接地使街区改造面临更为严峻的挑战。健康的商业模式应该是多元的消费，人们在享受网购便利的同时，也应在实体街区获得更为丰富多彩的体验。宜人的街区应该让人们愿意去亲近去接触，并能吸引人们在此流连、欣赏乃至消费。购物是逛街的乐趣或目的之一，却不是唯一的或最重要的目的，街区所能给予我们的既有购物的满足，也有景观欣赏的愉悦，对于传统街区而言，还有历史场所的感知。唤起人们逛街的乐趣，鼓励人们走进老街，或许这是笔者在街区研究中所应挖掘和传递的主要意义。

2.4 传统商业街区的空间类型化研究

建筑的空间是行为的场所，也是行为之间相结合、联络的场所。将建筑的不同空间作类型化处理，有助于个别趋于普遍，论述更为有序和严谨，这也是展开论述的前提条件。传统商业街规模大、建筑类型多样，涉及多类使用人群及多种业态，不同空间在功能和界限上有重叠或混淆，学界对于传统商业街空间类型尚未形成共识。本研究在庄惟敏先生的关于空间策划方法的基础上，以商业活动为中心，根据不同空间所促发的行为和功能特征，对传统商业街空间作类型化划分（见图2-19），具体有A空间（活跃空间，Activity Space）、B空间（后勤空间，Back up Space）、C空间（动线空间，Circulation Space）、D空间（区域空间，District Space）。其中，A空间是街区中的主要使用空间，即商铺空间，承担街区中的主要商业活动。C空间是指街区中的联系交通空间，串联起各个使用空间，在商业活动中常体现在动线的组织上，包括主街、巷道、连廊、出入口、公共节点空间、商铺外延的灰空间和历史建筑空间。B空间指街区中的辅助使用空间，包括后勤所在区域、卫生间、停车场等具有特定功能的板块。D空间则界定为传统商业街功能辐射下的城市宏观环境范围，涉及街区与周边环境的衔接与融合，可以近似理解为街区的整体区域环境。

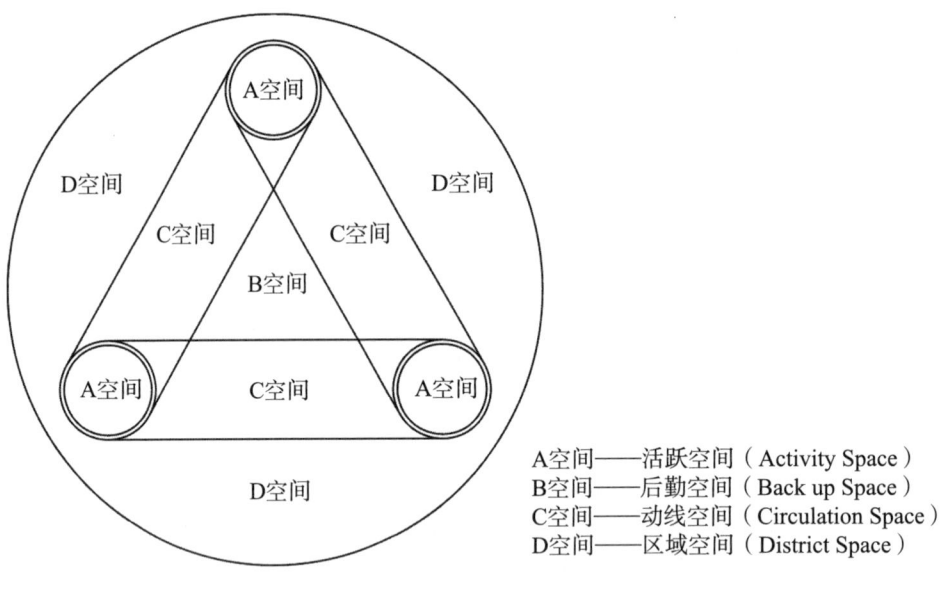

图2-19 传统商业街空间类型示意

A空间是街区的主要使用空间，属于块状空间。C空间是串联各使用空间的线性空间，协调组织空间的安排，引导行为秩序。B空间配合完成专门性的用途，分布在街区相应位置，呈点状。点、线、块空间协同工作，体现了传统街区整体空间的静态与动态组合。合理健康的组合方式，能更好地调动街区各要素在内部和外部发挥更大效能，满足使用者需求，体现传统街区的核心价值。

2.4.1 A空间：活跃空间（Activity Space）

庄惟敏先生所描述的A空间是指主要的活动空间，一般具有明确的行为内容，针对内部具体空间而言。在传统商业街中，商业活动是街区行为活动的核心，是传统商业街空间产生的原因和发展的动力，其他行为围绕商业行为开展。相应地，商业行为主要在商铺空间展开，商铺空间是街区商业活动的主要实现空间，可以说是传统商业街中最基本的空间形式。本书的A空间主要指这类开展主要商业行为的商铺空间。

（1）A空间业态分析

A空间承担着街区主要商业运营活动，不同的商铺构成若干业态组合。整个街区商业运营绩效与不同业种的空间位置及组合搭配密切相关。应根据业种聚客力的强弱程度，合理组织规划不同的业态空间，促进街区良好运营。从营销形式、价格定位及顾客需求等因素对商店群体进行分类，传统的商业布局中一般购物占总体业态的四成，餐饮占三成，其他则为休闲、娱乐等业态。在新兴网络消费模式的冲击下，餐饮业态所占比例有上涨趋势。在满足消费者多层次多方位需求的同时，应提高商业街在不同时段的观光和娱乐功能，从而形成特有的市场格局。根据业态吸引力、聚集消费者的能力，Teller（2008）将业种聚客力分为几个层面：购物情景吸引力，一般是首次光顾的客人有消费的动力和意愿；持续吸引力，主要指非首次购买的主顾还愿意多次进行消费；总体聚客力，涉及顾客对该业种的整体满意度、因熟悉而间接形成的忠诚感。王先庆、王晓春学者认为，聚客力受主力店、商铺组合、商品价值性价比等10个因素影响。就业态自身属性而言，超市、餐饮等聚客能力较强，其次是电器、服装、文化办公用品。但近年来，在网络购物的冲击下，服装店铺的聚客力明显大幅下降，而餐饮业态由于具有网络无可替代的体验模式而呈上升趋势。不少街区或购物中心常常以提高餐饮业态的比例来吸引客流，这在短期内是一个较为快捷有效的聚客方式。但餐饮业态的营利受就餐时段的限制，除了午餐和晚餐有较多客流，平时有大量的空余闲置时段，这在某种程度上限制了客流在不同时段的均衡性。这也决定了大多数餐饮业态在承租方面的能力有一定局限。而过多的轻快简便餐饮无形中亦会降低整条街区的品质和形象定位。

一些街区在改造内部格局时将几个小面积店铺打通以形成较大面积的主力店，拓展了展示平台和功能类型，在使用体验和视觉效果方面起到较好汇聚人气的作用。但是通过文献和案例研究可知，大面积店铺租金一般较低，街区引入使用该类店铺的业种主要是考虑其聚客力，并没有很好考虑其消耗面积的能力。故而，街区应考虑经营条件的多样性，商铺的大小应形成差异，尽可能预留实现不同的面宽与进深及引流的多种可能。

（2）A空间建筑要素

商铺建筑是传统街区的主要景观组成部分，其内部空间各自独立，立面上往往形成连续的视觉传达，展现了街区肌理和物质空间的延续，是地域文化的具体体现。传统商业街的商铺建筑以独特的造型和装饰追求商业利益，也以独特的地域传统风貌表征街区固有的历史文化。街区中的A空间虽然各有不同，但总体上，其植根于街区的历史和人文，兼具商业性和文化性。在样本调研中，对传统街区商铺建筑立面的处理大概有几个方向：一是在尊重整体传统风貌的前提下，尝试新技术的介入。溯源场地历史和地域文化特征，通过传统地域符号的转化和移植，形成传统与现代共存的街区式商业建筑（如LNTD-FS）。二是在尽可能保留原有建筑立面的基础上，进行翻新和整治，形成体现某一时期地域建筑的统一风格（如SXJ-GZ、EN-GZ等）。三是街区外立面以广告、大屏幕等为主，商业的强势植入盖过原有传统文化（如BJ-GZ）。在店铺内部空间的使用和改造上，传统骑楼街中大部分二层空间以存放货物或居住为主，一楼为敞开面向主街的商业空间。由于原有面宽柱网较窄，难以形成较大规模的主力店，不少店铺打通连成一个大空间，用以安排主力店。由于功能和装修风格的变化，相当一部分店铺建筑在保留外立面传统元素的同时，对内部空间作了较大的改动，加入现代材质和界面，营造出别致的文艺氛围。人们在传统街区建筑间游走时，建筑的形式、材料、体量、尺度等赋予建筑识别性。传统历史构件、街区中新旧元素的融合、建筑内部空间的改造和装修风格等，这些元素和情境互动所带来的场所体验直接且显著，对人们消费动机兼有隐性和显性的刺激。

2.4.2　C空间：动线空间（Circulation Space）

C空间是连接传统街区中各使用空间的"媒介"，在商业环境中主要表现为组织人群流动的动线空间，同时也面向城市开放，具有城市公共空间的性质。"动线是建成空间中使用者在交通空间中活动的通路"，具有诱导性、自主性、有序性和相对独立性等特征。在空间策划中，动线是首要考虑的前提条件。街区的C空间由入口端点、街道路径、休闲节点三大系统组成，具体细分为入口、连廊、主街、次街、巷道、景观庭院、休闲广场、店铺室内空间向外延伸形成的半室外灰空间等。

2.4.2.1　C空间端点——出入口空间

传统商业街区出入口与城市肌理相联系，是街区和城市不同领域的空间转换界面，即转换空间的过渡性中介场所。当入口空间与城市外部环境结合良好时，入口空间能较好地组织人流集散，人流能够顺畅地进出街区，城市空间与街区交通更加便利。入口空间具有一定的吸引力和凝聚力，能够向城市展示商业街区各种活动，利用其内聚性吸引消费人流，为商业活动提供充沛的活力。设置的入口空间往往成为街区的主要标识物，利于辨识。分析样本，可大致归纳出以下几种不同的出入口形式：广场式、牌坊门楼式、小品景观式、历史遗迹式、外围道路过渡式（见图2-20）。

2.4.2.2　C空间路径——街巷空间

街巷空间是街区交通组织的主要空间，主街以线状模式贯穿片区，成为街区的骨架。而货运、居民出行等道路则是与主街相交错的次街和巷道，向主街两侧延伸。总体上形成以主街为主体，次街巷相互补给的"鱼骨状"交通空间及结构功能脉络，为商业、货运与人行纵横交错的交通输配体系。其中，主街是街区最主要的商业动线空间，商铺位于主街两侧。样本中街道的宽度大致有三种：主街宽8~10米，次街宽5~7米，巷宽2~4米。立面高度变化较为均匀，高11~13.5米，高宽比最大为2.7，最小为1。空间尺度处理可减弱对街道空间的压迫，并唤起消费者的传统记忆。主街一般是线性序列，为丰富空间平面和立面，往往利用宽窄和高低的变化，并辅以牌楼、古树、转角等构筑物和景物来组织和引导空间序列，分隔路径空间。在有退缩空

图2-20 传统街区出入口空间举例（笔者拍摄）

间的路段或巷道空间会有商业功能的延伸，巷道作为主街的补充，延伸的商业也多为辅助性的餐饮、休闲业态，有些巷道也承担货物的储藏和运输等功能。业态的渗透和延伸与商业街的主体功能相辅相成，街巷空间交错互补，带给人们丰富的业态体验和空间感受。

2.4.2.3 C空间节点——停顿空间

节点空间处于街道空间之间，可以打破街区动线的冗长，产生节奏感和视觉变化，营造街区历史文化和街区内在场所氛围，同时又为消费者提供休憩停顿场所，延长消费者在街区的停留时间，丰富其空间体验。归纳样本的节点类型，总结出以下几种节点：

（1）休憩型节点

休憩型节点为街区的商业动线设立停顿点，提供相对静态的休憩环境，所以一般被视为内聚型空间节点。该节点一般由建筑与格网街道围合、半围合而成，并不妨碍交通。节点周围结合水景、雕塑、绿化等景观要素，为消费者提供更好的休憩环境。在部分街区样本中，该节点往往位于街区中的历史建筑或历史遗迹附近，使消费者在休息时与历史景观产生视觉关联，从而在驻足停留之时更好地感受场地的历史文化气息。

（2）活动型节点

相较于休憩型节点的静态本质，活动型节点具有外扩动态属性，通过放大空间尺度，设置活跃元素，鼓励社交活动，从而聚集人气，增强消费者的参与度与体验感（见图2-21）。该节点空间常见的元素一般有临水景观、运动及游戏设施等，吸引消费者驻足、观望、欣赏、游玩。在调研的样本中，传统商业街区的活动型节点主要有以下几类：a.用于民俗节庆活动或者街区文化展览的广场空间，例如北京路的庙会、花市，这类民俗文化空间节点较好地营造了街区历史文化氛围。b.用于商品宣传促销活动的道路或广场空间,例如美食体验、新产品推广等节点,通过设置流行商业元素,活跃商业气氛,强化消费体验。c.游玩空间,如喷泉广场或一些游乐设施,可吸引儿童参与其中,既满足娱乐需求,又作为景观丰富街区空间。

（3）参观型节点

这类节点主要是指存在于传统商业街中的特殊建筑景观节点,例如历史建筑、历史遗迹、民俗博物馆等（见图2-22）。这类空间是历史和文化

图2-21　传统街区中的活动型节点举例（笔者拍摄）

的沉淀,与传统商业街并存。每个传统街区的参观型节点空间各有特点,或是街区中保存良好的历史建筑,反映独特的地域建筑特色;或是与街区中的名人轶事相关联;也可能是用于展示风俗民情历史文物。参观型节点是街区文化的集中体现,街区的历史文化也因其而得以彰显,可以说参观型节点是动线空间中"文化核"的直观体现。在实际的调研中发现,这类节点空间对于游客往往具有较大的吸引力,一部分游客在受访中表示游览传统街区的主要目的是参观和感受历史文化遗迹,所以参观型节点实际上起着引导

图2-22　传统街区中的参观型节点举例（笔者拍摄）

和改变游客行走路线的作用,对街区原有的商业动线产生一定影响。这类空间游离于现实商业活动之外,也不纯粹是为了休闲娱乐而设置,但其所具有的历史人文底蕴,使游客愿意在其间逗留,闲坐休憩。易于吸引和汇聚人流的特点使参观型节点周围的街区和店铺获得潜在商机。所以,相较于活动型和休憩型的节点空间,参观型空间的商业"触媒"效应更为显著。这类空间不仅展现街区固有历史文化底蕴,营造街区的场所氛围,成为街区的亮点和主要标志,也丰富了街区景观,增加了游客的活动内容,在传统街区与现代街区的竞争中不可或缺。

(4)"灰空间"型节点

灰空间是指处于不同空间之间的过渡空间,往往位于店铺商业空间与交通动线空间之间,不仅可以行走,属于交通空间、街道空间的一部分,还延伸了商铺商业空间或公共休闲空间,兼具商业功能及社会公共职能,也被称为模糊的复合空间。该节点一般由骑楼街沿街建筑敞开面向主街的廊道空间、公共空间退缩而成,或是直接将店铺门前的遮雨棚向街巷延伸形成,可实现不自觉地由室内向室外过渡,从而柔化空间转变,更为紧密地连接行人、街道和店铺。这类节点是街区动线中独特的空间,体现了街区随意、自由的一面,增加了街区空间的复杂度,也为多样行为的产生提供条件(见图2-23)。

图2-23 传统街区中的"灰空间"型节点举例(笔者拍摄)

2.4.3 B空间：后勤空间（Back up Space）

B空间是传统商业街区中的配套设施后勤服务空间，包括停车场、卫生间、街区游客服务中心等辅助性空间。该空间从属服务于A空间，是保障商业街区正常运营的重要构成。由于受区域位置、用地面积和建筑改造程度等固有因素的限制，相对于一般的现代商业街，传统街区后勤空间的设置需要更多的考量。既要顾及原有环境肌理的完整性和原生性，也要满足现代购物模式的舒适便利需求。合理的配套设施能提供方便快捷的服务，直接影响街区的有效运营。调研显示，B空间在某种程度上可以减少空间环境的失衡，其物理环境舒适度的直观体验能间接影响游客对街区的深层心理感受和评价。

2.4.4 D空间：区域空间（District Space）

D空间是传统商业街功能辐射下的城市宏观环境范围，通常是指街区的场所环境或总体环境。传统商业街区不同于一般的建筑单体，它并非孤立存在，而是由各个建筑单体以及各类辅助设施、景观环境等系统有机组成的。这是街区与其所处区域的诸要素共同形成的具有一定空间形式的物质环境，涉及街区所处的城市区域、与城市道路的衔接、周围建筑对其产生的影响、街区向相邻街道和外围区域的辐射等，这些要素共同构筑出传统商业街的整体区域环境。

2.5 研究客体样本框的确立及研究样本选取

2.5.1 确立样本框

通过前期实地走访及图纸收集，初步拟定广东省内20个传统商业街作为研究样本，设置样本框（见附录4），其中广州5个，佛山、珠海、台山、梅州各2个，中山、深圳、东莞、惠州、高州、潮州、开平各1个。在实际行文中，以"街道名-地区名"的首字母作为样本编号。如"岭南天地—佛山"，即为"LNTD-FS"。

2.5.2 研究样本选取原则

研究样本应该具备一定的区域代表性、典型性及互异性。考虑到研究的代表性和可信度，研究样本的选择应遵从以下原则：

（1）使用现状对比原则：分别选取改造过的、未经改造的样本，以及保存完好的、残旧待修的样本，以期实现不同样本使用状况的对比研究，在舒适因素和动线感受方面具有现实意义。

（2）多样功能组织原则：注重样本多种业态不同功能的多元组合，不局限于某单一类型的业态或某特定主题，确保研究的全面。

（3）平面类型丰富原则：单一的平面不足以反映传统商业街的空间特点，研究选取三种不同类型的平面，以呈现相对完善和全面的空间格局。

（4）历史元素鲜明原则：为加强研究的针对性，注重传统和历史文化元素（例如历史建筑、文化遗迹、老字号商铺等）突出的样本，以凸显不同传统街区的特点，同时也有助于探讨在当代社会传统商业街和一般现代商业街所面临的不同处境。

（5）城市角色定位原则：样本所在区域具备一定的城市配套设施，满足周边的辐射区域，样本内部的交通组织、样本与城市的融合方式具有可操作性。

2.6 研究架构的建立

2.6.1 研究旨趣的提出

研究旨趣是评价活动得以开展的前提，有助于形成较为明确、系统且有针对性的评价元素。笔者在选择与确定研究旨趣的过程中，立足于当前传统商业街的使用状态等共性问题，关注相关使用人群的环境需求，包括其偏好选择、空间态度，以及使用行为与环境要素相互契合、相互影响的效应，进一步厘清传统商业街相关物质环境因素及其对使用者舒适感受的影响，最终落实到环境价值的实现程度。具体而言，本书的研究对象是传统商业街，街区中固有的历史信息和遗存建筑必然与"时间"发生关联；人们在街区开展活动时直观感受到的是街区现有的物质、建筑、空间等环境要素，故而"空间"是感知的载体；而个体是传统商业街的直接使用者和感受者，"人"有效地将街区的"空间"与"时间"连为一个整体。

评价旨趣强调使用者在街区的物质要素和社会要素中凸显本体诉求，在切中社会现实意义的同时，与当前传统商业街更新保护的理论相结合。结合传统商业街功能、空间、人文等特性，各有侧重，相互补充，使研究趋于体系化。参考美国学者弗里德曼等人在"结构—过程"方法中所提出的环境评价信息模型，笔者提出本研究的评价因素及评价旨趣关系结构模型，如图2-24所示。

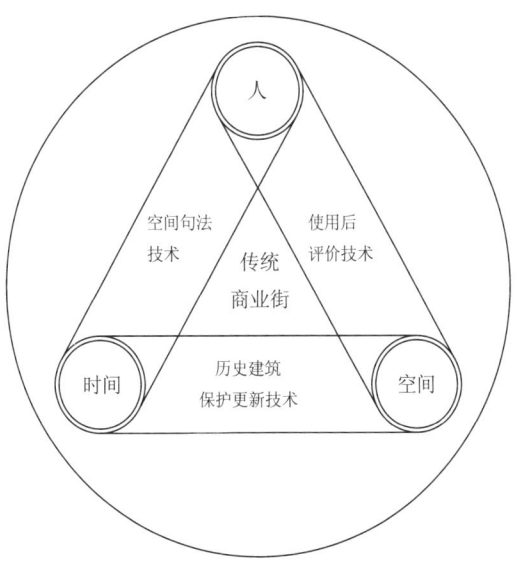

图2-24 评价因素及评价旨趣关系结构模型

2.6.2 传统商业街综合性评价与焦点性评价研究思路

建成环境主观评价涉及建筑和环境的功能属性，以及人的行为、心理、环境态度、环境感知与认知等方面的课题，大致可以分为综合性评价和焦点性评价两类。其中，综合性评价通常是对环境整体的评价考量，既包含物质层面因素也包含心理层面要素，是较为全面宏观的评价。而焦点性评价则属于建成环境中的子系统评价，是针对建筑环境的某一个部分作针对性评价。其研究的内涵更为明确、具体，但外延却没有综合性评价那么广。

2.6.2.1 传统商业街综合性评价

对传统商业街作综合性评价，是从宏观全面的视角对环境品质进行整体、综合的绩效考量。考虑到传统商业街的环境及功能特点，本书的综合性评价主要在舒适性框架下展开。

舒适性研究是基于人的社会角色、心理需求及行为习惯等研究使用者对所处环境在物质及精神层面的主观综合感觉。作为强调购物人群的行为体验及内心感受的场所，街区环境的整体综合品质影响着使用人群的舒适程度，笔者借助舒适性研究考察使用人群心理影响因素，探讨使用者更高层次的环境需求，从而形成对传统商业街较为本质和全面的综合绩效评价。舒适性评价是在宏观层面对传统街区从物质环境、精神场所氛围等方面作出较为全面概要的考察。在这个大的框架背景下，针对传统商业街特定的环境条件与定位，对与使用者的评价感受或与传统商业街整体环境品质关联度较高的要素展开较深入的探讨。

2.6.2.2 传统商业街焦点性评价

焦点性评价的研究在外延上将更为明晰和具体，其研究旨趣的内涵也与评价对象的特点联系更为紧密，因而更具针对性。本书的焦点性评价研究工作包括传统商业街空间关系及人流分布、传统商业街场所意象化、空间使用方式三个层次，其中空间使用方式作为行为意象属街区可意象化范畴。

2.6.2.3 研究旨趣的逻辑思路

（1）客观而言，现代商业街的舒适程度总体上优于传统商业街。现代商业街的业态更为多样丰富，商品琳琅满目，其在灯光、便利设施、整洁程度、交通可达性等方面都比传统商业街有优势。而传统商业街的特殊性在于，较之于传统的非商业街区，它有着更为优质的环境潜力和物质条件。然而，当它面临的竞争对象是现代商业街，它的舒适性就值得进行再评估和反思。在某种意义上，传统商业街的优势在于它除了为使用者提供购物环境外，更为使用者提供一种游历式体验。先导性的调研也表明，人们选择去传统商业街往往不纯粹是为了购物，更是为了游览和参观传统环境，是在一种传统的商业环境下对传统的商贸行为、建筑风貌、人文习俗的游历和体验。因而，使用者在这个过程中，所感受的舒适侧重点与在现代商业街中有所不同，不宜用现代商业街的评判标准去评价传统商业街的舒适度。基于此，笔者认为有必要对传统商业街作有别于现代商业街的舒适度评估。

（2）无论是传统商业街还是现代商业街，商业功能都是街区的核心功能之一。在商业环境内，激活商业就不可避免地涉及商业人流组织和空间动线关系。现代商业街的空间句法分析、空间关系分析是基于现代商业逻辑，它的空间逻辑包括由各种大空间、小空间之间的复杂关系所产生的空间深度、空间可视、空间可达等。而这些复杂关系在传统商业街中并不完全具备。传统商业街的空间复杂度体现在街、巷、传统建筑、历史景点、灰空间等不同类型、不同性质的空间的相互关系中。从某种意义上说，传统商业街和现代商业街各自的空间逻辑关系虽有所相同，却各有侧重，考虑到空间关系对于商业环境的重要性，有必要对传统商业街作空间逻辑方面的研究。另外，商业必须结合客流走向趋势进行分析，而人流分析的逻辑是在看到表层实际人数的同时，要找到其中的规律性因素，才有利于探究空间组合对于人流走向的影响，实现相对均好的动线安排。空间句法分析是对一个环境的抽象思维，学界常用空间句法研究聚客力，这一研究方法也相对成熟。基于此，笔者借助空间句法的计算机算法，结合现场调研的实测人数，在焦点性评价中对传统商业街的空间关系及人流预测作出分析。

（3）消费者对现代商业街的使用感受，更多是基于不同现代商业空间之间的差异，追求的是物质丰富、舒适和便利。而游客在传统商业街区中获得的是在特定环境下对建筑、街巷、景观、民俗的一个整体空间氛围体验，在不同的空间格局下会产生相应的行为机制，具有某种时空穿越感，从而间接获得对于传统历史文化意象的品味和感悟。这种体验决定了使用者在传统商业街中的行为不是纯粹以商业购物为主要目的，且这种意象化的体验感受使传统商业街在聚客方面较之于现代商业街有天然的优势。因而，笔者认为在焦点性评价研究中有必要对传统商业街进行意象要素方面的探讨。

2.6.3 分析方法的确定

2.6.3.1 定性分析技术

基于信息或资料的属性，本书主要根据研究内容展开质性分析，把同质的因素归类，找寻事件发生因果关联、事件模式和规律，并厘清其中的时空及层次关系，从而对事件资料作科学整合，得出普遍适用的逻辑解释。

2.6.3.2 数理统计分析技术

数理统计分析是科学严谨的分析技术，主要是对样本数据和采集信息进行归纳统计，运用多种统计分析方法反复检验，从而推断样本总体发展趋势或规律。本书主要采用SPSS与Excel相结合的方式，对所采集的数据作统计分析。

2.6.3.3 层次分析技术

层次分析法（Analytic Hierarchy Process）是一种通过多元、复合要素作出决策的分析方法。其分解、判断与综合的基本分析思路和决策过程体现了对待复杂问题的严谨和科学，具有实用性和有效性。本书通过Excel构建矩阵，再利用AHP法将决策相关元素分解成目标层、准则层、子准则层等若干层次，作出定性与定量相结合的系统化、层次化的分析。

2.6.3.4 空间句法模拟技术

研究以空间句法为理论背景，结合上文对传统商业街的空间解析及得出的类型化成果，借助空间句法计算软件Depthmap分割空间，提取空间形态的基本特征，对各变量进行计算。而后引入实测调研数据及商业理论相关要素，对计算机的空间句法计算结果进行修正，加入与人流分布相关性较强的因素作为加权因子，从而对人流分布作出预测并探讨空间组织在其中的作用机制。

2.7　本章小结

（1）本章首先介绍前期准备工作，包括：a.对传统商业街相关文献进行阅读整理，明确相关学术背景和现实意义。b.对评价主体（使用者）和评价客体（传统商业街）的探索性调研。前者通过对使用者的现场访谈、问卷调查，考察使用者的消费心理、主观使用感受和环境态度。后者则包括对评价客体的现场初勘、图纸分析，掌握评价对象实际使用状况的第一手资料，进而确定抽样框及样本选取原则，提取相应的街区要素，为空间句法分析做好技术准备。c. 在对研究客体进行现场调研的基础上，追溯了岭南传统商业街形成和发展的历史渊源及过程。通过对学术资料、研究对象背景信息的收集和分析，使研究具有可行性及实际意义。

（2）根据传统商业街区的空间组织、功能板块特点，将街区的空间划分为活跃空间（A空间）、后勤空间（B空间）、动线空间（C空间）和区域空间（D空间），为下文的研究做好论述和技术准备。

（3）根据评价客体的特点和属性，进一步明确研究内容和研究旨趣，一是确定从舒适性角度研究传统商业街的综合使用绩效；二是确定将传统商业街人流分布模拟、传统商业街场所意象化作为传统商业街的焦点研究旨趣。同时选择相应的评价方法和分析方法，明确评价技术逻辑关系，为研究设计做好技术准备。

第3章 岭南传统商业街舒适性评价模型

"amenity"的原义是"宜人"。WHO组织对"舒适性"的标准解释是"环境美观，身心放松"。因此，舒适性作为更高一级的需求，是在实现建筑的物质要素基本功能之后，精神心理层面的需求。其与人的心理状态和人对所处的物质环境、社会综合环境的感受相联系。一方面，本章所研究的舒适性主要关注的是主观与心理层面的舒适感，与物质环境舒适性评价中声、光、温等客观层面的"舒适感"（comfort）有所不同，后者更侧重于物理层面的舒适。但另一方面，岭南传统商业空间的舒适性却又与物理环境舒适高度相关。其主流的空间形式之所以被接受并广为流传，很大程度上是因为这一空间类型更适应亚热带湿热多雨气候下的商业购物环境。随着建筑科技的发展，当代商业购物环境已经有了质的提升，而传统商业空间的综合舒适感是否受到了影响、是否仍有竞争力、是否存在有待改善的方面，这些都是当前街区研究中不容回避的问题。

基于环境舒适性对于购物环境经营成败的重要作用，以及舒适评价命题在评价判断中所面临的复杂性，本章舒适性评价运用建筑环境评价技术，针对使用者在传统商业街中的主观感受，探讨在街区活动过程中对使用者主观舒适感影响较为显著的环境要素。通过对有助于使用者安全并方便地购物、有助于使用者把握场所精神、有助于人们愉快而充实地游历体验的环境要素加以分析、总结，从而建立传统商业街购物环境的舒适度评价模型。据此，在物质和心理层面为改善传统商业街整体环境综合绩效提供有益的借鉴。

3.1 研究概述

3.1.1 概念界定

舒适是在一定内在满意标准之上的身心感知，有学者从心理层面将环境舒适描述为"人们感到乐于身处其中"。研究显示，公众重视购物环境的舒适感受，易相互影响并形成共识。随着购物环境日渐多元化，舒适性标准也在不断调整变化。传统商业街属于综合的商业经营范畴，以复合业态满足消费者多样的消费需求。与一般的步行购物街相似，传统商业街同样需要在较长的时段内容纳较多的购物人流，通过丰富的空间、多元的业态以及体验式的购物，尽可能吸引消费人群到来并停留。然而，传统商业街除了要具备基本的购物功能以外，还要让使用者在游历中感受到历史文化精神，获得相应的场所意象。除了购物环境的便利宜人，对历史和传统的感知也显著影响心理层面的舒适感。

3.1.2 舒适性影响因素

商业购物环境的舒适性评价具有一定的复杂性。首先，使用者的舒适性评价是基于对不同购物环境、购物体验的综合印象。购物者在不同的传统商业街、传统商业街与现代商业步行街、传统商业街与大型购物中心之间存在差异化购物体验，会不自觉地加以横向对比，形成综合的购物印象，并落实为主观倾向。购物人群对特定购物环境的界定不明晰在一定程度上会影响舒适性评价。其次，与办公建筑、教学建筑、医疗建筑等公建类型的舒适评价相比，商业性建筑的舒适性评价标准往往较不稳定，传统商业街尤甚。这是因为人们的多样需求决定了商业性环境的功能是多元的，不如其他建筑类型的功能单一且确定。除了满足必要的购物需求外，人们还有娱乐、休闲等多方位的需求，这些需求的满足与整个购物环境内的商家素质、整体的街区景观及设备、市政交通配套设施都有关联。随着社会整体购物环境的多元化，人们的购物舒适性标准也在不断调整、提升。舒适性标准不断提高，舒适性的主题则不断推陈出新，业主、营销团队乃至设计者对购物人群的舒适心理往往难以准确把握。再有，不同购物个体的购物舒适度存在较大的差异，购物者在当下购物过程中的情绪、处境、购买能力、对店家服务及商品感受等，在很大程度上干扰了关于舒适性评价的综合权衡与判断，评价的主观成分更大，易波动。概而言之，使用者的主观舒适判断不同程度地受环境、商品、服务和个体的差异影响，而人们对特定购物环境舒适感的共识以非显性的方式影响街区整体商业营销意图的实现。对于舒适度的评价需借助相应的定量分析，在有限及适度的客观条件约束下作出评价。

3.1.3 国内关于传统街区使用后评价研究概况

国内关于历史街区的保护评价研究始于2003年刘敏和李先逵两位学者从城市建设和空间形态角度首次提及历史街区的保护评价。目前关于街区的评价内容主要包括街区更新保护实施前的价值要素评价、保护过程评价、保护实施效果评价、评价方法四个方面，详见表3-1。从现有的研究成果看，目前学界对于历史街区保护的评价尚没有达成明确的标准和方法，也没有针对性地对传统街区的舒适性作出相应评价。

表3-1 传统商业街使用后评价研究举例

评价范畴	理论观点	代表人物	备注
前期价值要素评价	评价大井巷历史街区在历史价值、建筑美学价值、科学修复价值和功能等方面的保护等级	朱宇恒	基于街区实例现状，对街区的资源进行历史价值分析评估
	分析传统商业步行街中传统价值构成要素，进而指出区域文化价值和经济价值对街区的影响	张昆	

续表

评价范畴	理论观点	代表人物	备注
实施运作过程评价	从设计理念、前期工作、设计过程和项目成果等方面横向比较不同项目的差异，建立工程设计实施的评价项	郑萌	关注保护机制、保护政策及保护主体利益分配情况等，予以定性的评价
	运用层次分析法评估历史街区资源原真性的程度值，并用遗传算法探讨其中的最佳投资分配，建立相应因子优化评价方法	竺雅莉	
建成环境效果评价	从建筑的平面功能、布局、建筑风格等方面探讨与开封特有商业经营方式的关联，从而分析现有改造商业空间的适宜程度	孙宜蔚	侧重于对方案实施情况和保护成果产生影响的检验
	从街区文脉角度探讨改造后的宽窄巷子的使用状况以及使用满意程度	刘明霞	
评价方法的研究	采用层次分析法以完整性、原真性、代表性为指标划分历史街区	李和平等	选取不同的定量定性分析计算方法来构建评价指标体系
	基于GIS技术用多因子综合评价方法划定南京老城历史街区界线	胡明星等	
	采用模糊综合评判方法构建历史街区建设评价模型	石若明等	

3.2 研究设计

3.2.1 研究目的

传统商业街的综合质量不仅与购物流程的连贯便利程度、街区业态功能、设施的完备程度相关，还涉及传统历史的传承与城市功能的互补。本章拟实现的研究目的包括：

（1）以实态调查为基础，选取有代表性的岭南传统商业街，探讨当前岭南传统商业街区的整体舒适状况，寻求与舒适度相关的环境评价影响因素，并对舒适性评价因素集及因素重要性进行排序。

（2）对数据统计分析得出的相应因子计算权重，从而建立岭南传统商业街舒适性评价模型，使之成为建立评价因素集的客观依据。

3.2.2 研究内容

本章所探讨的岭南传统商业街舒适性评价涉及物质、社会和心理三个环境层面。其中，物质环境层面的研究包括：a. 空间或实体的物质要素，如街区过道的尺度、公共空间大小、街巷的衔接、设施设备的配套设置等；b. 物理环境所引起的主观反应，如街区内的声音环境、通风状况、光线照明、天气变化对于购物环境的影响，人流的拥挤舒适度。社会环境层面的研究包括街区（城市形象）识别度和街区传统历史的保留，如业态类型、新旧建筑的搭配、街区整体传统风貌、老字号品牌效应、街区环境的整洁状况等方面。心理环境层面的研究则侧重从人的视觉舒适度（如中庭休闲空间的吸引力、店铺风格、景观配置）、行为舒适度（如店铺可达性、购物流线的长度、店铺内部空间的改造等）和精神舒适度（如场所意象感知）等展开。

具体的研究内容包括：

（1）开展先导性调研，通过实地派发开放性问卷和网上随机派发李克特量表，初步获得使用者对传统商业街舒适性评价的影响因素。

（2）在先导性调研基础上，选取广州市内6个研究样本和广州市以外4个研究样本，通过采集不同街区的环境舒适性信息，获得使用者对传统商业街区舒适程度的评价信息。研究以街区的不同类型为自变量，通过语义差异量表（见附录8），侧重考察不同街区类型及环境品质对使用者判断舒适度的影响。两个研究阶段互为补充，形成对评价主、客体较为全面的剖析。

（3）建立舒适度评价指标集，以期为传统街区的改造设计提供与舒适性空间设计导则相关的设计依据和合理建议。

3.2.3 研究方法

（1）本章选取统计调查评价为主要的研究方法。首先在先导性调研的基础上，筛选可比性指标，从多个侧面建立具有可信度和可操作性的评价因子要素。其次抽取恰当的样本对象（包括评价主体和评价客体），进行问卷（李克特量表、语义差异量表）发放及数据收集工作，以获取条件分析所需的评价数据信息。

（2）采用SPSS统计分析软件对所采集的数据进行均值分析、相关分析、单因素方差分析及因子分析，获取定量数据，找寻与传统商业街舒适性评价相关的因素。

（3）运用层次分析法求取各评价指标因素的权重。通过两两比较的方法判断一级评价指标重要性程度并构造判断矩阵，计算末级各因素的权向量并进行排序，从而构建出较为完整的传统商业街舒适度评价模型，为传统商业街的改造提供有关舒适性的设计依据和合理建议。

3.3 先导性调研

舒适性影响因素涉及面广且较为复杂，为了确保研究的信度与效度，研究者展开先导性调研，以期寻找全面和有代表性的评价要素。调研结果将为评价实施环节设计有效问卷提供依据。先导性调研分两个环节进行：首先，结合现场访谈和实地考察，以开放式或半开放式问卷、访谈的形式初步了解受访者对于传统商业街的观感和印象（见附录5）；其次，以李克特量表的形式（见附录6），列举较为详细的与传统街区相关的舒适度因素，收集使用者认为的影响传统商业街舒适性的主观因素。

3.3.1 开放式的访谈问卷

在广州市区三个传统街区以开放式的问卷做先导调研，问卷主要围绕两个主题展开。一是初步了解使用者在选取传统商业街时所涉及的交通出行、购物喜好、行为习惯等背景情况。二是通过使用者对理想传统商业街区的设想，了解评价主体在环境场所、环境使用、环境偏好等方面的意向性需求，从而获悉使用者对环境整体气氛的定位以及对不同空间的使用态度。每个街区填写 10 份经营者问卷、20 份消费者问卷，调查结果如下：

（1）对于消费者的统计分析

①街区的功能：名气比较大的传统综合商业街以外来游客居多，游客来此以游览观赏、娱乐休闲为主，主要慕名前往网上推荐的传统老字号店铺或历史文化景点，其中美食品尝往往是游览的主要动力。主题单一、以批发业态为主的商业街，吸引的消费者往往目的明确，逗留时间短，不太在意商铺的改造程度，更在意货物本身的质量。约 80% 的消费者表示如果老街内有特色的小店或历史文化景点，会愿意逗留 2 个小时以上。大部分的本地市民对老字号店铺的消失表示遗憾，且认为如果传统商业街沦为单一的特产街，商业气息过于浓厚，将会流失一大部分本地消费者，而且街区也会丧失传统底蕴。功能方面的需求显示出在街区业态配置方面的综合考量，也间接反映出传统品牌经营方面的竞争特色。

②街区的交通：大部分受访者表示交通便利与否决定了是到老街还是到购物中心购物。在购物过程中，人车分流的交通模式给消费者以更多的安全感和舒适感。受访者普遍认为从公共交通的枢纽点到街区的行进路程中，应有必要的方向指引，如果有遮雨遮阳设施，一段步行距离是可以理解和接受的。

③街区的景观：约 70% 的消费者提及更愿意走干净整洁的街道，约 60% 的顾客对街区缺少休闲座椅表示不满，约 40% 的顾客提及街区如果有绿化植物的点缀会更为理想。

④传统建筑：对于街区中传统建筑的留存和改造，游客更多地关注建筑外表的改造，对于统一协调的风格比较认同，但对清一色的粉饰装修感到乏味。另外，本地市民偏好既能保留建筑原有外观，又能灵活变换室内格局的商业空间。有细节、精致的装饰元素会让人觉得更为"真实"。

⑤物理环境：大部分使用者对于自然的通风和采光持正面肯定的态度，认为天然的物理环境可提升舒适感，有利于健康；较看重遮阳遮雨设施和休闲座椅的配备；对于街区中的人流拥挤表示出一定的宽容，某种程度上愿意参与街区的热闹活动。此外，部分使用者对街区饮食业态经营过程中散发出的气味感到不适。

上述层面反映了购物人群要求传统街区能尽量满足多种类、多元化购物和休闲需求。便利可达与优美的景观直接决定着传统商业街的整体品质。

（2）对于经营者的统计分析

店铺经营者的关注点集中在店铺的租金（经济效益）、人车交通、建筑改造使用和街区管理等方面。①在交通问题上，受访游客和店铺经营者对人车是否分流存在较大的分歧。人车分流虽然有利于游客通行，但不利于店铺货物的装卸。在一些以批发为主的街区中，分时段管制货车的进出，也对店铺经营者造成一定困扰。停车问题同样给经营者带来一定困扰。②在部分街区店铺的使用功能上，经营者也提出质疑。例如，部分骑楼街的一楼店铺用于经营，二楼空间却闲置。缘于政府有关部门考虑到安全隐患，对二楼的空间使用作出限制。这在一定程度上浪费了商业空间，也给经营者带来不便。③在较为著名的历史街区中，店铺租金较贵，针对停车管理、经营时段、广告宣传、卫生与治安等方面，经营者也提出相应的意见。总的来说，店铺经营者更多地关注店铺的使用和店铺周围的购物环境、配套设施。

经营者与消费者在购物行为中存在角色差异。经营者更注重购物环境在聚拢顾客方面的吸引力，对业种的组合和交通组织表现出特别的关注。而消费人群的评价重点是休闲与购物，因此更注重商品的丰富程度、环境的品质，以及购物过程的差异化体验。

3.3.2 李克特量表式的先导问卷

在受访者对传统商业街进行感性评述的基础上，笔者提取相应的关键词频，进一步拟定40项与传统街区环境主观舒适判断相关联的因素，按照分三个等级的定序测量（有影响、无所谓、无影响）征集使用者意见（见附录6）。该问卷旨在通过较为详细确定的关联要素，考察针对传统街区普适的舒适评判标准。传统街区环境舒适性影响因素调查结果见表3-2。

表3-2 传统街区环境舒适性影响因素调查结果

评价因素	有影响（%）	无所谓（%）	无影响（%）	评价因素	有影响（%）	无所谓（%）	无影响（%）
S1公共交通的配套	90.23	5.08	3.52	S13特色工艺品	83.2	13.28	2.73
S2有无设置停车场	61.33	24.61	12.11	S14传统日常用品	35.55	48.83	14.45
S3人流量大小	80.86	14.45	3.52	S15时尚品牌主力店	41.02	42.58	15.23
S4过道宽度	67.19	25	7.42	S16娱乐场所	69.14	23.05	6.25
S5人车分流	85.55	10.55	3.52	S17消费档次	42.19	42.58	14.06
S6街区路牌导向指引	69.92	23.44	5.47	S18空气质量	83.98	12.5	2.73
S7街区标志物	68.75	24.61	5.86	S19遮雨/遮阳设施	81.25	14.45	3.52
S8公共休闲空地配备	78.91	14.45	5.86	S20光线	77.34	17.58	4.3
S9巷道店铺经营	70.7	25.39	2.34	S21声音环境	81.25	14.45	3.52
S10商品种类	59.38	33.98	5.47	S22治安状况	77.73	18.75	3.13
S11购物流线长度	76.17	20.31	1.95	S23休闲座椅/垃圾桶/卫生间	84.38	11.33	3.52
S12老字号传统商店	77.34	17.19	4.3	S24电线老化	75	19.92	4.3

续表

评价因素	有影响(%)	无所谓(%)	无影响(%)	评价因素	有影响(%)	无所谓(%)	无影响(%)
S25 消防栓配置	65.63	25.78	7.81	S34 店铺内部改造	68.36	26.95	3.52
S26 卫生整洁	93.75	3.13	1.95	S35 过道扩大经营	71.48	23.83	3.52
S27 绿化景观	71.48	22.27	5.47	S36 橱窗展示效果	67.19	25.78	5.08
S28 公共空间趣味	66.41	26.56	5.47	S37 店铺之间的通道	70.31	21.88	6.64
S29 历史建筑/文化展览	74.61	19.92	4.3	S38 建筑外立面细节	52.73	35.55	10.16
S30 视野范围	58.59	33.98	6.25	S39 空调机位	66.8	24.22	7.42
S31 建筑新旧程度	42.97	43.75	12.11	S40 旧材料的运用	71.09	21.09	6.25
S32 街区保持原有风格	80.86	14.84	3.52	S41 其他（您的建议）			
S33 建筑高度	60.94	31.25	5.86				

为扩大受访面，覆盖各年龄、身份、职业等，问卷不限定某个街区，不限定特定人群，通过"问卷星"平台向用户随机发放，共发出270份，回收262份，回收率为97.04%。剔除回答不完整的问卷，得到有效问卷256份，其中男性110名，女性146名。受访人群的年龄段以中间年龄段所占比例较大，20~30岁占47.6%，30~50岁占34.9%，20岁以下和50岁以上所占比例较小，分别是7.0%和10.5%。在身份职业信息中，教育、技术、医护人员等中高层收入人群较多，占37.5%。传统街区环境舒适性影响因素调查结果排序见表3-3。

表3-3 传统街区环境舒适性影响因素调查结果排序

影响因素（S1~S40）	平均数	中位数	众数
有影响（%）	70.03	70.90	80.66
无所谓（%）	22.98	22.66	14.45
无影响（%）	5.86	5.28	3.52

（1）在与街区环境主观舒适判断相关的因素分析中，分别计算各评价因素有影响、无所谓、无影响的百分率。在此基础上，计算平均数、众数和中位数，以此为参照提取受访者较为关注的要素。在40个评价要素中，除了S2、S14、S15、S17、S31、S38等几个要素表现出较为显著的无影响外，其余要素都体现出一定的影响，这表明舒适性影响因素涉及面较广。

（2）参照平均数可知，S1、S5、S19、S23、S26等有影响的百分率高出平均值较多。可见，受访者对于便利性表现出较高的关注。在街区业态功能上，受访者对于是否能在街区买到传统生活用品，是否有时尚主力店进驻以及街区的消费档次并不太在意，对于传统老字号却给予了适当关注。结合现场访谈记录,发现受访者在视觉舒适方面的判断尺度相对直观,对物理环境的感受较为敏锐(例如声光热、采光通风),这可能与使用者的停留时间有关。在视觉景观方面,受访者对于维持街区整体风格较为在意,对于传统元素细节的保留有一定期待。而对建筑内部改造等态度较为随意,关注的始终是自己直接使用的或目之所及的更为简单直接的要素。这也间接地提醒研究者,对街区的舒适度评价研究并不能一味从建筑设计者的专业角度入手,而应基于普适性评价。

(3)综合考量平均数、中位数和众数,分别从交通、业态、景观、设施、建筑等几个方面,提取出20个舒适度评价要素,设计问卷。

(4)为探讨不同的平面类型对街区舒适度的影响,研究者调整了评价因素和样本选择等方面,以街区平面类型为自变量进行该阶段使用后评价研究。为更有针对性,在原有的基础上对评价指标进行调整,设定了设施物理环境、业态商业功能、交通空间组织、视觉场所氛围、建筑改造使用5大类25个评价要素,建立舒适度评价问卷(见附录8)。

3.4 以街区平面类型为自变量的舒适度研究

3.4.1 评价对象背景信息

研究根据街区的不同情况,从改造后投入使用、未进行大规模改造、街区的业态定位、街区的平面类型等维度,综合选取10个有代表性的样本作为评价对象,其中广州6个,佛山、中山、顺德和梅州各1个,用以平衡样本的类型和地域特点,体现研究的可比性和针对性。评价对象的背景信息见表3-4。

表3-4 舒适度评价对象背景信息

样本编号	样本属性				调研笔记
	平面类型	交通组织/街区标识	环境特征/传统资源	业态状况/周围条件	
DSF-GZ	树形布局	人车混行,主街两车道宽,次级巷道有入口标识;街区无明显标识物;附近有地铁,交通便利	传统的骑楼街风貌,沿街建筑立面粉饰葺,整体界面较统一;老字号商铺装修有特色;有绿化地带、公共卫生间,无休闲广场、座椅	饮食业态为主,老字号饮食店有号召力;紧邻上下九步行街,为传统商业繁华地段,平均铺租逾1万元/间	整体环境规整,有一定传统特色;缺休闲配套设施;次级街巷有助于烘托主街区商业氛围

续表

样本编号	样本属性				调研笔记
	平面类型	交通组织/街区标识	环境特征/传统资源	业态状况/周围条件	
EN-GZ	梳形布局	人车混行，无次级巷道业态；无明显街区标识物；地铁距街区有段距离，人流在多宝路被截断	传统骑楼保存较好，建筑立面有细节元素；保留有绿化地带，无休闲设施；有八和会馆、詹天佑故居、李小龙故居等历史建筑，以及粤剧博物馆	以铜制传统手工业为主；人流量不大，大多数店铺经营货运、快餐或铝合金，业态单一；永庆坊微改造后有助于增加人流量	骑楼保存完好，文化资源丰富；街区主题定位不清晰，历史人文景观并未得到合理利用；街区格调有待提升
YD-GZ	梳形布局	地铁可直达，便于出行；人车混行，主要的时段禁止货车通行；栏杆分隔，货车停靠，秩序较乱	商铺空间以骑楼为主，走廊有商家使用。二楼作为居住场所及仓库；附近有石室圣心教堂	以批发干果海味为主；除沿街商铺外，还有片区经营；间或有小饰品等批发	环境较嘈杂，气味混杂，卫生条件欠佳；水电有隐患；顾客目标较明确，无闲暇游览心态
SXJ-GZ	树形布局	位于老城区繁华路段，附近有地铁；有西关特色雕塑标识；上九路步行区域与第十甫路相通，下九路人车混行	以传统骑楼为主，街区界面经修葺视觉效果较丰富；有特色民俗小品景观、西关风情雕塑等；缺休闲空间配套设施	以饮食业为主，二层、三层商铺连片打通；人流量大，店铺客流量近万人次/天；巷道经营有益于延伸主街业态	街区商业氛围浓厚，街区管理较规范；步行购物环境较之人车混行区域更集中、有序；小品景观增加了传统风情；缺少休闲设施
TK-GZ	梳形布局	无直达地铁；人车混行；无次级巷道业态	以传统骑楼为主，部分区段略显残破，人流量小，较安静，有原住民居住	以装饰材料和小饰品为主；无老字号商铺，业态较单一	业态较单一；客流量不大；传统特色不显著
BJ-GZ	网络形布局	地铁交通便利；全天步行；保留唐至民国时期街道，街区标识明晰；扩大原有步行路网，改善单调的纵向动线；游客咨询点的地图、路牌等指示清晰	以现代骑楼风貌为主，界面整洁有序，历史文化资源丰富，有明清路面、大佛寺、城楼遗址等；休闲设施齐全，标识体系完备；现代广告牌林立	人流量大，业态丰富，兼有传统老店与现代文艺小店；主干道常举办民俗活动、商品促销活动等；横向和纵向动线互为补充，行走线路较丰富	商贸传统悠久，城市角色定位清晰；扩大路网整合文化资源，有助于营造传统历史场所，商业触媒效应显著；游客较多，本地人较少，以旅游休闲为主题

续表

样本编号	样本属性				调研笔记
	平面类型	交通组织/街区标识	环境特征/传统资源	业态状况/周围条件	
LNTD-FS	网络形布局	步行为主,人车分流;各街巷之间相互贯通,纵横交错;入口有水景,十字路口设有休闲广场;一些商铺利用向室外延伸的灰空间拓展经营范围	街巷尺度宜人;建筑外观风格协调统一;凸显岭南传统民居元素;利用传统材料、传统元素营造街区的历史氛围;街区内的主要历史建筑进行了适当的复原和保护	以特色商品和餐饮为主,有手工艺精品小店,人文气息浓厚;内部空间普遍作了较大幅度改造,店铺装修有特色;老字号商铺和现代连锁餐饮相互补充,陶瓷工艺店、武馆等体验和游览相结合	有传统街巷的意象;对建筑的改造突出修旧如旧,旧材料、旧构件在一定程度上营造出历史的真实感;有小品建筑、绿化景观,整体环境较怡人;对于空调机位、变配电设备房等也作了细心的遮掩处理
SWX-ZS	网络形布局	街区尺度适宜,交通方便;与中山公园相连,景观资源丰富;街巷之间衔接得当	建筑外立面粉刷更新,山墙装饰丰富;有永安百货、思豪大酒店等历史建筑,标识不清晰;服务设施便利	业态以服饰为主,无老字号商店;一层打通作店面,二层作仓库或空置;小巷设小吃区,相当于小型商业片区	与公园相连,整体环境较好;街道整洁,业态单一;治安管理好,控制商家的音响,街区安静
DLHG-SD	树形布局	人车(仅限小车)混行;公共交通便利,街区常作为穿行的通道;街区市场形成区域业态;街巷缺衔接过渡	彩色骑楼建筑群,细部装饰元素;外墙立面涂料为主,有剥落;无休闲广场、座椅等配套设施	业态以服饰为主,较单一;传统老字号小吃聚集人气;街区中市场业态延伸到一楼	与清晖园景区形成较好的历史文化呼应;人车混行的交通略显杂乱;市场前经营小食业态,卫生状况较差
LFX-MZ	梳形布局	人车共用街道,主街也作为市民日常通行的基本通道;十字路口与其他街道汇合处无缓冲空间;无休闲中庭,无明显街区标识	整条街经改造展现近现代街道风貌,整体风格统一,建筑之间无明显差异;个别店铺内部打通,展示现代化商品;店铺保留商住格局	街内有不少老店铺,所售传统货物有布匹、铁器、竹编纪念品等;巷道用于货物流通和补给;保留有原生态居民生活习惯	既存建筑缺细节,可读性有待加强,历史痕迹留存不多;店铺前的过道灰空间多用于经营;电线老化,个别店铺乱搭接电线,存在消防隐患

3.4.2 问卷设计及数据采集

3.4.2.1 评价要素的构建及评价问卷的设计

根据文献研究和先导性调研,拟从以下五个方面考察使用者针对传统商业街舒适性的评价要素:

"物理环境"——包括使用者在环境中感受到的声、光、热、通风情况、拥挤程度等。

"交通组织"——包括街区的方位标识、动线长度和交通路线组织等。

"业态功能"——涉及街区的业态类型、动线环境、老字号商铺的品牌效应等。

"视觉景观"——包括街区内部景观的设置、街区整体场所氛围的营造、传统风格的保留等。

"建筑改造"——考虑到街区中有一些历史建筑和老字号店铺,该因素主要考察使用者对于旧建筑改造的使用感受和意见。

采用李克特量表设计结构问卷(见附录7),确定5个一级指标和19个二级指标,另设"舒适性总体评价"及"重要性因素排序"两个问题,在上述10个传统商业街中随机派发问卷。问卷使用对称标度:0,1,2,3,4,5。评价定量标准见表3-5。

表3-5 评价定量标准

评价值 x_i	评价语	定级
$x_i \geqslant 1.5$	很好	E1
$0.5 \leqslant x_i < 1.5$	较好	E2
$-0.5 \leqslant x_i < 0.5$	一般	E3
$-1.5 \leqslant x_i < -0.5$	较差	E4
$x_i < -1.5$	很差	E5

3.4.2.2 数据采集

问卷的派发主要循三种途径进行:一是组织学生,以小组完成课题作业的方式,在街区进行随机采访和派发,分别进行拍照和录音记录(见图3-1);二是在街区物管人员及当地店员的帮助下,利用地理和工作上的便利条件,向游客及店家派发;三是聘请兼职人员,在街区随机向行人派发问卷。三种派发问卷的方式同时进行,力求使数量基本均等,不同背景的使用者互为补充,整体的抽样效果接近于概率抽样。为确保问卷的质量和数量,针对问卷中出现的漏填、回答模糊、逻辑不符等情况,研究者会根据被访者预留的邮箱或电话跟进落实,提高研究的信度和效度。

图3-1 现场问卷派发调研

3.4.3 调查结果的统计与分析

3.4.3.1 评价主体基本资料

此次调研共发出问卷513份，其中消费者问卷380份、商家问卷133份。回收问卷502份，回收率为97.9%。剔除回答不完整的问卷，得到有效问卷480份。

游客评价主体中有男性162名、女性201名，以20～50岁的中青年为主，收入集中在3000～5000元。店铺经营者评价主体中有男性63名、女性54名，年龄集中在20～30岁或30～50岁，店铺经营时间普遍为3～5年。研究者认为，游客评价主体的年龄和性别分布较为均衡，具有一定的经济能力，对街区的购物体验有较成熟的主观感受。而选取的店铺样本在街区的经营时间大多为3年以上，表明街区的业态状况较为稳定，店铺经营者对所评价对象已经积累了一定的使用体验及主观感受。因此，评价主体构成符合研究的需要，评价主体背景信息见表3-6。

表3-6 评价主体背景信息

评价对象	问卷份数			性别		游客评价主体基本背景（年龄/收入）
	派出问卷	回收问卷	有效问卷	男	女	
BJ-GZ	60	60	59	28	31	20～30岁（27）/30～50岁（22）/50岁以上（10）
						3000元以下（9）/3000～5000元（35）/5000元以上（15）
DSF-GZ	60	60	58	26	32	20～30岁（25）/30～50岁（18）/50岁以上（15）
						3000元以下（10）/3000～5000元（40）/5000元以上（8）
EN-GZ	50	48	48	20	28	20～30岁（15）/30～50岁（18）/50岁以上（15）
						3000元以下（15）/3000～5000元（19）/5000元以上（14）
SXJ-GZ	50	50	49	22	27	20～30岁（23）/30～50岁（15）/50岁以上（11）
						3000元以下（15）/3000～5000元（19）/5000元以上（15）

续表

评价对象	问卷份数			性别		游客评价主体基本背景（年龄/收入）
	派出问卷	回收问卷	有效问卷	男	女	
TK-GZ	50	45	44	25	19	20～30岁（8）/30～50岁（18）/50岁以上（18）
						3000元以下（10）/3000～5000元（18）/5000元以上（16）
YD-GZ	50	48	46	18	28	20～30岁（7）/30～50岁（16）/50岁以上（23）
						3000元以下（5）/3000～5000元（16）/5000元以上（25）
DMJ-ZH	60	59	59	23	36	20～30岁（15）/30～50岁（25）/50岁以上（19）
						3000元以下（20）/3000～5000元（28）/5000元以上（11）
小 计	380	370	363	162	201	20～30岁（120）/30～50岁（132）/50岁以上（111）
						3000元以下（84）/3000～5000元（175）/5000元以上（104）

评价对象	问卷份数			性别		店铺经营者评价主体基本背景（年龄/营业年限）
	派出问卷	回收问卷	有效问卷	男	女	
BJ-GZ	21	20	17	10	7	20～30岁（12）/30～50岁（5）
						1～3年（6）/3～5年（6）/5年以上（5）
DSF-GZ	21	20	18	8	10	20～30岁（12）/30～50岁（6）
						1～3年（5）/3～5年（8）/5年以上（5）
EN-GZ	15	15	13	7	6	20～30岁（2）/30～50岁（8）/50岁以上（3）
						1～3年（2）/3～5年（4）/5年以上（7）
SXJ-GZ	20	20	18	10	8	20～30岁（15）/30～50岁（3）
						1～3年（6）/3～5年（8）/5年以上（4）
TK-GZ	15	15	14	9	5	20～30岁（4）/30～50岁（8）/50岁以上（2）
						1～3年（3）/3～5年（5）/5年以上（6）
YD-GZ	20	19	18	10	8	20～30岁（3）/30～50岁（10）/50岁以上（5）
						1～3年（1）/3～5年（7）/5年以上（9）
DMJ-ZH	21	20	19	9	10	20～30岁（6）/30～50岁（9）/50岁以上（4）
						1～3年（3）/3～5年（8）/5年以上（8）
小 计	133	129	117	63	54	20～30岁（54）/30～50岁（49）/50岁以上（14）
						1～3年（26）/3～5年（46）/5年以上（44）

3.4.3.2 均值分析及单因素方差分析

以街区类型为自变量作均值分析，试图从较为宏观角度考察不同类型街区的各评价要素得分，从而作出横向比较。通过均值分析和方差分析更为全面观察不同街区类型中不同评价要素的得分情况及其对总体评价的影响。

平均值统计结果表明各因素主观评分的总体趋势和平均水平（见表3-7）。在总体评价得分中，三种街区类型的得分从高到低依次为网络形、树形、梳形。统计各评价因素（S1～S25）的平均值，从高到低的排列顺序与总体评价相同。统计数据从侧面反映了网络形街区带给使用者的舒适感受在三种类型中是最为显著的。

表3-7 均值分析及单因素方差分析数据

评价因素	平均值			单因素方差分析	
	梳形	树形	网络形	F值	Sig.
S1空气质量	0.28	0.61	0.98	8.437	.000
S2光线	0.18	0.56	1.12	10.879	.000
S3遮阳遮雨设施	0.16	0.22	0.86	7.697	.001
S4声音的嘈杂度	-0.58	0.22	0.65	16.713	.000
S5休闲座椅等配套设施	0.04	0.28	0.72	5.535	.005
S6业态类型	0.58	0.89	1.29	20.075	.000
S7老字号商店的品牌效应	0.48	1.17	1.07	7.345	.001
S8巷道业态	-0.18	1.08	1.10	22.678	.000
S9 主力店号召力	0.24	0.83	1.07	11.300	.000
S10 体验丰富程度	-0.08	1.06	1.13	9.738	.001
S11 公共交通	0.20	0.89	1.25	25.226	.000
S12方位感及标识性	0.18	0.50	1.17	17.166	.000
S13人流量	0.08	0.44	0.77	7.524	.001
S14人车交通	0.14	0.16	0.99	14.217	.000
S15购物流线长度	0.38	0.39	0.91	10.322	.015
S16景观设置	0.28	0.83	0.84	8.202	.003
S17历史氛围	0.14	0.61	1.21	20.715	.000
S18区域环境	0.20	0.33	1.30	27.886	.000
S19卫生整洁	-0.40	0.06	1.15	28.218	.000
S20街区咨询、安保等管理	-0.10	0.33	1.15	17.401	.000
S21建筑外观及装修效果	0.20	1.22	1.14	16.193	.000
S22店铺二层/公共空间利用	0.18	0.78	1.01	12.480	.000

续表

评价因素	平均值			单因素方差分析	
	梳形	树形	网络形	F值	Sig.
S23老建筑内部改造	0.32	0.78	1.01	7.771	.001
S24空调/电线/广告牌等	0.30	0.44	0.86	5.706	.004
S25水电设备安全	0.28	0.33	1.00	8.421	.000
S26总体评价	0.32	0.61	0.86	6.648	.002
S1~S25的平均值	0.1584	0.5884	1.03		

（1）网络形街区各评价要素的均值差异较小，其次为树形，梳形差异较明显。这可能表明使用者行走时的感受涉及视线丰富度、动线长度、场所区域环境等，这些因素是互为关联的。街区的平面类型在很大程度上影响了游人的行走体验，相对而言，网络形街区让游人的体验更为立体全面，梳形街区则弱化了部分舒适感受。

（2）网络形街区大部分因子得分较高，尤其是在区域环境、历史氛围、业态类型、光线等方面，表明网络形街区更受使用者欢迎。这与其路线设置所带来的惊奇感、巷道尺度所营造的历史人文气息不无关联。网络形街区的规模往往较大，区域辐射范围较广，城市交通配套设施相对完善，所以公共交通的得分也明显优于其他街区类型。

（3）树形街区的各评价要素均值普遍在网络形和梳形之间，表明其既有网络形街区的优点，也有梳形街区的不足。反映在具体评价因素中，巷道业态、建筑外观及装修效果的均值较高，休闲座椅等配套设施、购物流线长度、区域环境的均值较低。在三类街区比较中，树形街区的老字号品牌效应得分最高。在实际调研走访的样本中，树形布局的街区最为常见，这些传统商业街主街与巷道互为补充，老字号商铺分布其中，往往是整条街的凝聚点所在。

（4）梳形街区的规模较小，各项指标值明显低于其他两类街区。这种街区类型以一条主街贯穿始终，没有次街和巷道交错。在调研中梳形街区样本大多年代久远，规模不大，未经大幅度改造。一方面，老字号商铺、建筑外观等要素保存较好，这些能带来较为直观的微观层面的感受，取得了较好的评价。另一方面，梳形街区存在生活设施配备不足的问题，维护管理也不完善，相关要素均值都偏低。受平面空间和动线路径所限，该类型街区在巷道业态、体验丰富度、声音嘈杂度方面的均值尤其低。整体而言，均值分析反映出梳形街区是较不受欢迎的街区类型。

单因素方差分析则主要用来研究一个变量的不同水平是否对观测变量产生了显著影响，以街区类型作为自变量考察街区平面对各评价要素的影响。单因素方差分析表明，在0.01置信水平下，业态经营状况（包括业态种类的丰富、巷道经营）、交通组织（包括方位感、公共交通体系）、环境形态（历史氛围、区域环境、卫生整洁等）等方面的评价要素受街区类型的影响较大。在0.05置信水平下，街区类型对购物流线长度、老字号商铺效应、体验丰富程度、人流量、景观设置、建筑改造等评价要素的影响较大。总之，单因素方差分析表明街区类型对街区的舒适度产生影响。

3.4.3.3 相关分析

以评价问卷的一级指标为变量计算皮尔逊相关系数（见表3-8），结果显示各指标两两之间均呈较显著的正相关关系，说明指标之间并不互相独立，而是彼此制约相互影响。因此，笔者拟对样本数据作进一步的因子分析，以期更为准确判断评价维度。另外，各指标要素与街区舒适度总体评价之间也呈现较强的相关性，尤以交通流线及空间布局要素较突出，与先导性研究的结论一致。

表3-8 相关分析结果（第二阶段）

	设施设备及物理环境	业态模式及商业功能	交通流线及空间布局	视觉景观及场所氛围	建筑使用及改造效果	舒适度总体评价
设施设备及物理环境	1	0.756**	0.703**	0.745**	0.769**	0.561**
业态模式及商业功能	0.756**	1	0.756**	0.784**	0.750**	0.633**
交通流线及空间布局	0.703**	0.756**	1	0.821**	0.691**	0.669**
视觉景观及场所氛围	0.745**	0.784**	0.821**	1	0.741**	0.560**
建筑使用及改造效果	0.729**	0.750**	0.691**	0.741**	1	0.578**
舒适度总体评价	0.561**	0.633**	0.669**	0.560**	0.678**	1

（注：**表示显著性水平<0.01，*表示显著性水平<0.05，Person相关系数为0.137）

3.4.3.4 因子分析

因子分析的目的主要是检验研究所预设的评价指标体系标准与使用者在使用传统商业街时的实际体验感受是否相吻合，并研究各评价指标相互间的联系，探讨不同类型街区的评价逻辑及评价成因。

1）适用检验

将问卷按网络形、树形和梳形街区进行分类，借助变量的相关系数矩阵、反映象矩阵、巴特利特球度检验和KMO检验方法进行分析，采用均值替代法处理数据中的缺失值，考察原有变量是否适合采用因子分析提取因子。分析显示，三组数据的大部分相关系数值都在0.7以上，变量之间呈较强的线性关系。三组数据均满足KMO度量标准（网络形数据KMO=0.875，树形数据KMO=0.715，梳形数据KMO=0.808）。巴特利特球度检验统计的观测值均较大（网络形数据为1215.446，树形数据为1271.571，梳形数据为876.793），相应的显著性概率均接近于0，小于显著性水平$\alpha(0.05)$，说明相关系数矩阵与单位矩阵存在差异（见表3-9）。以上分析表明，三组数据的原有变量均适合进行因子分析。

表3-9 网络形、树形与梳形街区因子分析KMO与Bartlett检定

	网络形	树形	梳形
Kaiser-Meyer-Olkin 测量取样	0.875	0.715	0.808
Bartlett 的球形检定（卡方）	1215.446	1271.571	876.793
显著性	.000	.000	.000

2）提取因子

对三组问卷数据统一采用主成分分析法提取因子，分别尝试所提取的特征根值。网络形数据提取6个因子，共同度分析显示绝大部分变量的信息可以被解释70%~80%，累积方差贡献率在73.319%。树形数据提取5个因子，变量共同度在0.7~0.8，数值分布较为均衡，累积方差贡献率为73.601%。梳形数据提取6个因子，共同度分析显示绝大部分变量的信息可以被解释70%~90%，累积方差贡献率为73.439%。三组数据所提取的特征根均有70%以上的方差贡献率，总体上原有变量的信息丢失较少，这意味着可以用较少的因子解释25个原始变量的信息，更为简洁集中。因子分析效果可以接受。

3）因子命名

（1）网络形数据的因子命名

采用方差最大法对网络形问卷数据的因子载荷矩阵实行正交旋转，对提取的因子进行命名解释（见表3-10）。提取出的6个公共因子可解释原有变量信息的73.319%，总体上原有变量的信息丢失较少，分析效果可以接受。S14（人车交通流线）、S11（公共交通）、S13（人流量）、S12（方位感及标识）、S9（主力店号召力）这5个变量构成第1个因子的载荷，其共同特征与交通流线组织相关，因子可命名为交通组织因子。该因子所占的方差贡献率是36.698%，在6个因子中最高，说明该因子对解释原有变量的贡献最大，重要性程度较高。因子1~6的方差贡献率和重要性程度依次递减。其中，因子2的方差贡献率是13.971%，其载荷包括S17、S7、S15、S6、S18这5个变量，该因子被命名为氛围体验因子。因子3的载荷包括S5、S1、S3、S4、S25、S2这6个变量，其被命名为物理环境因子。因子4的载荷包括S10、S20、S16、S8这4个变量，其被称为街区管理因子。因子5的载荷由S22、S23组成，其被解释为建筑使用因子。因子6的载荷包括S19、S21、S24这3个变量，其被解释为视觉环境因子。以上6个相互独立的公共因子共同确定样本对象的整体舒适度。

表3-10 旋转后的因子载荷矩阵（网络形）

	公共因子的名称	变量	公共因子					
			1	2	3	4	5	6
1	交通组织因子	S14人车交通流线	.777	.378	.103	.174	.073	.032

续表

公共因子的名称		变量	公共因子					
			1	2	3	4	5	6
1	交通组织因子	S11公共交通	.747	.147	.251	.378	.255	.005
		S13人流量	.715	.180	.180	-.010	.253	.233
		S12方位感及标识	.654	.284	.043	.260	-.006	.321
		S9主力店号召力	.560	.484	.175	.037	.127	.213
2	氛围体验因子	S17历史氛围	.306	.747	.038	.078	.138	.058
		S7传统老店吸引力	.268	.724	.262	.054	.046	.267
		S15购物流线长度	.529	.571	.251	.156	.276	.131
		S6业态类型	.185	.561	.406	.007	.357	.144
		S18周围文化景点	.242	.502	.217	.387	.283	-.069
3	物理环境因子	S5休闲设施	.158	.233	.803	.099	-.066	.171
		S1空气质量	.432	.064	.709	.298	.090	-.055
		S3遮阳或遮雨状况	-.175	.208	.673	.294	.195	.292
		S4声音环境	.357	.192	.590	-.015	.258	.139
		S25水电安全	.211	.047	.517	.273	.325	.503
		S2光线	.108	.391	.445	.437	.254	.136
4	街区管理因子	S10其他体验感受	.043	.261	.064	.784	.272	.169
		S20问询求助等街区服务	.296	-.038	.322	.737	.221	-.044
		S16绿化景观	.197	-.003	.122	.692	.142	.246
		S8巷道业态	.068	.530	.154	.576	-.011	.382
5	建筑使用因子	S22二层店铺空间的使用	.344	.176	.009	.334	.747	.067
		S23店铺内部改造	.138	.206	.223	.308	.700	.325
6	视觉环境因子	S19卫生整洁	.246	.238	.189	.162	.143	.769
		S21建筑外观及装修效果	.190	.305	.317	.351	.470	.503
		S24空调广告牌等与建筑的协调	.453	.106	.258	.296	.343	.467
		特征值	11.675	1.993	1.544	1.257	.976	.885
		方差贡献率（%）	36.698	13.971	10.175	5.029	3.904	3.541
		累计方差贡献率（%）	36.698	50.669	60.845	65.874	69.778	73.319

因子的组成反映了使用者对网络形传统商业街整体使用的基本感受。其中，在网络形街区中，与行走舒适性相关的因素得到使用者更多的关注，占了近1/3。网络形的街区布局带来较为丰富的行走体验，但同时也增加了空间复杂度。所以针对此类街区布局，使用者更多地关注方位标识、人车路线组织、人流量等因素，甚至会有意识地寻找标识物以辨别方向，主力店可能是其中一个有效的方位参照物。值得一提的是，使用者对于到达街区的公共交通表现出较多的关注，但同时也对于街区处于老城区的特殊地段表示理解，在交通换乘点至街区这段行程内做好必要的遮阳遮雨及指引措施，可缓解交通带来的不便。

在因子2中，使用者对于场所氛围的体验更集中地体现在商业活动过程中，与此相关的有历史氛围、购物流线长度、业态类型、传统老店吸引力等。街区中的历史建筑所带来的穿越感和文化纵深感，构成了传统商业街的主要意象。在网络形街区中，民宅、祠堂、楼阁等尺度不一的历史建筑在各个传统场景来回切换，给使用者带来时空转换的丰富体验。周围文化景点扩大了这种历史文化氛围的辐射范围。值得注意的是，网络形街区的文化景点由于分布较为分散，往往能对周围的街巷产生触媒效应，渗透到街区店铺。由于传统街区中的购物动线并无太多实墙、楼梯等阻隔，商业连续性较好，街区界面丰富，在某种程度上，使用者由此感受到传统商业活力。

在物理环境因子中，休闲设施这一变量占的比重较大，这说明在该类型街区中便利的休息设施与使用者的舒适度关联紧密。其他变量诸如光线、声音、遮阳遮雨设施等与户外的条件有关。传统商业街主要采用天然采光和自然通风，骑楼街下的廊道可遮阳挡雨。这种环保节能的物理环境往往更接近自然，会影响使用者的舒适感受。

另外三个因子的方差贡献率逐渐降低。在街区管理因子中有问询、绿化等变量。值得注意的是，巷道业态参与此项因子，究其原因，可能与店铺利用灰空间扩大商业活动范围，某种程度上对使用者造成一定干扰有关，这需要街区管理者进行协调规定。建筑使用因子主要涉及对建筑内部空间的改造和使用。而视觉环境因子除了与街区整体的卫生整洁有关外，还涉及建筑改造的立面效果、空调机位和广告牌的设置等。视觉环境因子的方差贡献率较小，这可能和街巷交错布局，目之所及的景观有所局限相关。总体而言，在网络形街区中，与使用者评价密切相关的首先是行走的舒适感受，其次是在行走过程中所体验到的商业活动氛围。

(2) 树形数据的因子命名

采用方差最大法对树形问卷数据的因子载荷矩阵实行正交旋转，对提取的5个因子进行命名（见表3-11）。S21（建筑外观及装修效果）、S2（光线）、S24（空调广告牌等与建筑的协调）、S19（卫生整洁）、S12（方位感及标识）、S16（绿化景观）、S9（主力店号召力）、S6（业态类型）这几个变量共同提取出第1个因子——视觉环境因子。第1个因子所占的方差贡献率是29.089%，在5个因子中对解释原有变量的贡献最大，说明该因子较为重要。因子2的载荷包括S10、S17、S4、S8、S7这5个变量，该因子的方差贡献率是17.370%，被命名为场所体验因子。因子3的载荷包括S15、S14、S18、S11这4个变量，其被称为交通流线因子。因子4的载荷包括S22、S3、S23、S25这4个变量，其被解释为店铺使用因子。因子5的载荷包括S20、S5、S13、S1这4个变量，其被解释为街区管理因子。以上5个相互独立的公共因子共同确定样本对象的整体舒适度。

因子的组成反映了使用者对树形传统商业街整体使用的基本感受。其中，视觉环境相关因素对舒适性评价影响较大，在该因子中，尤以"建筑外观及装修效果"的影响较为显著。究其原因，可能是在树形街区中主街纵向排列清晰，次街和巷道对主街的影响不显著。使用者对于街区的主要感受往往从对主街的观感上获得，而建筑外观的整体协调感构成使用者对街区的首要印象。"空调广告牌等与建筑的协调"所占比重也较大。纵向的动线中，沿街式商店需要广告宣传吸引游客停留，悬挂牌匾较之大屏幕展示更利于产生整体视线的丰富感，更贴近既存旧建筑和传统街区的形象。空调机等现代设备的安装对街区整体视觉效果也会产生影响。主力店在主街上是较为显著的节点商铺，调研结果表明主力店铺的装修或广告宣传对使用者产生视觉冲击。街道布局相对简单，业态类型一目了然。这些与商业活动有关的要求，在这里间接地成为视觉体验的一部分。

表3-11 旋转后的因子载荷矩阵（树形）

公共因子的名称	变量	公共因子				
		1	2	3	4	5
1 视觉环境因子	S21建筑外观及装修效果	.759	.164	-.083	.255	.073
	S2光线	.758	.051	.364	.337	-.005
	S24空调广告牌等与建筑的协调	.744	.127	.273	.043	.102
	S19卫生整洁	.743	.248	-.153	.125	.222
	S12方位感及标识	.696	-.157	.380	.162	-.180
	S16绿化景观	.634	-.154	.202	-.402	.009
	S9主力店号召力	.572	-.233	.016	.410	-.024
	S6业态类型	.563	-.060	-.070	.491	.249
2 场所体验因子	S7传统老店吸引力	.070	.908	.247	.140	.033
	S17历史氛围	.006	.903	.229	-.135	-.004
	S8巷道业态	.023	.851	.007	-.125	.073
	S10其他体验感受	-.014	.778	.262	-.121	.055
	S4声音环境	.132	.779	.111	-.140	.182
3 交通流线因子	S15购物流线长度	.104	.239	.797	.036	.069
	S14人车交通流线	-.043	.183	.779	.121	-.239
	S18周围文化景点	.246	.162	.745	-.016	.347
	S11公共交通	.206	-.424	.677	.230	.165

续表

	公共因子的名称	变量	公共因子				
			1	2	3	4	5
4	店铺使用因子	S22二层店铺空间的使用	.136	-.231	.151	.879	-.072
		S3遮阳或遮雨状况	-.056	-.092	-.438	.678	.005
		S23店铺内部改造	.334	.057	-.019	.635	.495
		S25水电安全	.370	.497	-.087	.483	-.355
5	街区管理因子	S20问询求助等街区服务	.294	-.098	.376	.233	.712
		S5休闲设施	.390	.204	.453	.266	.653
		S13人流量	.487	.220	.074	.062	.651
		S1空气质量	.318	-.099	.266	-.206	.679
	特征值		7.272	4.342	2.722	2.225	1.838
	方差贡献率（%）		29.089	17.370	10.889	8.900	7.353
	累计方差贡献率（%）		29.089	46.459	57.348	66.248	73.601

在因子2中，传统老店吸引力、历史氛围等占的比重较大。值得注意的是，巷道业态在树形街区中也成为场所体验的影响因素，潜在地反映多支路的街巷在某种程度上能增添丰富街区的使用感受，巷道业态不仅是对主街业态的有益补充，也促进了整体场所精神的形成。交通流线因子的构成变量中，除了人车交通流线、公共交通外，还有周围文化景点。这与该类街区的布局存在关联，在树形街区中，文化景点往往位于主街的行进路线中，较少设于次街或巷道，而交通组织流线往往也围绕这些文化景点展开。

街区管理因子中，人流量和空气质量所占比重较大。由于主街的店铺排列紧密，廊道交通空间往往成为店铺扩大经营范围的商品展示和陈列空间，影响人流分布。而个别店铺尤其是烧烤类店铺，散发的气味会直接影响到周围其他店铺和廊道空间的空气质量。使用者认为，诸如这类由商业活动导致的不和谐因素，应由街区管理者统一协调。总体而言，视觉环境因子在树形街区舒适度影响因素中所占比重较大。

（3）梳形数据的因子命名

采用方差最大法对梳形问卷数据的因子载荷矩阵实行正交旋转，对提取的因子进行命名（见表3-12）。提取出的6个公共因子可解释原有变量信息的73.439%，总体上原有变量的信息丢失较少，因子分析效果可以接受。S23（店铺内部改造）、S25（水电安全）、S22（二层店铺空间的使用）、S19（卫生整洁）这4个变量在第1个因子中的比重较大，该因子被命名为店铺使用因子。因子2的载荷包括S3、S4、S16、S2这4个变量，其被解释为物理环境因子。因子3的载荷包括S1、S24、S21、S8、S20这5个变量，其被命名为街区管理因子。因子4的载荷包括S18、S13、S14、S12这4个变量，其被解释为行走体验因子。S7、S10、S17、S9和S15共同提取出因子5，该因子被命名为商业氛围因子。因子6的载荷包括S11、S6、S5这3个变量，其被解释为配套设施因子。这6个因子共同确定梳形样本对象的整体舒适度。

表3-12 旋转后的因子载荷矩阵（梳形）

公共因子的名称		变量	公共因子					
			1	2	3	4	5	6
1	店铺使用因子	S23店铺内部改造	.838	.213	.258	.054	.091	-.052
		S25水电安全	.820	-.055	.273	.034	.166	.196
		S22二层店铺空间的使用	.819	.166	.070	.199	.153	.159
		S19卫生整洁	.562	.181	.485	.501	.087	.139
2	物理环境因子	S3遮阳或遮雨状况	.161	.805	.177	.065	-.058	.233
		S4声音环境	.040	.714	.042	-.005	.419	-.062
		S16绿化景观	.186	.708	.108	.216	.284	.194
		S2光线	.158	.486	.283	.351	.369	.213
3	街区管理因子	S1空气质量	.258	.141	.821	-.020	.243	.157
		S24空调广告牌等与建筑的协调	.391	.116	.605	.286	.098	.193
		S21建筑外观及装修效果	.437	.284	.528	.251	.136	.278
		S8巷道业态	.388	.380	.513	.127	.275	.337
		S20问询求助等街区服务	.012	.429	.512	.427	.078	-.460
4	行走体验因子	S18周围文化景点	-.001	.034	.012	.816	.269	.207
		S13人流量	.374	.025	.354	.597	.257	.194
		S14人车交通流线	.311	.364	.331	.550	.170	.147
		S12方位感及标识	.456	.374	.004	.498	.209	.175
5	商业氛围因子	S7传统老店吸引力	.149	.265	.038	.217	.749	-.011
		S10其他体验感受	.099	.121	.312	.389	.606	.091
		S17历史氛围	.154	-.010	.459	.112	.564	.441
		S9主力店号召力	.328	.296	.205	.155	.553	.402
		S15购物流线长度	.440	.295	.226	.152	.523	.261
6	配套设施因子	S11公共交通	.150	.085	.239	.218	.179	.731
		S6业态类型	.205	.298	.032	.402	-.021	.598
		S5休闲设施	.086	.452	.249	.106	.192	.583

续表

公共因子的名称	变量	公共因子					
		1	2	3	4	5	6
	特征值	11.473	1.910	1.463	1.335	1.155	1.024
	方差贡献率(%)	35.891	12.639	10.853	5.340	4.621	4.096
	累计方差贡献率(%)	35.891	47.530	59.383	64.722	69.343	73.439

梳形街区以主街为主，交通线路较为简单，使用者在该类街区中的感受往往较为微观和集中，更容易关注到店铺等细节要素的影响。店铺使用因子在这类街区所有舒适度评价因子中比重最大，较之其他类型的街区，内部空间改造要素在梳形街区中的影响更显著。在实际调研中，大部分街区的楼上铺位开放，并未出现明显的商业死角。而个别街区出于安全考虑限定二层空间的商业使用，在某种程度上不利于商业活动的扩展。物理环境因子中的变量主要与行走的舒适感受相关。例如"遮阳或遮雨状况"反映了在梳形街区中，主街的廊道是使用者主要的通行空间，使用者对于遮阳和遮雨设施表现出较大的关注。天然健康的物理环境仍然较受使用者欢迎。而配套设施因子所占比重较小，究其原因，在实际的调研样本中，有一部分梳形街区的业态以贩卖海鲜、干果等商品为主，休闲设施和业态类型的设置较之其他类型街区都显得单一，且梳形街区的规模往往较小，空间布局简单，故而对使用者的舒适度影响程度较低。总体而言，在梳形街区中，店铺使用因子和物理环境因子在微观层面受关注，是比重较大的两个因子。而商业氛围因子、配套设施因子的影响较为间接，所占比重较低。

4）对比分析

对不同平面类型数据的因子分析作横向比较（见表3-13），可知不同平面类型对使用者舒适度的影响各有侧重。

表3-13 不同平面类型街区舒适度评价因子模型比较

	网络形			树形			梳形	
公共因子	评价因素	方差贡献率(%)	公共因子	评价因素	方差贡献率(%)	公共因子	评价因素	方差贡献率(%)
交通组织因子	人车交通流线、公共交通、人流量、方位感及标识、主力店号召力	36.698	视觉环境因子	建筑外观及装修效果、光线、空调广告牌等与建筑的协调、卫生整洁、方位感及标识、绿化景观、主力店号召力、业态类型	29.089	店铺使用因子	店铺内部改造、水电安全、二层店铺空间的使用、卫生整洁	35.891

续表

网络形			树形			梳形		
公共因子	评价因素	方差贡献率（%）	公共因子	评价因素	方差贡献率（%）	公共因子	评价因素	方差贡献率（%）
氛围体验因子	历史氛围、传统老店吸引力、购物流线长度、业态类型、周围文化景点	13.971	场所体验因子	传统老店吸引力、历史氛围、巷道业态、其他体验感受、声音环境	17.370	物理环境因子	遮阳或遮雨状况、声音环境、绿化景观、光线	12.639
物理环境因子	休闲设施、空气质量、遮阳或遮雨状况、声音环境、水电安全、光线	10.175	交通流线因子	购物流线长度、人车交通流线、周围文化景点、公共交通	10.889	街区管理因子	空气质量、空调广告牌等与建筑的协调、建筑外观及装修效果、巷道业态、问询求助等街区服务	10.853
街区管理因子	其他体验感受、问询求助等街区服务、绿化景观、巷道业态	5.029	店铺使用因子	二层店铺空间的使用、遮阳或遮雨状况、店铺内部改造、水电安全	8.900	行走体验因子	周围文化景点、人流量、人车交通流线、方位感及标识	5.340
建筑使用因子	二层店铺空间的使用、店铺内部改造	3.904	街区管理因子	问询求助等街区服务、休闲设施、人流量、空气质量	7.353	商业氛围因子	传统老店吸引力、其他体验感受、历史氛围、主力店号召力、购物流线长度	4.621
视觉环境因子	卫生整洁、建筑外观及装修效果、空调广告牌等与建筑的协调	3.541				配套设施因子	公共交通、业态类型、休闲设施	4.096

（1）网络形街区由于街巷纵横交错，路网布局较为丰富复杂，使得使用者在评价舒适度时较为关注与行走相关的因素，"交通组织因子"所占比重最大，使用者需要更清晰的人车线路、方位标识参照物。据现场访谈了解到，使用者注重街区中相应的公共交通的配备，对于换乘和接驳，以及交通枢纽至街区一定的步行距离表示可以理解和接受，建议管理者设置配套的遮阳及休憩设施。而梳形街区一般以单一纵向贯穿的主街为主，舒适评价因子模型中没有直接相关的交通组织因子，方位感及标识等评价要素体现在"行走体验因子"中，所占比重较低。

（2）"物理环境因子"在网络形和梳形街区舒适度评价因子模型中所占比重都较大，说明传统街区中被动式的物理环境对于使用者的舒适感受产生一定的影响。与大型现代购物中心不同的是，传统商业街的廊道、店铺等大多采用自然的通风采光，据现场调研可知，大多使用者乐于接受街区中天然、健康、环保的微气候环境。

（3）蜿蜒曲折的街巷有助于营造街区的历史感，在网络形街区中，"氛围体验因子"是使用者的显性考虑因素，既涉及传统店铺的吸引力，也考虑周围文化景点的烘托，是一个较为全面整体的评价因子。网络形街区往往可以容纳不同空间尺度和不同类型的历史建筑，从而获得较为丰富的空间组合与尺度层次，让使用者有不一样的舒适体验。

（4）在树形街区中，主街与巷道衔接所产生的业态对于街区整体的商业氛围产生影响，某种程度上巷道业态可以让使用者更好地感受传统街区的世俗商业气息。梳形街区的场所氛围更多体现在商业体验方面，历史文化景点未参与此项，这与梳形街区的外延范围受限有关。

（5）平面布局为树形的骑楼街在实际调研中，是样本数量最多的。树形街区所有舒适度评价因子中方差贡献率最大的是视觉环境因子，其中建筑外观及装修效果的比重最大，还涉及卫生、绿化、空调安装与建筑风貌的协调等因素。在某种意义上可以说，和谐统一的历史风貌是使用者评价骑楼街舒适度的首要考虑因素，是使用者获取的最直接整体的第一印象。值得一提的是，除了立面造型上的视觉感受，2～3层骑楼建筑的高度与骑楼老街的宽度的比例关系勾勒出微妙的天际线变化，身处其间的使用者可体验到传统街区特有的领域感和场所感。

（6）在实际调研样本中，相当一部分梳形街区目前以小商品批发业态为主，相对网络形和树形街区，业态定位格局较低。街区整体的绿化景观、文化景点较为单一。视觉环境要素在这里并没有引起使用者太多的关注，而建筑内部使用和相应的物理环境因子在所有舒适度评价要素中所占比重较大。可能是店铺排列较为密集，店铺与店铺之间、廊道的灰空间与店铺之间在使用过程中相互影响，遮阳或遮雨设施、声音、光线等因素被使用者更细致地感受。

总体而言，网络形街区的舒适度评价因子模型较为综合宏观，而树形和梳形的则相对简单，树形着眼于中观层面，梳形聚焦于微观层面。三类街区的舒适度评价因子模型依次呈"面""线""点"形式，各有侧重。该研究结论与上述均值分析结果基本一致。在实际的改造设计中，网络形街区需要兼顾的要素将更为宽泛，与交通线路相关的因素是其中关键；树形街区在视觉营造、建筑风貌协调方面应给予较多关注；梳形街区则应注意改善店铺使用状况，通过提升物理环境调动街区整体氛围。

3.5 运用层次分析法的层次权重评价分析

从舒适度所涉及的基本维度出发，笔者提出了对传统商业街使用舒适度影响较大的因子，并在理论上对因子进行归纳、提炼和整理。在对复杂问题作决策分析时，使用者所调动的是主观经验与客观理论相结合的综合、多元的主观思维过程，涉及对具体情况作具体的分解与判断。所以，除了对评价因子的特性作出量化描述，还有必要结合定性方面的补充。为使研究更加严谨，研究者试图借助层次分析法，实现定性与定量相结合的决策分析。层次分析法首先是将研究问题按总目标、各层子目标、评价准则等分解为不同的层级结构，在简化的层次上进行比较、量化后，逐级排序。其次，计算判断矩阵特征向量，得出每一因素的权数。最后再以加权求和的方法得出各要素对实现总目标的最终权重。整个计算过程综合了指标设计、个人主观判断及科学量化。换言之，在受不确定性因素干扰的情况下，可以结合主观判断，以个人经验、洞察力和直觉作逻辑分析，参与到运算分析中，从而弥补纯粹量化数据硬性评价的不足，以实现条理化、层次化和数量化的复杂分析过程。

最终，层次分析法得出具体各要素（末层因素）相对于总目标（最高层级指标）相对重要权值的优劣排序，形成一个多层次的分析结构模型。落实到本章节，研究者则力求通过层次分析法得出各评价因素对于传统商业街总体舒适度影响的权重，从而建构出岭南传统商业街舒适度评价模型。研究目的是在实践层面为传统商业街舒适性评估提供可参考的简化判断模型。

3.5.1 递阶层次结构模型的建立

根据第二阶段改善后的问卷数据研究基础，以其中舒适度影响因子为依据，建立评价因素的递阶层次结构模型。根据评价因素的分类情况，本研究建立目标层、准则层和子准则层三个层次，以树状结构表达传统商业街舒适度影响因素的层次关系。具体而言，目标层为岭南传统商业街总体舒适度，准则层则是与目标层相关联的5个一级评价指标，而一级指标下的25个具体评价因素则构成子准则层（方案层）。每一评价要素分别对上一层次的评价要素的评价权重作出贡献，从而在两级层次建构综合评价体系（见表3-14）。

表3-14 岭南传统商业街舒适度评价的递阶层次结构模型

目标层	准则层	子准则层
岭南传统商业街总体舒适度	S_1 设施配备及物理环境	A_1 空气质量
		A_2 采光
		A_3 遮阳/遮雨设施
		A_4 声音环境
		A_5 休闲座椅/卫生间/垃圾桶的配备
	S_2 业态模式及商业功能	B_1 商品的种类
		B_2 老字号商店吸引力
		B_3 巷道业态
		B_4 主力店号召力
		B_5 体验感受的丰富
	S_3 交通流线及空间布局	C_1 公共交通是否便利
		C_2 方位感及标识性
		C_3 人流量
		C_4 人车交通流线
		C_5 动线长度

续表

目标层	准则层	子准则层
岭南传统商业街总体舒适度	S₄ 视觉景观及场所氛围	D₁绿化等景观
		D₂场所历史氛围
		D₃附近人文景观
		D₄整体卫生
		D₅问询、求助等服务
	S₅ 建筑使用及改造效果	E₁建筑外观或装修效果
		E₂二层空间/公共空间的利用
		E₃老建筑内部打通改造
		E₄空调/电线/广告牌与建筑的协调
		E₅水电安全

3.5.2 准则层因素重要性排序

3.5.2.1 利用问卷排序法确定各因素的相对优劣排序

AHP法的一致性原理"A优于B，B优于C，必有A优于C"，使成对比较的简化成为可能。本研究在结构调查问卷中设有判断指标重要性的问题，请受访者依其所认为的重要性程度对S_1、S_2、S_3、S_4、S_5这5个一级评价指标作出评分判定（从最重要到最次要分别记5、4、3、2、1分）。根据一级指标的得分情况可得到准则层各因素的排序，结果见表3-15。数据表明，排在第一位的是交通空间因素，接下来依次是景观场所因素、商业功能因素、设施设备因素、建筑使用因素。为了检验该排序结果的可信度，笔者把每个准则层相应的二级指标平均得分累加求平均值，对平均值进行排序。两者之间的排序对比表明一级指标的排序结果基本可靠。另外，研究前期网络先导性调研中对于重要影响因素的排序（见图3-2）与一级指标的重要程度排序基本相符。相关分析研究结果显示，对舒适度总体评价影响较大的是交通流线及空间布局、视觉景观及场所氛围。

表3-15 调查问卷中一级指标的重要性排序

准则层因素	S_1设施配备及物理环境	S_2业态模式及商业功能	S_3交通流线及空间布局	S_4视觉景观及场所氛围	S_5建筑使用及改造效果
得分	1364	1650	1848	1782	1132
排序	4	3	1	2	5
相应二级指标得分均值	0.59	0.95	0.82	0.76	0.68
先导性调研平均综合得分	2.74	2.75	3.61	3.33	2.23

选项	平均综合得分	比例
a. 交通流线	3.61	
d. 景观环境	3.33	
b. 商业功能	2.75	
c. 设施条件	2.74	
e. 建筑改造	2.23	

图 3-2　先导性调研重要影响指标排序

从一级评价指标的重要性排序结果可知，使用者首要关注的是交通布局，随后依次是景观氛围、商业活动、物理环境和建筑使用感受。这反映传统商业街的本体价值首先应是提供便利的购物环境，涉及行走流线、交通方式、空间组织等方面；其次是保障历史氛围和场所精神，涉及景观的设置和传统建筑的保存，让游历者在行走的过程中获得丰富的体验和感受。由于面积较大，空间相对复杂，传统商业街应充分重视购物者对环境的驾驭能力，令购物者感受到清晰的方位和简洁的交通及流线布局。二级评价指标显示，商业流线在传统商业街舒适度影响因素中所占权重较大。换言之，商业流线的长度及品牌丰富程度是行进中的购物者能最直接感受到的。使用者对于人气的关注程度，也间接反映出氛围对舒适感受的影响，使用者往往愿意体验相对拥挤的环境并表现出一定的宽容。

3.5.2.2　构建成对比较判断矩阵及计算准则层因素权重

衡量各层次因素的权重包含了主观分析和数据分析综合量化，是最终权重排序的基础。笔者选取 AHP 中的一致矩阵法，即把所有因素作两两比较，以降低性质不同的因素之间相互比较的难度，提高准确度。例如，在具体的计算中通过两两比较反复判断某一准则 C 两个元素 A_i 和 A_j 后，对其重要程度赋予一定的数值，形成比例标度。本研究以指标为数量性函数构造判断矩阵，采用张晨光等提出的标度方法，兼顾了 Saaty "1-9 的评判标度系统"与人们头脑中实际标度系统的差异。根据相关标度函数构造两两比较判断矩阵，计算其中的最大特征根及相对应的特征向量。结果如表 3-16 所示。

表 3-16　准则层（S层）指标的判断矩阵

	S_1	S_2	S_3	S_4	S_5	特征向量 W
S_1	1.0000	0.5023	0.3333	0.3802	1.9630	0.1454
S_2	1.9910	1.0000	0.6637	0.7570	3.9082	0.1653
S_3	3.0000	1.5068	1.0000	1.1406	5.8889	0.3235
S_4	2.6302	1.3210	0.8767	1.0000	5.1629	0.2580
S_5	0.5094	0.2559	0.1698	0.1937	1.0000	0.1078

（λ_{max}=5，CI = 0.00000157，RI = 1.1200，CR = 0.00000140＜0.1）（k=1.3548，相对重要性标度=3）

用矩阵表达为：

$$S = \begin{pmatrix} 1.0000 & 0.6525 & 0.3333 & 0.4180 & 2.3922 \\ 1.1366 & 1.0000 & 0.5108 & 0.6406 & 1.5325 \\ 2.2250 & 1.9576 & 1.0000 & 1.2541 & 3.0000 \\ 0.7417 & 0.8798 & 0.4494 & 1.0000 & 1.3483 \\ 1.7743 & 1.5610 & 0.7974 & 0.5636 & 1.0000 \end{pmatrix}$$

判断矩阵的最大特征根 $\lambda_{max}=5$，最大特征根对应的特征向量 W =（0.1454　0.1653　0.3235　0.2580　0.1078），并进行一致性检验。为了简化计算过程，笔者建议用Excel构建两两比较判断矩阵，并辅以MATLAB代码进行运算。

3.5.3　对子准则层因素的层次权重决策分析

3.5.3.1　利用评分数据排序分析法确定子准则层因素优劣排序

由于子准则层的评价因素较多，在这个层级作两两优劣比较信息量过大，其信度和效度易受干扰。如果采用专家智慧（Delphi法）进行两两比较，受访专家的工作量又过大，时间难以把控，缺乏可操作性。研究也显示，在实际的使用和评价判断过程中，由于受专业背景、使用目的等因素影响，专家和普通使用者对于环境价值的判断实际上存在一定差距。因此，本研究构造判断矩阵尽可能以样本数据为基准，以期更好反映实际状况。首先对10个岭南传统商业街样本的舒适性评价问卷中的各因素的数量性得分进行均值运算，得到5个准则层变量下相应各子准则层指标的平均值（见表3-17），以此作为判断重要性的基本依据。

表3-17　子准则层（C层）指标的平均值

	指标1	指标2	指标3	指标4	指标5	k	b
S_1	0.6788	0.7007	0.5255	0.1460	0.4161	1.196	2
S_2	0.9779	0.8686	0.5912	0.7372	0.8467	1.252	3
S_3	0.8175	0.7226	0.4745	0.5693	0.6496	1.188	2
S_4	0.6350	0.7445	0.7737	0.4380	0.5839	1.126	2
S_5	0.8102	0.6788	0.7299	0.6058	0.6496	1.175	2

3.5.3.2　构建成对比较判断矩阵及计算子准则层指标排序

（1）根据相关标度函数运用数量性指标构造两两比较判断矩阵，分别求取矩阵的最大特征根及相应的特征向量，从而得到子准则层相应上一层级的排序（见表3-18～表3-22）。

表3-18　判断矩阵S_1-A

	A_1	A_2	A_3	A_4	A_5	特征向量W
A_1	1.0000	1.1460	0.3333	0.0014	0.1223	0.3032
A_2	0.8726	1.0000	0.2909	0.0012	0.1067	0.2845
A_3	3.0000	3.4380	1.0000	0.0041	0.3668	0.1837
A_4	732.9755	839.9949	244.3252	1.0000	89.6301	0.1011
A_5	8.1778	9.3718	2.7259	0.0112	1.0000	0.1274

（λ_{max}=5，CI=0.0000115，RI=1.1200，CR=0.0000103＜0.1）（k=0.77，相对重要性标度=3）

表3-19　判断矩阵S_2-B

	B_1	B_2	B_3	B_4	B_5	特征向量W
B_1	1.0000	0.7720	0.3333	0.5396	0.7301	0.1968
B_2	1.2954	1.0000	0.4318	0.6990	0.9458	0.2740
B_3	3.0000	2.3159	1.0000	1.6189	2.1903	0.1907
B_4	1.8531	1.4305	0.6177	1.0000	1.3530	0.1370
B_5	1.3697	1.0573	0.4566	0.7391	1.0000	0.2014

（λ_{max}=5，CI=0.0000115，RI=1.1200，CR=0.0000103＜0.1）（k=0.60，相对重要性标度=3）

表3-20　判断矩阵S_3-C

	C_1	C_2	C_3	C_4	C_5	特征向量W
C_1	1.0000	0.7795	0.3333	0.4817	0.6287	0.2239
C_2	1.2829	1.0000	0.4276	0.6179	0.8065	0.2111
C_3	3.0000	2.3385	1.0000	1.4450	1.8861	0.1119
C_4	2.0761	1.6183	0.6920	1.0000	1.3052	0.1124
C_5	1.5906	1.2399	0.5302	0.7662	1.0000	0.1874

（λ_{max}=5，CI=0.0000115，RI=1.1200，CR=0.0000103＜0.1）（k=0.58，相对重要性标度=3）

表3-21　判断矩阵S_4-D

	D_1	D_2	D_3	D_4	D_5	特征向量W
D_1	1.0000	0.4128	0.3333	7.8974	1.5944	0.1761
D_2	2.4222	1.0000	0.8074	19.1290	3.8621	0.1828

续表

	D_1	D_2	D_3	D_4	D_5	特征向量W
D_3	3.0000	1.2385	1.0000	23.6922	4.7833	0.2067
D_4	0.1266	0.0523	0.0422	1.0000	0.2019	0.1709
D_5	0.6272	0.2589	0.2091	4.9531	1.0000	0.1034

(λ_{max}=5, CI=0.0000115, RI=1.1200, CR=0.0000103＜0.1)(k=1.22, 相对重要性标度=3)

表3-22　判断矩阵S_5-E

	E_1	E_2	E_3	E_4	E_5	特征向量W
E_1	1.0000	0.1553	0.3333	0.0469	0.0977	0.1601
E_2	6.4403	1.0000	2.1468	0.3019	0.6295	0.1614
E_3	3.0000	0.4658	1.0000	0.1406	0.2932	0.3229
E_4	21.3303	3.3120	7.1101	1.0000	2.0850	0.2388
E_5	10.2306	1.5885	3.4102	0.4796	1.0000	0.2769

(λ_{max}=5, CI=0.0000115, RI=1.1200, CR=0.0000103＜0.1)(k=0.90, 相对重要性标度=3)

（2）结合准则层的总排序，计算各评价指标的权重，见表3-23。

表3-23　层次分析法求出的舒适度评价指标权重

		S_1	S_2	S_3	S_4	S_5	总排序
		0.1454	0.1653	0.3235	0.2580	0.1078	
S_1 设施配备及物理环境	A_1空气质量	0.3032					0.0169
	A_2自然采光/人工照明	0.2845					0.0219
	A_3日晒或下雨对购物的影响	0.1837					0.0257
	A_4声音环境	0.1011					0.0199
	A_5休闲座椅/卫生间/垃圾桶的配备	0.1274					0.0441
S_2 业态模式及商业功能	B_1商品的种类		0.1968				0.0407
	B_2传统老字号商店/特色小店的吸引力		0.2740				0.0599
	B_3巷道中的小店经营		0.1907				0.0224
	B_4主力店的号召力		0.1370				0.029
	B_5购物以外的其他体验丰富程度		0.2014				0.0633

续表

		S_1	S_2	S_3	S_4	S_5	总排序
		0.1454	0.1653	0.3235	0.2580	0.1078	
S_3 交通流线及空间布局	C_1 到达街区的公共交通			0.2239			0.0518
	C_2 街区的方位感及标识性元素			0.2111			0.0497
	C_3 人流量			0.1119			0.0163
	C_4 人车交通流线			0.1124			0.0338
	C_5 动线长度			0.1874			0.0441
S_4 视觉景观及场所氛围	D_1 绿化或雕塑景观				0.1761		0.063
	D_2 街区整体场所氛围				0.1828		0.0861
	D_3 附近古迹景点、文化展览或公园				0.2067		0.0327
	D_4 街区整体卫生				0.1709		0.043
	D_5 问询、求助和传单的派发管理				0.1034		0.0264
S_5 建筑使用及改造效果	E_1 建筑的外观造型或装修效果					0.1601	0.0527
	E_2 店铺对二层空间/公共空间的利用					0.1614	0.0212
	E_3 老建筑内部改造					0.3229	0.0282
	E_4 空调主机/电线/广告牌设置					0.2388	0.0350
	E_5 店铺的水电安全设置					0.2769	0.0129

3.5.4 对评价样本的舒适性的综合分析比较

本章主要利用 AHP 法求解指标权重，构建舒适度评价总体指标集，并利用所提出的评价指标集对三种不同平面类型的传统街区作综合评价。通过实践发现这一研究结论可应用于描述、解释与诊断同类建筑环境的舒适性，每个具体的指标得分可以较为客观地反映环境状况和实际使用状况，由此实现对评价对象较为全面的考察。进一步地，对每个样本各指标数据进行横向比较，从而对样本作出客观的判断评价。根据每个样本具体舒适性能指标得分的高低，找出各样本问题之所在。

把各指标权重折算成百分制，计算各类型街区的综合得分。首先根据评价刻度赋值 1、2、3、4、5，计算出各项评价因素的均值 M，再利用公式 $((M-1)×25)×N$ 分别把 25 项评价指标得分转换为相应权重的百分制得分（式中，M 为各项指标得分均值，N 为相应权重值），最后把得分计权相加，得到三类传统商业街的百分制综合得分。结果显示：网络形传统商业街得分最高（64.06 分），树形次之（61.98 分），梳形街区得分最低（58.52 分），各指标得分及综合得分情况均与前述的分析结论较为一致。这在一定程度上说明了综合分数较为充分地反映了各指标包含的信息，基本具备对岭南传统商业街作综合舒适判断的评价效能。

以指标权重为依据，求 10 个研究样本的评价指标计权得分及综合得分（见表 3-24）。从综合得分可知，各样本得分均值为 63.71 分。样本 LNTD-FS、BJ-GZ、SXJ-GZ 的使用舒适度评价较好，分别得 72.09 分、70.70 分和 68.53 分。样本 EN-GZ、YD-GZ、TK-GZ 的某项舒适性指标特别突出，究其原因主要在于其环境整体表现不够均衡。舒适性评价影响因素的多样化，要求设计者和管理者从不同的侧面和深度去关注使用者的感受。各样本环境的优缺点是导致使用者舒适感存在差异的主要原因，本书后续的焦点评价研究将对此作进一步的诊断分析。

表3-24 各样本舒适性综合评价结果的比较

具体评价项目	各样本评价指标计权得分									
	LNTD-FS	SWX-ZS	DLHG-SD	LFX-MZ	BJ-GZ	DSF-GZ	SXJ-GZ	EN-GZ	YD-GZ	TK-GZ
A_1 空气质量	5.04	4.85	5.01	4.62	5.06	4.62	4.99	3.45	4.33	4.05
A_2 自然采光/人工照明	4.64	4.84	4.47	4.15	5.12	4.15	4.61	2.98	3.52	3.43
A_3 日晒或下雨对购物的影响	3.22	2.18	2.45	2.60	2.38	2.60	2.80	1.41	2.19	1.84
A_4 声音环境	1.34	1.51	1.02	0.92	1.29	0.92	1.27	0.40	0.95	0.89
A_5 休闲座椅/卫生间/垃圾桶的配备	1.63	1.68	1.49	1.38	1.67	1.38	1.63	1.13	1.53	1.26
B_1 商品的种类	4.80	3.90	4.20	3.37	4.08	3.37	4.66	3.40	3.85	2.70
B_2 传统老字号商店/特色小店的吸引力	6.53	6.10	6.01	5.79	6.81	5.79	6.62	5.29	5.76	4.23
B_3 巷道中的小店经营	4.28	3.80	4.44	3.33	3.80	3.33	4.27	3.48	3.81	2.65
B_4 主力店的号召力	2.32	2.42	2.27	2.38	2.77	2.38	2.41	2.59	2.77	1.94
B_5 购物以外的其他体验丰富程度	4.92	4.59	4.25	3.85	3.84	3.85	3.89	3.94	4.11	3.02
C_1 到达街区的公共交通	3.93	4.03	4.00	3.74	4.13	3.74	3.95	3.51	3.76	2.16
C_2 街区的方位感及标识性元素	3.70	3.64	3.30	3.31	3.75	3.31	3.53	3.17	3.65	2.42
C_3 人流量	1.59	1.58	1.28	1.63	1.90	1.63	1.62	1.33	1.66	1.14
C_4 人车交通流线	1.57	1.66	1.40	1.42	1.87	1.42	1.80	1.42	1.59	1.04
C_5 动线长度	3.25	3.06	3.27	2.88	3.28	2.88	3.21	2.74	2.89	1.65
D_1 绿化或雕塑景观	2.34	2.59	2.57	2.47	2.53	2.47	2.41	2.20	2.50	1.37

续表

具体评价项目	各样本评价指标计权得分									
	LNTD-FS	SWX-ZS	DLHG-SD	LFX-MZ	BJ-GZ	DSF-GZ	SXJ-GZ	EN-GZ	YD-GZ	TK-GZ
D_2街区整体场所氛围	1.54	1.47	1.57	1.43	1.53	1.43	1.45	1.19	1.44	0.89
D_3附近古迹景点、文化展览或公园	1.68	1.60	1.57	1.47	1.51	1.47	1.52	1.28	1.56	1.01
D_4街区整体卫生	1.94	2.01	1.89	1.77	1.90	1.77	1.71	1.46	1.82	1.17
D_5问询、求助和传单的派发管理	1.47	1.43	1.51	1.28	1.54	1.28	1.40	1.24	1.15	0.79
E_1建筑的外观造型或装修效果	0.65	0.73	0.67	0.66	0.80	0.66	0.68	0.57	0.52	0.54
E_2店铺对二层空间/公共空间的利用	1.47	1.24	1.29	1.26	1.28	1.26	1.25	1.12	1.28	0.90
E_3老建筑内部改造	1.14	0.96	1.06	1.00	1.11	1.00	0.98	0.66	0.82	0.63
E_4空调主机/电线/广告牌设置	2.37	2.35	2.35	2.21	2.56	2.21	2.27	1.92	2.12	1.45
E_5店铺的水电安全设置	1.55	1.52	1.46	1.60	1.90	1.60	1.72	1.58	1.25	1.09
综合得分（100分制）	72.09	67.88	66.69	62.23	70.70	66.23	68.53	59.06	55.42	48.30

3.6 本章小结

舒适感具有相对性。因为舒适感的影响因素是多方面的且因时因地而变化，所以对传统商业街舒适感的可量化评价及标准化衡量显得尤为重要。本研究建立舒适性评价的因素集，提出舒适性权重模型，由此获得公众对传统商业街舒适性水平的集体意识和态度的相关量化结果。本章节梳理如下：

（1）对研究客体做先导性调研，通过开放式问卷访谈以及李克特量表采集舒适度影响因素，初步获取受访者对于传统商业街的观感印象，以及有关传统商业街舒适性影响因素的主观信息，以此作为后续舒适度问卷设计的基础。

（2）以街区平面类型（网络形、树形和梳形）为自变量进行舒适度研究，通过统计分析10个样本的问卷数据，得出以下结果：

①均值及单因素方差分析显示，三类街区得分从高到低依次为网络形、树形、梳形。其中，网络形街区在周围文化景点、历史氛围、业态类型、光线等方面得分较高；树形街区在巷道业态、建筑外观方面的均值较高；梳形街区在老字号商铺、建筑外观等

要素较为直观的微观层面获得较多的关注。另外，单因素方差分析间接佐证建筑类型对街区的舒适度产生影响。在 0.01 置信水平下，建筑类型对业态经营状况、交通组织、环境形态等相关评价要素的影响较大。

②在相关分析中，以评价问卷的一级指标为变量计算皮尔逊相关系数，研究显示交通流线及空间布局要素对整体舒适度评价影响最大。

③因子分析显示，网络形街区、树形街区和梳形街区的舒适度评价因子模型研究思路依次呈"面""线""点"形式，分别对应宏观、中观、微观层面。网络形街区的舒适度影响因素较为全面，交通组织因子和场所氛围因子所占比重较大。树形街区侧重从中观层面考察，方差贡献率最大的是视觉环境因子。梳形街区则聚焦微观层面，建筑内部使用和相应的物理环境因子获得较多关注。

（3）层次分析法结论：

①三类传统商业街的综合得分由高到低依次为网络形、树形和梳形。

②一级指标的重要性排序由高到低依次为交通及空间因素、景观及场所因素、商业功能因素、设施设备因素、建筑使用因素。

③利用层次分析法得出准则层及子准则层各评价因素的权重，具体的评价指标及对应权重值参见表 3-23。在子准则层指标中，街区整体场所氛围、到达街区的公共交通、购物以外的其他体验丰富程度、传统老字号商店或特色小店的吸引力、建筑的外观造型或装修效果、绿化或雕塑景观、方位感及标识性元素等因素所占比重较大。从中可见影响使用者出行方便的交通因素，也间接影响了舒适感受。此外，购物及其他街区体验、场所氛围、视觉感受也对舒适性评价有较大影响。

④用层次分析法求得本阶段研究涉及的 10 个样本的综合评价得分（见表 3-24），据此可以对样本的舒适度作横向比较。

总的来说，随着大型现代购物商场的出现，人们对于购物环境有了更丰富的体验和更多元的要求。传统商业街也相应完善配套的基础性服务设施，如卫生设施、照明设施、安全设施（围栏、路障等）、游憩设施（休息桌椅、凉亭等）、指示性设施（商铺的招牌、路标、地图、指示牌等）、景观设施（雕塑、小品、花池等），以营造更为舒适、方便的商业环境。

第4章 传统商业街动线空间句法分析及商业适宜判断

岭南传统商业街脱胎于岭南传统商业行为习惯、岭南传统街区形态及岭南传统商业文化。随着时间的推移，当其所在的城市空间发生了改变，当街区的空间系统有所不同，街区的商业性也会出现显著差异。传统商业街原有的空间逻辑关系，以及深层的与城市关系有效性检验及商业性判断，将是研究传统商业街本体功能的关键内容。传统商业街的传统研究分析，主要集中在建筑造型语言、街道空间形态、体量尺度能表象性因素等方面，结论亦多为定性层面。本章一方面探讨主要空间拓扑结构的内在逻辑，另一方面从城市角度思考其所在城市区位的特定角色和功能，为商业整体空间环境设计有效的量化评价指标。

实现商业均好是商业环境设计的重要原则，均衡的人流分布是均好性的直接体现。传统商业街中人流分布与空间组织客观上存在相关性。不同的空间组织使商业街区形成可达性与吸引力各异的空间单元，诱发使用者相应的行为，影响消费者在其中的分布。当前针对商业人流的研究多从区位、建筑空间形式等角度展开，在研究方法上也多依赖经验模式。专家模式是当前商业人流的均衡分布命题的主导预测方式，该方式在客观性及时效性方面存在不足，在分析过程中难免会忽略了产生差异的关键要素。

综合多学科的交叉研究，实现由定性向定量的深层转变，结合数理统计的科学演绎，将是城市及建筑空间理论研究的重要发展方向。本章结合空间句法理论及技术应用分析商业环境空间组织对人流分布的影响。空间句法技术将现实空间抽象表达为符号空间，以句法模型的计算与分析将具有拓扑关系图解与变量——对应，并利用一系列参数变量对人居空间结构加以量化描述，从而研究空间组织与人的关系。空间句法理论的发展为更准确地进行人流分布预测提供了可能。本章运用Depthmap空间句法软件对三种商业街进行量化研究，总结不同类型街区动线空间（C空间）的商业特性，从而对何种商业动线空间形态更利于人流均衡分布作出探讨，在此基础上，进一步为特定条件下的商业均好性改善提出科学依据。

4.1 相关理论基础

4.1.1 空间句法理论

20世纪70年代，伦敦大学巴利特学院的希尔尔教授从城市系统论与整体论的角度出发,展开对空间与空间之间组合关系内在逻辑的研究,后来提出空间句法(Space Syntax)这一学术概念。类比语言语法结构的"主谓宾"关系,希利尔教授用"句法"研究空间与空间的存在法则,借助拓扑数理运算,从空间角度解答功能与形式的问题。

空间句法理论认为建筑空间与城市的社会属性,影响着人们的空间使用和社会交往等群体活动,城市、组团、建筑等人居环境内空间与空间之间存在组构关系,空间句法则是通过量化空间关系,研究空间组织与人类直觉体验的与空间构成理论相关的研究方法。此后,学者们结合空间句法对城市空间的通达性、交通可达性、城市土地利用、空间与人类活动间的关系等进行了一系列研究,研究涉及认知学、社会学和经济学等不同学科,促使跨学科领域迅速发展。

我国对于空间句法的引入见于1985年赵兵所翻译的比尔·希利尔的文章《空间句法:城市新见》。段进教授对空间句法相关书籍的大量编译,有力地推动了该理论在我国的普及。其与比尔·希利尔等人合著的《空间句法与城市规划》,是国内极少数专门研究空间句法理论及应用的书籍。其他代表性的研究专著还有黄亚平的《城市空间理论与空间分析》、梁雪的《城市空间设计》、柴彦威的《城市空间》等。空间句法运用于国内外大型公共建筑已有较多成功案例,积累了相关经验。如韩丽泓学者针对大型购物中心,研究动线空间的可达、可视、可循情况。于伯谦研究购物中心公共空间中的组构关系,各空间集成度、整合度对顾客空间分布的影响。李莉等通过各量化数字的比值关系诠释购物中心交通空间的可理解度。上述研究均具有一定的研究价值。但空间句法作为理论模型,无法避免未及考虑的触媒因素干扰,因此在理论模型与实际统计的对比研究中,引入影响因子修正具有必要性。

4.1.2 传统商业街理论

传统商业街是由零售业者和服务业者聚集形成的多功能、多业种、多业态的商业聚合体,是一种以历史空间为依托的特殊城市形态。由于本课题关注的是传统商业街中商业功能的保护和激活,遂在空间句法分析中结合商业街相关理论,使研究更全面,更有针对性。在此对涉及商业街的一些研究成果作简要梳理。

1930年提出的"雷利法则"是用于描述不同区域的商业引力,作者William J.提出商品零售区的大小与城市规模相关,这是较早关于商业街的研究。另外,David L. Huff通过分析消费者在商店的行为概率,得出商店距离与消费选择和商品吸引力成正比,魅力值和距离阻力是影响零售业吸引力的关键要素。在魅力值方面,Martineau、Lindquist和中西正雄等学者认为,商业街的魅力值是缩合系数的集聚效应,并不是简单店铺数量的叠加。

我国学者对商业街的研究大致有以下几个方面:①针对不同类型商业街的竞争力及其影响因素,建立评价体系。如马小琴等学者分别对商业街的商业、景观、交通、辅助设施等要素作出评价,量化比例数据。②从人的消费行为心理学研究出发,探讨商业街功能空间人性化问题。如常伟、张道宏从消费行为角度探讨商业街功能定位,赵航基于消费需求研究商业街功能等。③在街区管理方面,多从经济学的角度切入展开研究，试图阐析商业街区的规划和建设与经济管理的相互作用。如陈莉、张光忠等学者的研究。

4.2 研究概述

4.2.1 研究目的

本章运用空间句法软件对传统商业街空间展开研究，有助于量化分析传统商业空间系统的组构逻辑关系，成果最终有效指导与辅助设计。具体研究目的包括：

（1）提取传统商业街构成要素，采用空间句法模拟技术与人流分布实态调研相结合的方式，动态呈现三种不同平面类型的传统街区样本内部的人流具体分布状况及变化趋势，从而反映不同类型传统商业街动线空间要素的差异性。

（2）分析造成计算机模拟和实际统计数据相异的影响因子，研究普适于不同空间类型的传统商业街的多元回归方程，以及较可靠的传统商业街人流预测技术，有助于对传统商业街的人流进行信度较高的模拟，为优化传统商业街的动线设计提出建议，促进人流均衡分布。

（3）通过对传统商业街进行类型化归纳，并对各研究样本空间要素作空间句法特征与具体参数的横向对比分析，总结分析各类型样本空间关系的特点，在可达、可视、可循等层面提出组构关系的优化建议，提升传统商业街整体的经济效益。

4.2.2 研究内容

本章主要对三种不同平面类型的传统商业街的动线空间进行量化研究，具体内容体现在以下方面：

（1）选取三个不同平面类型的传统商业街作为研究样本，通过空间句法软件Depthmap建立分析模型。对三个不同类型的空间形态进行量化研究，采取凸空间划分法、轴线分析法、视域分析法等分析各空间单元具有代表性的空间句法量化参数，探讨三种街区形态在城市区位、商业街内部流线、商业空间均好性、商业空间识别性及商业空间可视性等方面的差异。

（2）对样本的实际人流分布状况进行观测统计，比对软件分析数据与实际观察的人流分布情况。利用ArcGIS进行现状记录并进行空间插值模拟，验证空间句法预测结果的合理性，同时找出导致计算机模拟与实态统计调研数据存在差异的影响因子。

（3）根据比对结果，在分析中引入商业变量，结合SPSS的多元线性回归方程分析修正动线商业性的影响因子，从而建立普适于不同空间类型传统商业街的人流预测方案，并再次与人流实际分布情况作比对，从而提高分析的信度与效度。

4.2.3 空间句法与地理信息系统集成研究方法

空间句法（Space Syntax）分析是一种将现实空间抽象表达为轴线符号的过程，建筑空间依据功能、尺度等方面的差异进行逻辑划分，空间的过渡转化为轴线的连接关系，进而实现整体拓扑计算分析。地理信息系统软件（ArcGIS）是一个集合、存储、处理、分析、三维呈现空间数据的平台，其可将道路、建筑物等地理对象抽象成点、线、面等几何元素来表达，有助于呈现数据精确、综合的三维空间，以及动态分析其递变过程。Space Syntax 与 ArcGIS 的互补将更有效预测和验证数据是否准确合理。一方面，Space Syntax 对空间的分割与连接增强了 ArcGIS 空间分析的逻辑性。另一方面，ArcGIS 从 20 世纪中叶发展至今，不仅具有开放的系统环境，同时具备多元可共享的信息数据库，使得该学科具有开阔的发展运用前景。如基于地理信息系统平台，结合空间句法理论及其运用开发出的分析技术——Axwoman 具有较强的运用性；结合空间句法中凸空间、轴线、视域等要素则可分析具体内容。再者可利用 ArcGIS 内集成的系统分析工具库增强各项基础研究的科学性与开拓性。

4.3　研究可行性分析

4.3.1　传统商业街的空间构成

在传统商业街的布局研究中，最主要的研究是空间要素的"组构"关系，即研究不同类型空间如何通过有序组织连成一个整体，实现有机运作。空间构成从视觉构成要素层面可抽象为点、线、面、体等基本元素（见图4-1）。

"点"空间　　　　"线"空间　　　　　　"面"空间　　　　　　"体"空间

图 4-1　传统商业街空间要素举例（笔者拍摄）

（1）"点"空间

"点"空间包括步行街道两侧端点、交通接驳点、标志物节点，是构成其余空间的基本单元，提示序列空间的开始与结束、延续与集中。作为"一种结构向其余结构转换的关键环节"，"点"常见的几种类型如下：①街道转折点，即街道形态的变化点，起到实现街道空间起承转合的序列作用并具有一定的方向引导功能；②交通枢纽点，是步行游客汇聚的主要位置、人流集散起始点；③标志性节点，用于空间暗示及人流聚集。某些空间节点同时作为商业街的核心节点，是该区域的磁力中心与代表，使周边线性步行空间具有一定方向性。

（2）"线"空间

"线"空间在步行商业街区中主要是街道空间，连接、联系各个点和面，其宽度由街道的断面及两侧建筑界面共同决定。"线"空间横向与纵向尺度差异较大，具有明显的方向性。街区的空间布局由若干条道路组织而成，步行者把若干条道路联系起来，形成关于街道的整体空间意向。而道路的长度、宽度、方向，两侧建筑的组合方式，以及街道空间的尺度比例等都属线性街道空间的内涵。

（3）"面"空间

"面"空间有其边界。商业街的面状空间在原有的线性街道空间的基础上进行扩展，一般为街区中的公共广场、庭院空间，由建筑的侧界面与广场下界面共同形成，多作为街道起点、终点与转折点的开放聚集空间，其空间特征为开放、非均质。传统商业街较新型商业街尺度空间较小，当步行者沿着狭长的街道空间步行至开阔的面状空间，较大的尺度反差容易形成积极的节奏暗示，使人们经过长时间的步行后停顿休憩。因此"面"空间的设置在商业街布局中具有重要的作用。

（4）"体"空间

"体"空间是商业街的主体建筑空间，其体量、尺度、组织形式根据商业街的发展演化而各有不同，与其他构成要素相互组织配合，形成商业街特有的空间布局形态。通过建筑实体不同开放、围合程度的空间，实现街道空间的丰富变化。通过建筑个体与群体、部分与整体关系的"相互协调"，形成街道肌理的空间序列。而商业街的立面设计与空间密度影响了街道空间的个性特征与活跃程度。

4.3.2 传统商业街的商业要素

传统商业街是经济、社会等因素共同作用形成的，多位于城市老城区的中心区域，具备较好的内外综合交通环境，其空间活力亦普遍高于周边区域。除此之外，动线空间（C空间）的标识性、开放程度也对传统商业街的形成起到重要作用。在前期现场调研及文献研究的基础上，笔者将传统商业街商业要素归纳为城市区位、交通流线、动线空间均好性、动线空间可识别性、动线空间可视性五个方面（见图4-2）。

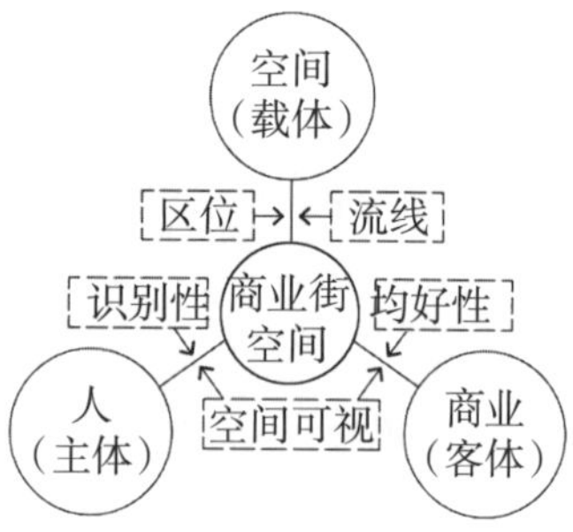

图 4-2 传统商业街商业要素
（笔者分析绘制）

城市区位：依据所在区位（城市中心区、郊区、旧城区、新城区等），不同的商业街在规模、商业结构和空间布局上存在差异。新型商业街多依托于城市现代商圈，其所处区位城市功能复合，便于人流聚集。传统商业空间作为特殊的城市空间，多形成于城市历史中心区，具有历史延续性，其形成与发展综合了城市功能、交通状况及商业效益等各种复杂因素。因其位址原属旧城中心，随着社会发展，其城市功能和商业角色有可能发生偏移，新城市中心应运而生。但旧城中心优越的地理位置、便利的交通环境、成熟的商业氛围等依然是商业竞争的有利因素，可吸引一定的人流汇聚。

交通流线：传统商业街与城市交通紧密相连，内部流线划分为车行与人行两大体系。历史街区改造多保留着交通系统历史脉络，直接影响内部各区的商业可达性。车行交通多与城市外部交通联系，偏重于外部人流的输入，而步行流线系统则关注街区内的动线空间如何引导使用者在各个商业片区流动，实现商业均好。步行的"空"环境与建筑物的"实"围合所达到的开放程度，影响步行者的行为活动与视线穿越，进而影响空间活力。

　　动线空间均好性：商业店铺是传统商业街的实质使用空间，其外部公共空间布局则实现人流的差异性导向，一定程度上影响了整体商业的均好性。因此，本研究主要针对街区中的动线空间（即前文所述的C空间）内不同的街道形态如何兼顾商业环境需求与顾客人流引导，使商业价值充分渗透，达到商业均好。

　　动线空间可识别性：指C空间的空间形态是否有利于顾客形成明确的空间定位，建立心理信息地图。顾客在购物过程中常见有目的性与无目的性消费，有目的性消费导向明确，购买效率高，不追求商业环境体验，而无目的性消费则反之。但不管哪一种，顾客在购物过程中均会无意识地形成商业环境认知地图，明确自身的空间定位，从而进行购物线路预设规划。良好的C空间形态具有较高的空间可识别度，与消费者形成的心理地图相吻合，因此能被顾客有效感知，在空间节点、公开开发空间的处理上也起到积极的引导作用。

　　动线空间可视性：此处的空间可视涉及建筑商铺之间的视线交流、街区的视线开阔程度。不同形态的动线空间中，各商业建筑受关注程度有所不同，进而影响街区特质能否被顾客有效发掘，从而影响整体商业环境的价值。

　　有必要说明的是，这里提取的传统商业街五个商业要素对于激活传统商业街而言是相对显性要素。现代商业街也具备这五个方面的要素，但其作用和意义相对没有那么显要。两者虽有交集相通之处，但所研究关注的侧重点又不尽相同。因此，本书在区别于现代商业街的基础上，对传统商业街的五个商业要素进行剖析。

4.3.3　空间句法研究动线空间的适用性

　　以组构关系为研究对象，空间句法通过轴线和视域单元模拟居民在城市空间的移动情况，进而预测该区域的人流分布情况。本章针对传统商业街C空间的形态特点，采用抽象性的空间轴线，契合步行路径与视域范围进行量化研究。空间句法研究传统商业街的适用性具体体现在以下方面：

　　(1) 适用于传统商业街C空间研究

　　空间句法研究是将实质空间抽象化并加以量化分析的过程，即对城市外部公共环境如城市街道、公共广场等按照一定逻辑进行空间划分，划分后的空间转化为单元点、轴线、凸形面等句法单元，再通过对句法单元组构逻辑的拓扑运算，得到单元的句法参数，揭示其内在的逻辑关系。传统商业街各空间可简化为"点""线""面""体"等基本元素，与空间句法研究的基本研究单元相契合。

　　(2) 适用于传统商业街功能属性研究

　　空间句法的核心研究在于实现空间的标准量化后，建立城市空间、社会现象、功能属性三者的逻辑关系。传统商业街由历史建筑群发展而成，如何利用现有城市空间，实现旧功能退出、新功能置入，引导社会现象的发生，是决定该片区活力优劣的关键。空间句法可通过两类研究手段探讨三者的关系。第一类是将具体空间抽象化，进行句法运算，建立空间属性数据与社会想象的逻辑关系。第二类是将传统商业街C空间细分为若干单元数据点，通过各数据点的整体视域研究，分析空间商业价值分区与实体空间、店铺的关联，调整功能布局获取更多利益。

（3）适用于传统商业街空间类型研究

整体系统与局部结构是如何有机联系及其核心逻辑，是"组构关系"的重要研究对象。传统商业街C空间形态可划分为若干种类型，不同类型的差异不仅在于组织方式的不同，还暗含内在的系统联系密切程度的不同。研究C空间的组构关系着眼于全局系统，建立整体与局部的量化数值关系。空间句法通过对"整合度""相关度"的运算，实现结构系统的量化表达，从对比分析中可知各空间类型的内在差异。

4.3.4 传统商业街要素的转译

通过上文论述，空间句法基础理论适用于传统商业街的研究，因此本章对传统商业空间五要素的研究将从定性层面转化到定量层面，从城市、区域、街区等不同层次进行分析，建立起空间句法与各要素的一一对应关系，奠定量化数据的理论基础（见图4-3）。

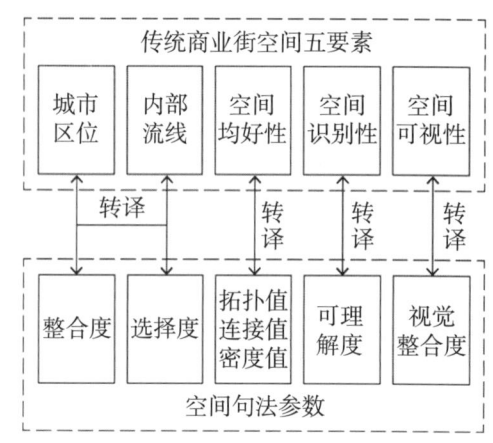

图4-3 传统商业街空间特征转译
（笔者分析绘制）

（1）城市区位转译

传统商业街作为城市空间的重要组成部分之一，伴随着旧城更新呈现出新的面貌，具有其特定的城市区位特点。整合度（简称Rn）在空间句法理论中用于衡量同一系统下局部之于整体的交通可达性。传统商业街D空间存在城市尺度与街区尺度，两者研究范围存在较大差异。整合度针对不同研究范围可以划分为全局与局部两个层面。基于城市区域尺度的全局整合度，研究D空间系统各城市片区的可达性，整合度数值与车流交通可达性呈现正相关。而基于地块尺度的局部整合度研究范围较小，整合度的高低与人流交通可达性密切相关。本研究结合全局整合度与局部整合度，揭示传统商业街的地理区位对其形成和发展的促进作用。

（2）内部流线转译

日常生活中，城市居民会根据目的地远近选择出行方式，而在路线规划的过程中，会有意识地依据各处的交通环境，筛选出便捷、快速的路线。因此，对于城市交通路线的选择度分析具有重要意义。内部流线选择度（简称CH）的高低直接影响着其对外围交通的吸引力。整合度与选择度的研究内容存在区别，前者分析城市某空间单元的交通可达性，后者偏重分析空间流线对外部交通的吸引力。两者共同构成了城市空间交通单元交通能力的评判标准。传统商业街与城市联系的紧密程度和对外连接的交通类型、数量有很大关联。因此，选择度分析有利于研究传统商业街内外交通模式组织的优劣情况。

（3）空间均好性转译

传统商业街与现代商业街在商业动线上具有较大差异，差异往往表现在动线多样性、动线复杂性、交通密度上。连接值（简称CN）、轴线密度（简称AD）是空间句法中用于描述交通结构、形态特征的参数。前者以某一空间为开端，统计该空间与其余空间连接数目，其数值大小反映该空间对其他空间的渗透能力。轴线密度指单位面积下的城市轴线数值，轴线密度越大，其区域覆盖率越高。相对于统筹规划的新城市建设，传统商业街区使用功能较为复杂多样，发展较早，人口密度较大，因此往往具有更高的轴线密度，表现出区域中心的空间特征，因此被称为"核心街区"。

（4）空间识别性转译

传统商业街遵循着原有的街区尺度，其建筑元素与空间形态等较为相似，城市居民步行其间能感受到特有的场所氛围，说明此空间具有较高的可识别度。可理解度（简称R^2）是空间句法理论中用于描述人辨析其穿行空间难易程度的重要参数。换而言之，若通过对局部空间的感知能有效预测其余区域的空间特征，则表明该空间易为人所熟知掌握。可理解度的高低侧面体现整体空间是否易被预测感知。

另外，拓扑深度（简称TD）是空间句法中用于描述从某一空间单元出发探索其他空间单元难易程度的参数。市民对于目的空间的探索意愿会随着到达该空间所需要的空间转换次数而发生变化，总体呈现负相关趋势。因此，以城市空间进入传统商业街的节点为开端，其拓扑深度大小直接表现为市民探索商业街的整体可行性。同时，对不同交通类型传统商业街进行横向比较，有助于研究不同形态结构下的整体商业效益。

（5）空间可视性转译

从二维传统商业街图底关系中可知，街道C空间（动线空间）与建筑A空间（商铺空间）相互限定，相互依存。过渡到三维层面，建筑A空间相互组合，形成连续的C空间街区界面，视觉得以延伸。视觉整合度（简称VI）、视域聚合系数（简称VCC）是空间句法中用于进行视域研究的参数，前者用于描述空间单元吸引周边视线关注能力的高低，后者用于描述空间边界与步行者视觉限定强弱。通过以上两个参数共同衡量传统商业街的A空间界面的可视情况。

4.4 研究技术路线

4.4.1 研究步骤

本书对传统商业街的空间研究可分为四个主要阶段。

4.4.1.1 阶段一：传统商业街要素的空间句法转译

从城市宏观层面建立样本所在区位环境模型，以样本为中心将其内部与外围的城市交通抽象为轴线。由轴线围合而成的区域是城市地块，轴线与轴线的交汇处是城市空间节点，由此生成一个由点、线、面等元素共组的空间句法模型。

4.4.1.2 阶段二：传统商业街要素的空间句法量化

此阶段主要是基于上一阶段所得的空间句法模型进行参数量化分析，分别从城市层面与商业街区层面展开研究。城市层面主要是通过全局整合度、全局选择度等对样本的区位条件、外部交通环境等展开分析。商业街区层面则通过局部整合度、局部选择度、轴线密度、拓扑深度等参数进行量化分析,研究街区各空间单元间的组构关系以及街区的具体功能与空间属性。

4.4.1.3 阶段三:不同类型传统商业街的横向对比

分别从城市区位、内部流线、空间均好性、空间识别性及空间可视性这五个方面对传统商业街展开横向对比研究,分析不同类型的传统商业街样本的特点,并针对各样本的缺点提出优化策略。

4.4.1.4 阶段四:优化传统商业街空间句法模型

对比地理信息系统统计的实际数据与空间句法模型得出的参数数据,分析两者的差异。据此提出影响模拟预测的干扰因子,并利用SPSS建立多元线性回归模型,验证影响因子引入的合理性,优化预测模型。

4.4.2 研究样本的选取

4.4.2.1 样本选取原则

本章节的传统商业街研究样本是基于前文的样本框,通过建立相关原则,对比分析筛选而得。样本选取主要原则有以下三点:

(1)样本规模合理原则

传统商业街样本应该具有一定的代表性与规模,在城市空间中对周边的人流、车流、城市资源等具有足够的吸引力。其自身结构系统亦相对成熟,整体处于一个相对稳定的时期。

(2)类型相异原则

传统商业街根据平面布局不同可区分为三种类型,即网络形街区、树形街区、梳形街区。我们的研究应涵盖所有类型,并进行空间句法量化数据比较,才能使研究结论更具普适性。

(3)经营阶段相当原则

由商业运营理论可知,商圈的成熟过程可分为4个主要阶段,分别是形成期、培育期、成长期、成熟期。因此在选择过程中,应该剔除仍处于形成期或培育期、商业人流并不充足的样本,选取商业运营相对成熟的研究案例。

4.4.2.2 研究样本的确定

依据样本选取原则,从样本框中筛选出三个具有代表性的研究案例,详见表4-1、表4-2、表4-3。

表4-1 样本SXJ-GZ简介

内容	指标	城市区位	交通现状
样本类型	树形街区(主街+次街+辅巷)		
建筑类型	联排骑楼建筑		
总店铺数	300多间		
街道总长	1237m		

第4章 传统商业街动线空间句法分析及商业适宜判断

续表

内容	指标	城市区位	交通现状
外围交通	连接地铁口处是主要的人流出口		
主街数	2条		
次街数	35条		
交通体系	人车分流		
建筑层数	2~4层		
研究样本建模			
样本简介	位于广州市荔湾区，属过去西关一带，是广州市三大传统繁荣商业中心之一，东起上下九路，西至第十甫路西，横贯宝华路、文昌路		

表4-2 样本LNTD-FS简介

内容	指标	城市区位	交通现状
样本类型	网络形街区		
建筑类型	商业独栋建筑		
总店铺数	47间		
总建筑面积	22571m²		
主街数	2条（东西向与南北向）		
次街及巷道数	36条（东西向13条，南北向23条）		
交通体系	人车分流（外围是车道，内部是非规整人行道，西入口临近地铁与文化景区，是主要入口）		
历史文保	27处（省级1处，国家级2处）		
建筑层数	1~3层		
研究样本建模			

续表

内容	指标	城市区位	交通现状
样本简介	位于佛山市禅城区祖庙东华里中心地段，该地段是佛山古建筑群保护区域，同时也是佛山的商业核心区域。东华里片区旧城改造保存了佛山古城的风貌及岭南建筑特色，巧妙地加入了现代设计理念，空间尺度变化丰富，集商业、文化、娱乐、休闲于一体，形成一定规模的街区		

表 4-3 样本YD-GZ简介

内容	指标	城市区位	交通现状
样本类型	梳形街区		
建筑类型	联排骑楼建筑群		
总店铺数	100多间		
街道长宽	长1157m，宽15~17m		
交通体系	外围六条南北向城市支路沿线接入，内部人车混行（步行空间集中在骑楼内部）		
主街数	1条		
次街数	7条		
建筑层数	2~4层		
研究样本建模			
样本简介	作为广州市具有一定规模的专业销售街，主要商品为玩具、工艺品（街区东部）、海鲜干货、干果（街区西部）等，中段保留一处全国重点文物保护单位——圣心石室大教堂，具有较大的人群吸引力。街区依托原有城市交通发展，基本保留原有街道界面尺度，商业主要分布在一德路沿线，支路布局较为分散		

4.4.3 研究样本空间句法轴网的建立

空间句法轴网模型是依据城市交通系统建立的，但在无明显边界的交通系统中，需要首先设定一个合理且满足分析精度要求的研究范围。在空间句法理论中，研究样本处于相对中心位置，其交通轴线研究范围可存在一个相对清晰的模型边界及缓冲区域，满足相关空间句法参数的运算。因此，以《城市交通》一文中主要交通方式的单位时间出行距离作为参考（见表4-4），分析车行、骑行、步行三种主要出行方式形成的辐射区。出行时间以1h计，对比分析不同辐射区的范围发现，步行方式覆盖面积最少，仅为9～25km²，可形成闭合的轴线分析模型。

表4-4 城市主要出行方式单位时间出行距离

出行时间 \ 出行方式 出行距离	车行	骑行	步行
10min	1.5～3km	1～2km	0.5km
30min	10～25km	3～5km	1.5～2.5km
1h	20～50km	10～15km	3～5km

（资料来源：笔者根据《城市交通》相关数据改制）

空间句法轴网模型绘制应同时遵循以下几点原则：

（1）毗邻的江河、山丘等自然地理因素可选定作为模型缓冲区域的边界限定（见图4-4）。

（2）城市快速交通、轨道交通可作为模型缓冲区域的边界限定。

（3）轴线的选择以城市主干道、次干道、支路为主，排除生活性辅路等。

（4）传统商业街内的轴网研究，分别选取车行与步行两个层次的系统进行研究。

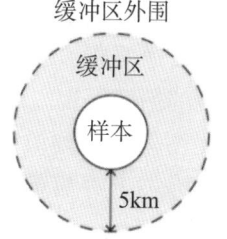

图4-4 传统商业街空间缓冲区
（笔者分析绘制）

基于以上原则，对三个研究样本进行两个层次的轴网模型构建，具体如下：

（1）SXJ-GZ树形传统商业街位于广州荔湾区旧城中心区域，周边交通密度较大，流通便捷，受珠江水系影响，城市道路有与之相呼应的趋势，呈现不规则布局形式。研究样本与原有周边城市道路交通紧密相接，浑然一体，形成较为统一的城市肌理，道路交通密度均匀。上九路与下九路组成东西贯穿的横轴，康王南路则从横轴中部下穿而过，相关支路主要呈南北向分布，与横向主轴紧密垂直衔接。该街区经过一百余年的发展，虽然多次进行街区改造、商户整顿、商圈升级，仍然保留着原有主体结构，形成与旧城相互渗透、逐步延伸交织的街区空间形态，具体轴线图见表4-5。

表4-5 SXJ-GZ树形轴线模型统计分析

样本缓冲区面积	81km²	步行轴线数量	68
缓冲区辐射半径	5km	车行轴线数量	15

续表

| 缓冲区轴线总数量 | 3769 | 传统商业街研究范围面积 | ≈0.203km² |

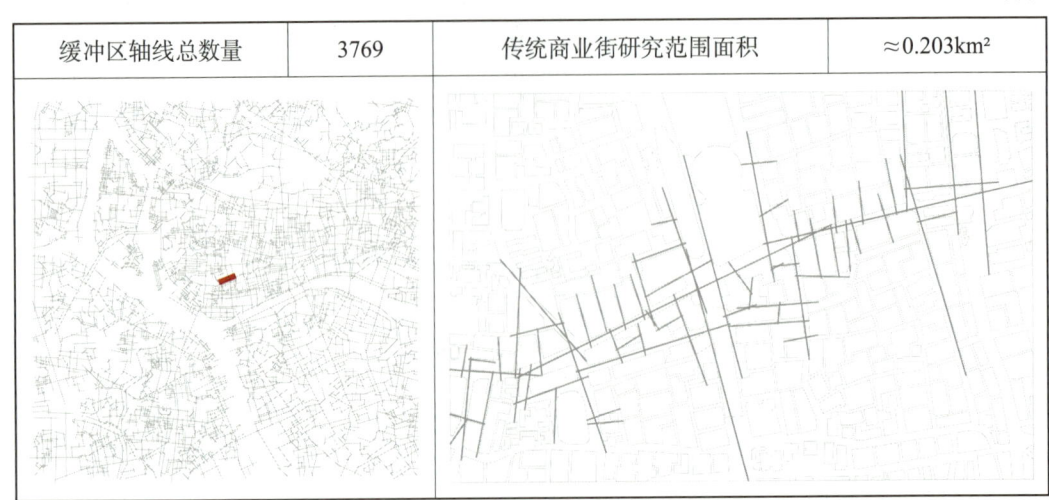

(资料来源:作者根据卫星地图与现场调研绘制)

(2)LNTD-FS网络形传统商业街位于佛山旧城核心区域,毗邻佛山祖庙历史建筑群。街区仍保持原有自发式街巷肌理,道路轴网密度相对城市其他区域较大,空间肌理形式多样。与城区衔接道路布局较为规整,其东、西、南、北端与城市交通干道联系较为紧密,交通便捷,形成里外嵌套的道路空间格局。旧城区域新建项目较多,呈现新老建筑交替的街区面貌。样本外部环以城市道路,为车行交通系统,西、北两侧的公共停车场满足游客日常到访需要;样本内部均为人行交通系统,南北向轴线划分出东西两大片区,东西向亦有街区轴线相衔接。整体实现人车分流,互不干扰,具体轴网见表4-6。

表4-6 LNTD-FS网络形轴线模型统计分析

样本缓冲区面积	65.262km²	步行轴线数量	76
缓冲区辐射半径	5km	车行轴线数量	8
缓冲区轴线总数量	2331	传统商业街研究范围面积	≈0.055km²

(资料来源:作者根据卫星地图与现场调研绘制)

（3）YD-GZ梳形传统商业街与SXJ-GZ样本的城市区位相近，与珠江水系相互平行，具有相似的交通区位特征，道路密度较前两个样本低。沿东西方向贯穿的一德路为主轴，两侧接入人民南路、解放南路等城市快速交通干道，南北方向与城市次要交通道路衔接，商业街区整体采用人车混行模式。样本中部有地铁站，人流量较大。道路两侧建筑依然保留传统骑楼式建筑形态，一层空间为市民步行空间与店铺送货通道，交通流线存在相互干扰的情况，具体轴网见表4-7。

表4-7 YD-GZ梳形轴线模型统计分析

样本缓冲区面积	81.249km²	步行轴线数量	22
缓冲区辐射半径	5km	车行轴线数量	19
缓冲区轴线总数量	4314	传统商业街研究范围面积	≈0.172km²

（资料来源：作者根据卫星地图与现场调研绘制）

4.5 基于空间句法技术的传统商业街商业性分析

4.5.1 传统商业街C空间的商业均好性研究

动线空间（C空间）的商业均好性是街区内商业价值最大化、最优化的重要体现。良好的氛围环境、持续的顾客流动、活跃的商业展示均是商业均好性的表象性体现。空间句法通过引入连接值、拓扑深度、轴线密度等参数，量化商业街的空间形态，揭示各空间的组构逻辑关系，实现对商业均好性更深层次的解读。

4.5.1.1 连接值分析

传统商业街C空间的轴线分析中，采用连接值反映某一空间单元与其他空间联系的紧密程度，即发生直接联系的空间数目。连接值越大表明与该空间相连的空间数目越多，商业人流的选择机会较多，同时说明自身被选择的几率也会增加；反之当空间连接值较小时，则表明其较少被商业人流察觉，顾客聚散、流动的可能性较小，不利于提升商业曝光率。

传统商业街空间形态特征主要表现为以下两方面：

（1）选取各样本C空间作为研究对象，对空间单元的连接值进行加权平均与空间句法参数运算，并进行研究样本的横向对比分析，得出C空间形态在商业均好性上的具体表现。

对比分析三类传统商业街区的连接值统计数据可知（见表4-8），三者最大连接值水平相近，SXJ-GZ因其二级、三级支路众多，最大连接值和核心连接值比值均居首，街道轴线的平均连接值居中，反映该街区对核心轴线依赖度较高，但街区各空间单元联系紧密程度适中。LNTD-FS网络形传统商业街区核心连接值比值最低，反映该街区各轴线均承担一定的交通职能，街区各空间联系紧密，商业渗透程度较为理想。YD-GZ核心连接值比值亦处于较高水平，核心轴线地位突出，但其二级支路多为城市交通道路，存在相应的局限性，故其最大连接值处于最低水平，各空间联系紧密程度较低。

表4-8　三个传统商业街样本连接值统计数据

传统商业街样本	SXJ-GZ树形街区	LNTD-FS网络形街区	YD-GZ梳形街区
街道轴线的平均连接值	3.17	5.1	2.36
最大连接值	24	21	17
核心连接值比值	7.57	4.12	7.2

（2）选取各样本C空间作为研究对象，连接值较高的空间单元具有汇聚人流的特点，在商业效益上具有整合优势，样本轴线连接度模型见表4-9。

表4-9　样本轴线连接度模型

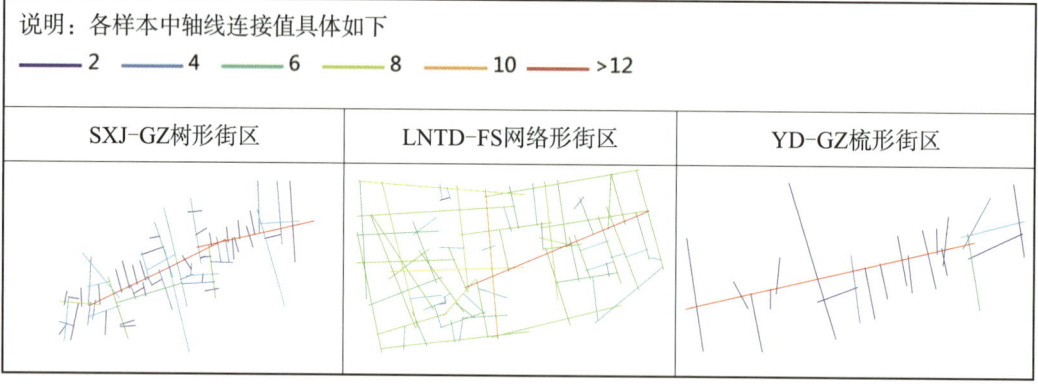

（资料来源：作者分析绘制）

SXJ-GZ树形传统商业街连接度最高区域为上九路与下九路两侧，商业优势明显，中部二级轴线连接度高于两侧，反映该商业街区存在相应的核心区域，商业空间连接度高。

LNTD-FS网络形传统商业街各轴线的连接度相近，核心轴线覆盖区域广阔，步行空间的可达性与经过性呈正相关，街区整体共享商业活力，商业优势明显。

YD-GZ梳形传统商业街核心轴线地位较高，但二级支路的连接度均处于较低水平，实现商业联系的交通路线相对单一,不利于核心轴线上的商业人流往两侧扩散。右侧轴线连接度优于左侧。

4.5.1.2 轴线密度分析

传统商业街街道疏密情况可以通过C空间轴线密度进行分析,通过研究不同轴线密度区域与其现有功能的对应关系,可发掘出研究样本中具有商业价值的待开发区域。统计合理的车行与人行可达范围内的轴线数量,得出轴网密度较高区域的具体分布情况。该区域被称之为"核心街区"。

部分传统商业街C空间具有独立的车行系统,并与城市区域交通无缝对接。城市交通密度从市中心到郊区逐步降低。三个案例的车行轴线密度均处于较高的水平,反映研究案例均处于城市相对核心区域,具有较好的车行交通通达性。对比样本的步行轴线密度可知(见表4-10),LNTD-FS的步行轴线密度远高于其余两者,反映该样本的步行交通覆盖率较高,步行系统更为完备;SXJ-GZ次之,步行系统处于适中水平;YD-GZ步行系统并不理想,需要重新统筹规划步行空间,引导人流,激发沿街个体商业活力。步行与车行轴线密度比值可用于分析样本对步行系统的偏重程度。LNTD-FS的比值最高,以步行交通为主导,体现步行商业街区的特征;SXJ-GZ兼顾了车行交通系统与步行交通系统的衔接;YD-GZ的比值最低,反映该商业街区对车行交通系统的依赖。研究数据与实际情况相吻合,前两者均实现车行交通到步行交通的快速转换,交通系统高效、有序。街区内人车混杂会极大影响步行体验。

表4-10 三个传统商业街样本轴线密度统计数据

传统商业街样本	SXJ-GZ树形街区	LNTD-FS网络形街区	YD-GZ梳形街区
传统商业街面积(km²)	≈0.203	≈0.055	≈0.172
步行轴线数量(条)	68	76	22
步行轴线密度(条/km²)	335	1382	128
车行轴线数量(条)	19	8	19
车行轴线密度(条/km²)	94	146	111
步行与车行轴线密度比值	3.56	9.47	1.15

4.5.1.3 传统商业街C空间的商业均好性特征小结

(1)网络形传统商业街C空间的空间句法模型中,步行与车行轴线密度比值最大,显示其以步行交通为主的空间尺度,具有较好的街区步行体验及开阔的商业辐射面。梳形传统历史商业街依赖车行交通系统,缺乏小尺度的步行空间,步行体验较差,商业均好性欠佳。树形街区商业均好性处于适中的水平。

(2)网络形传统商业街C空间各轴线连接值差异较大,具体表现为空间形态丰富多样,具有较好的商业体验。

(3)树形、梳形研究样本存在核心轴线,有利于商业沿街分布,更容易促进良好空间氛围的形成，但是其空间形态、步行结构较为单一，空间过渡较为常规，体验一般。

值得一提的是，据现场实际调研，人们在传统商业街中习惯于在单向穿行过程中随机向左右变换行进路线，较少会折回某个节点。因此，动线回环度这一指标的价值不明显。开放自由生长的特点，使得传统商业街区具有较好的自我调节和修复能力，当人流量日渐增大，梳形商业街区的主街会向两侧巷道延伸，进而过渡到次街，逐渐拓展成树形和网络形。如果不考虑各种交通捷径导致的人流渗漏，道路两侧绝大多数商铺在交通条件和人流量方面相当。

4.5.2 传统商业街空间的空间识别性研究

现代城市中的商业建筑类型丰富多样，业态不一，覆盖建筑单体和建筑群体两个层面，建筑规模存在较大差异。在商业氛围营造上，其公共空间的塑造具有重要作用，空间体验是顾客对建筑整体环境进行评价的重要标准。当传统商业街公共空间具有较高的可识别性时，顾客往往更容易掌握其所在位置。因此，注重外部公共空间的形态与尺度将有助于引导顾客顺利完成购物。

对于空间可识别性，空间句法中采用可理解度、拓扑深度、轴网形态等参数进行描述。可理解度是以人的实际活动及对空间的直观理解作为切入点，衡量由局部空间推断整体空间难易程度的参数。当顾客在传统商业街C空间中能较为清晰地掌握其所处的位置或较容易就摸清局部空间和整体空间的联系，就可认为该空间可理解度较高。拓扑深度是指在空间有限的街区内，以起始街道作为开端，到达其余任一空间所需要进行转换的次数。拓扑值越大表示需要进行更多次的空间转换。换而言之，当某一商业街的拓扑值过大意味着顾客必须经历繁复冗长的步行才能完成全面探索。轴线形态由C空间与实体空间有机整合而成，其体现公共空间的渗透性，影响疏散及引导人流的效果。

4.5.2.1 可理解度分析

希利尔教授在《空间是机器》一书中指出空间中整体变量与局部变量的关系可通过"可理解度"进行描述。从城市角度进行思考，市民对城市的整体印象会在一次次的环境探索、认知累积中逐步形成。但整体印象形成过程易受城市的统一性与多样性影响。对于小范围的环境，一个场所能否被人掌握是衡量空间亲和度的重要标准。位于传统商业街的步行者优先考虑前往他所熟知的空间场所。因此，步行者能否顺利穿越实体空间到达目的地，空间被熟知、被理解程度将起到重要作用。具体而言，依据街道空间序列展开的步行活动，可抽象为在感知街道空间轴线的情况下行进。

空间被熟知的难易程度体现为空间使用者以小见大、以局部洞知整体的能力。通过可理解度参数，分析整体变量与局部变量的相关性。当两者相关性高，表明对应的空间具有较高的可理解度。

可理解度高的空间具有以下特征：①空间尺度、形态等具有较高的一致性，步行于空间中能形成较好的整体空间意象。②通过短时间的步行与观察，能对未知空间进行有效的预测，形成心理感知地图，指导自身的空间探索。可理解度高的空间较容易获得步行者认同。反之可理解度低的空间形态多样，尺度不一，不利于步行者感知位置，其余空间形态也较难预测。

利用深度地图软件建立起各研究样本的 RN-CN 相关性散点图，其拟合曲线的回归系数 R^2 被称为空间可理解度，即 R^2 是全局变量与局部变量关联度系数，R^2 数值范围及其含义见表 4-11。横向对比分析三个传统商业街的散点图可知，YD-GZ 样本的回归系数值约为 0.94，即商业街局部与整体的相关性较高，一德路作为核心轴线具有较高的可识别性，其他各支路空间形态相近。顾客容易由局部空间感知整体空间，同时掌握自身在商业街的位置，识别需要达到的空间位置，控制行进方向。LNTD-FS 样本回归系数值较低，表明顾客位于该街道内难以清晰定位，易迷失。该结果与该样本延续传统建筑自由布局形态，顺应街巷空间轴线有一定关联。SXJ-GZ 样本 R^2 值介于前两者之间，空间可理解度适中，除上九路与下九路外，其余二级支路呈现端头式与循环式空间布局形态，顾客需要步行一定距离才能摸清其所处位置。

表 4-11　回归系数 R^2 值含义及样本散点图

R^2 值处于 0.7~1.0	R^2 值处于 0.6~0.7	R^2 值处于 0~0.6
局部空间充分反映全局空间	局部空间较好反映全局空间	局部空间未能反映全局空间
可理解度高	可理解度中	可理解度低

SXJ-GZ 树形传统商业街 回归系数 R^2=0.617009 可拟合曲线 $y=605.798x-965.149$	
LNTD-FS 网络形传统商业街 回归系数 R^2=0.567369 可拟合曲线 $y=492.77x-765.907$	

续表

YD-GZ梳形传统商业街	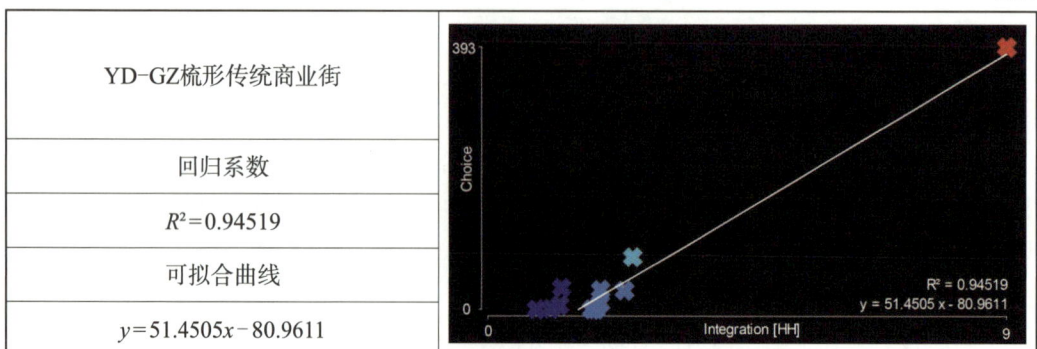
回归系数	
$R^2=0.94519$	
可拟合曲线	
$y=51.4505x-80.9611$	

基于上述三个样本的可理解度数值，对街区的空间可识别度作小结：

（1）网络形传统商业街的空间可识别度较低，反映其内部交通组织形式多样，交通空间连接方式各异。其公共空间、街道空间的空间形态与尺度亦较多。因此，顾客较难依据局部空间建立关于整体空间的心理地图。虽不利于实现空间定位，但有助于形成区别于树形与梳形街区的丰富空间体验，提高传统商业街的趣味性。

（2）梳形传统商业街的一级交通轴线仅1条，同时交通空间的交接只存在十字与丁字路口两种形式，均位于一级交通轴线上。另外，不同交通等级的街道尺度较为统一，完整的交通空间形态亦规整有序。因此，各空间形态具有较高的相似度，顾客容易形成心理地图，展开探索。

在提升空间可识别度方面，以下几点值得关注：

（1）传统商业街以自组织方式，历时变化，逐步生长而成，其形成和建设自觉或不自觉地围绕着有利于商业街整体营商氛围而进行。在这个意义上，尽管不同骑楼风格相近，仍可以根据店铺方位判断。

（2）传统街区内的古树、雕塑、建筑古迹、传统老字号店铺等，是提升街区空间可识别度的关键所在。在实际调研中发现，传统商业街的穿衣戴帽及粉饰一新，不同程度地导致空间可识别度降低。

（3）传统商业街区清晰的空间结构和空间秩序，配合相应的街区尺度，有利于步行者感知并把握整体空间。

（4）公共空间与街道空间界面的多样性容易形成丰富的视觉体验，但是过于复杂的空间界面容易导致步行者在空间感受上的混乱与无所适从。因此，我们需要兼顾空间形态的统一与多样，取得两者间的平衡。

4.5.2.2 拓扑深度分析

外围公共交通到达传统商业街的难易程度常与公共出入口位置有重要关系，常见出入口选在交叉路口、主要交通端部、公共交通枢纽点等（见图4-5）。位于城市中心的传统商业街区，其出口的数量往往高于周边区域。街区入口可分为车行与人行入口，两者的数量关系应该综合考虑，高效的交通模式不仅能实现人车有效流动，更有利于营造良好的步行环境。

标志性入口　　　　　　　　　　　　　公交车站

图 4-5　拓扑开端实景图（作者拍摄）

研究分析顾客通过传统商业街不同位置的入口进入街区步行并实现街区覆盖的能力。空间句法中采用"拓扑深度"参数研究在有限空间内以某空间为起点探索其余空间的难易程度。对于消费者而言，到达传统商业街的具体位置与其采用的交通方式具有重要关系。从实地调研中发现，城市人流与商流的转换多发生在标志性入口、地铁、公交站点、公共停车场等。因此，研究上述各点在各样本区域内的具体分布情况，并将其分别作为起始点进行拓扑深度全局计算。拓扑深度值与交通系统的复杂程度往往呈正相关趋势。拟定传统商业街标志性入口、公交站、地铁站及停车场为起始点，计算各研究样本内的拓扑深度模型，发掘街区内拓扑深度较大的区域并提出改善措施（见表 4-12）。

表 4-12　传统商业街拓扑深度模型

说明：各轴线拓扑数值与注释颜色一一对应 —— 0　—— 1　—— 2　—— 3　● 标志性入口　● 公交站及停车场　◎ 地铁站点			
	SXJ-GZ树形街区	LNTD-FS网络形街区	YD-GZ梳形街区
标志性入口	3	4	2
公交站点	7	0	5
地铁站点	0	0	1
公共停车场	3	3	3

SXJ-GZ 样本属于自发形成的商业街区，其东、南、北侧设置有标志性商业街入口，上九路、文昌路、德星路沿线设置有公交车站点。以上述要素为开端，分析该样本

全局轴线拓扑深度。由以上分析可得，SXJ-GZ样本东片区道路轴线的拓扑深度优于西片区，可经1次拓扑空间转换完成大部分商业街区的空间探索，西侧部分街区需要经过2～3次拓扑空间转换，商业空间可达性欠佳。

LNTD-FS样本属于依托传统历史建筑群改造形成的商业街，其四侧均有标志性入口，西、南、北三面紧邻大型停车场，便于城市商业车辆停靠。通过拓扑空间计算分析可得，经过1次拓扑空间转换即能到达该街区的大部分区域，位于西南角与东南角的部分巷道空间需经过2～3次拓扑空间转换。分析表明，该样本全局拓扑深度值较低，顾客在较少空间转换的情况下便能完成整个商业街的探索。

YD-GZ样本东西两侧进入商业街的入口并不明显，因结合城市道路展开布局，一德路、海珠南路沿线共设有6个公交站点，同时地铁站位于一德路中部，为该街区带来大量人流。以上述节点为开端分析该样本的整体拓扑深度可知，该样本交通系统高效，大部分街道的探索只需要进行1次拓扑空间转换即可，为三个样本最佳者。

通过以上拓扑深度分析，可以得出以下结论：

（1）树形、网络形、梳形三种传统商业街的街巷空间拓扑深度值均较低，通过1～3次拓扑空间转换即能完成商业街的探索。

（2）结合传统商业街的交通布局，合理布置车行系统，在街区内部设置公交车站、停车场等触媒点，将有效降低内部街巷空间的拓扑深度。

4.5.2.3 高整合度道路关联分析

传统商业街的功能布局与商业价值的具体分布有密切的关系。传统商业街有主力商店、历史建筑等对顾客具有较强吸引力的业态。因此，通过对比分析各样本的整合度、选择度轴线模型与主力业态的关系有助于发掘其内在逻辑关系。研究SXJ-GZ商业价值与轴线关系，通过对建筑布局图与全局整合度轴线图的叠加分析（见表4-13）可知，具有一定规模的主力商店，其分布具有较为相似的空间特征。从实际调研中我们发现下九路的主力商店有9家，分别为荔湾名食家、莲香楼、周大福、广州酒家、西门町商场、东方汇、东急新天地购物广场、新华书店、陶陶居。而上九路的主力商店相对较少，多

表4-13 SXJ-GZ树形传统商业街商业功能布局分析

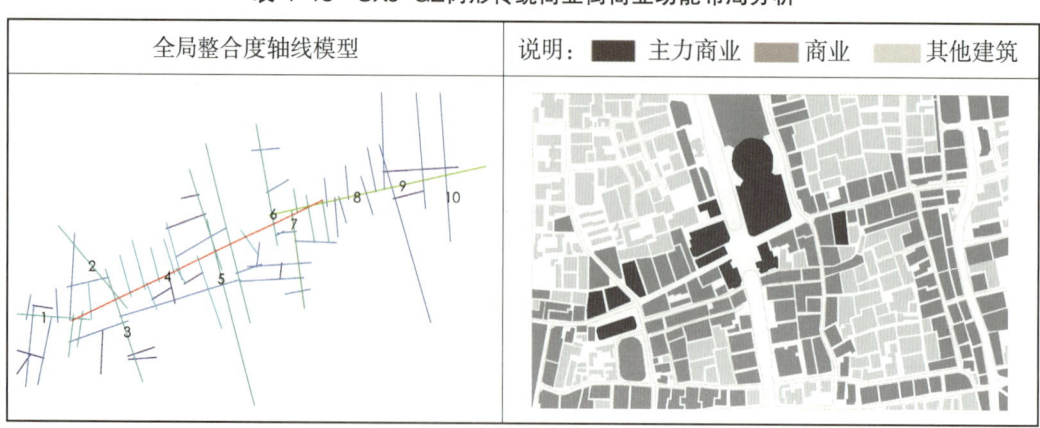

（注：RN值4>8>7>5>1>6>3>2>9>10）

为小型商业门店。康王南路亦分布少量主力业态如华林珠宝城等。下九路的商业氛围优于上九路，与空间句法模型中RN数值比较分析结果具有极高的吻合度，4号轴线RN值为4.74，8号轴线次之，为3.065，而2、3号轴线RN值处于平均水平，实际布局有中型商业店铺，RN值较低的轴线沿线均为小型商业店铺。其中与RN值较高轴线相连的街巷吸引小型商业店铺汇聚，沿巷经商情况较为普遍。

通过叠加分析LNTD-FS样本的建筑布局图与全局整合度轴线图可知（见表4-14），该样本的主力店并没有呈现轴线分布模式，而是无规则地布置于整个地块中。其中入口处的1、2、3、4号轴线两侧分布多个主力商店与公共建筑，如满记甜品、星巴克、哈根达斯、冰雪天地、喷泉水池、简氏别墅等，5号轴线两侧主力店数目相对较少，有太平洋咖啡、明信老铺、市集广场等，6、7、8、9号轴线一侧多为中型餐饮店，10号轴线业态相对较单一，多为服装店、小型餐饮店。主力店的分布未与建筑布局一一对应，2、3、4号轴线RN值较高，主力商业集中明显；1号轴线受标志性入口与祖庙历史建筑等因素影响，主力商业较丰富；5号轴线RN值最大，但其商业情况未如预期；6、7、8、9、10号轴线上分布业态单一，号召力不理想，与RN值分析结果相吻合。

表4-14　LNTD-FS网络形传统商业街商业功能布局分析

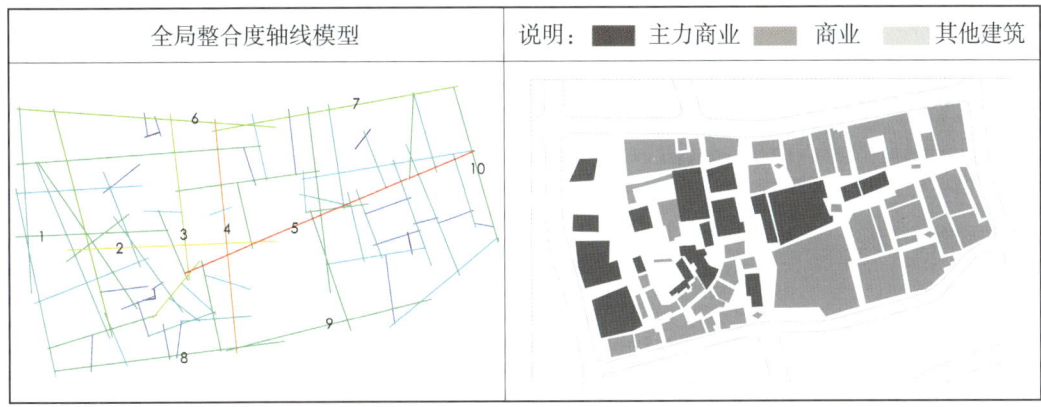

（注：RN值5＞4＞2＞3＞6＞7＞8＞1＞9＞10）

通过叠加分析YD-GZ样本的建筑布局图与全局整合度轴线图可知（见表4-15），该样本2号轴线两侧多为中型集销商业，1号轴线东南侧有越秀儿童公园，7号轴线东侧有大型商业区万菱广场、德宝交易广场，6号轴线北端为圣心石室教堂。该传统商业街业态均属集销型，故商业街内不存在主力商业。集销业态数量与RN值呈正相关，2号轴线RN值最大，7号轴线次之，亦分布有大型商业广场，3、4、5、6号轴线亦有集销商业沿线渗透，1、9、10号轴线RN值属于较低水平，实际调研发现轴线两侧商业氛围较差。

表 4-15 YD-GZ梳形传统商业街商业功能布局分析

全局整合度轴线模型	说明： ■ 主力商业 ■ 商业 ▢ 其他建筑

（注：RN值2>7>3>4>1、5、6>9>8>10）

4.5.3 传统商业街空间的视线可达性问题研究

4.5.3.1 公共空间视域分析

在传统商业街步行的过程中，顾客往往选择易被发现的商业空间进行光顾，因此视觉的可达对目的地的选择具有重要影响。视线延伸的距离受到两侧建筑实体的相隔聚集及实体的封闭程度所限定。同时，公共广场空间的引入有利于视线的延伸。因此，对公共空间视域的分析研究，有助于揭示不同尺度的传统商业街区的视域优劣性。

对于传统商业街C空间界面的研究，需要在步行视角下进行。受多种因素限定，其视觉感受较大程度上取决于周边建筑界面的连续性。空间句法中采用视域聚合界面参数描述视觉限定的强弱情况，有助于发掘样本中引导性与聚集性空间的具体分布情况。而另外一个参数视域整合度则用于探讨公共空间使用情况。通过对比分析三种不同类型的研究案例，总结出传统商业街功能布局的空间特点。

对于三个传统商业街样本的视域整合度特征分析如下（见表4-16）：

表 4-16 三个传统商业街样本视域整合度特征分析

SXJ-GZ树形传统商业街	LNTD-FS网络形传统商业街	YD-GZ梳形传统商业街

（1）SXJ-GZ样本：位于上九路与下九路的轴线空间具有较高的视线可达性，顾客在此可有效观测到轴线两侧商业空间。除康王南路、文昌南路、德星路具有一定的视域延伸外，其余次级街巷未能直接观察两侧商业的具体分布情况，顾客继续前行的意愿降低，整体空间的视觉渗透性并不理想。应考虑交通节点降低的空间形态设计，形成有序列的空间过渡，合理引导步行人流渗入整个商业街。

（2）LNTD-FS样本：该样本东片区与西片区具备不同的视域整合度。以中部的轴线作为视域骤变的分界线，其东片区以街巷空间为主，顾客需要步行深入才能较好地发掘街巷中的商业具体分布情况；西片区中部广场的视域整合度达到峰值，表明顾客在西片区能较好发掘不同建筑内的商业类型，单位时间内商业曝光率提高，该空间的商业价值得以提升。位于轴线中部的广场视域整合度亦处于较高水平，可有效观测联系东西两片区。

（3）YD-GZ样本：与SXJ-GZ样本相似度较高，其中部轴线的视域整合度远远高于其余二级支路。顾客在一级道路可观察到两侧的商业分布情况，而二级道路两侧商业可视情况欠佳，商业价值难免受到影响。样本东侧为商业广场，其视域整合度亦处于较高的水平，四周的商业广告易映入眼帘，对顾客具有较好的引导作用。

4.5.3.2 视域聚合界面研究分析

戈登·库伦认为城市的视觉景象处在连续不断、动态变化的过程，随着城市界面的变化而不断延伸。在人的感知中，动态体验会转化成典型的视觉画面，该画面随空间位置的变化而不断扩展，综合或描述了人所经历的空间体验并留下整体印象。因此，在相等时间内，通过步行所看到的连续界面越丰富，则视觉体验越精彩。在连续景观概念图中，相似元素形成强烈方差的环境片段依次出现将构成波塞尔曼所提出的"节奏间隔"。通过分析两侧建筑的景象连续性即立面聚合情况，探讨不同传统商业街样本中连续视觉界面的丰富程度。

对传统商业街进行视域聚合界面研究分析，发掘出导向性明确和视觉限定较强的公共空间具体分布情况。视觉限定较强的区域，其空间封闭程度亦较高，顾客身处其中行为模式较为单一。视觉限定较弱的区域，被关注的程度较高，商业类型亦趋于多样。

对于三个传统商业街样本的视域聚合界面特征分析如下（见表4-17）：

表4-17　三个传统商业街样本视域聚合界面特征分析

SXJ-GZ树形传统商业街	LNTD-FS网络形传统商业街	YD-GZ梳形传统商业街

（1）SXJ-GZ样本：该样本空间受两侧建筑界面影响形成的视觉限定较强，主要步行空间下九路与上九路两侧为方向性较为明确的纵向廊道空间，而供顾客停留、休憩、聚集的集中式空间类型与数量较少，主要分布在样本三个入口处及德星路与下九路的交叉口。其中只有位于中部的入口广场有展示商业、汇聚人流的作用，其余集中式空间多为交通节点，不具备使顾客逗留的可能性。

（2）LNTD-FS样本：东片区的街巷空间对视觉起到较强的限定作用，以巷道空间为主,其中部轴线空间尺度较大,具备商业展示的可能性,也为顾客停留、休憩提供场所。而西片区的视域聚合界面显示其空间有开敞、半围合、封闭等多种类型,巷道等为不同的商业活动提供了场所,从实际观察中发现顾客的活动类型亦较为丰富。

(3)YD-GZ样本:该样本街巷空间对视觉限定程度较高,多为C空间,顾客多沿轴线步行浏览。其一级道路与二级道路交叉处受建筑界面限定较少,但不具备举办商业活动的条件,而位于中部的圣心教堂前侧以及东部商业广场具备聚会、商业展示的条件,人群活动类型多样。

4.5.3.3 三类街区视域整合度小结

(1)树形传统商业街C空间高视域整合度区域出现线性布局的空间特征,大部分商业主要分布于街巷空间两侧。一级道路及集中广场的视域较佳,两侧商业的曝光度提高,二级道路的可视情况并不理想。公共空间呈点状沿线布置,类型单一,数量有限,集中式传统商业空间较小,限制了大型公共商业活动的举办。

(2)网络形传统商业街C空间高视域整合度区域分布均匀,且视域整合度高的区域与街区主结构吻合度高。视域整合度较高的区域形成于轴线空间与商业街入口处、街区内部节点空间,有助于提升邻近商业的曝光度,增加各店面的商业价值。视域聚合界面分析反映该类街区公共空间形式多样且广布其中,有利于组织多种商业活动,具有良好的商业体验性。

(3)梳形传统商业街与树形传统商业街的高视域整合度区域分布形式相近,均呈线性布局,但其二级交通的可视情况优于后者,亦具有较高的商业价值,店铺沿线延伸。该类街区集中式商业广场十分匮乏,不利于组织大型商业活动,导致商业氛围难以营造。

建议在视觉性界面营造方面采取以下措施:

(1)空间布局层面:商业街入口空间布置适当的标志物,容易形成视觉焦点。

(2)建筑界面层面:保持原有建筑风格、元素等,重要节点的建筑从体量、风格、环境等方面形成差异,突出建筑界面变化的丰富性。

(3)聚合界面层面:一方面注重塑造连续界面,可从立面,店铺入口造型、元素等方面塑造具有一定趣味性与体验性的界面空间。连续的立面有利于营造统一的视觉体验,局部空间的变化可以形成丰富的视觉效果。另一方面积极发掘聚合界面较弱空间的商业展示潜力,为顾客提供良好的商业氛围。

此外,由于骑楼的尺度相对狭长,当游客在一侧骑楼中行走时较难看到同侧店铺的宣传招牌。当骑楼柱廊下人流较多时,也会影响骑楼内的人群与对街店铺的视线交流。街区管理者可适度考虑中间马路行人,以实现更为丰富多样的视线交流。

4.5.4 三类传统商业街要素比较

综合上文对树形传统商业街、网络形传统商业街、梳形传统商业街的分析研究,分别从区位、交通组织、空间形态、识别性、建筑布局等方面对传统商业街形成综合评价。每个评价项的优劣情况量化为6个等级，最终比较结果见表4-18。

表 4-18 三类传统商业街要素比较

SXJ-GZ树形传统商业街	YD-GZ梳形传统商业街	LNTD-FS网络形传统商业街
树形传统商业街	梳形传统商业街	网络形传统商业街

树形传统商业街往往形成于旧城区中心，依托优越的城市地理区位，衔接汇聚性与枢纽性较佳的城市交通。因此，其具备先天优势，商业活力充沛。在内部交通组织方面，适当兼顾人车分流现状。车行交通与城市交通相衔接。步行交通划分为多级交通系统，一级交通单一，承担主要的商业活动；二级交通起到商业渗透的作用；三级交通加强了商业循环性，但亦有部分为端头交通，降低街区的整体商业效益。该类型传统街区内，大型主力商业布局呈现一定的规律性，主要沿整合度与选择度高的街区轴线布置。中型商业与主力商业交替布局，形成丰富的业态体验，二级轴线与三级轴线两侧广布中小型商业。标志性入口分布均衡，各轴线的拓扑深度较浅，表明商业均好性较佳。样本以街巷空间为主，适当分布少量的商业公共空间，商业曝光度适中，部分公共空间可举办商业活动，有助于提高整体的商业氛围。

网络形传统商业街亦处于旧城区，交通路网密度较大，通过外部道路与城市的高整合度、高选择度交通系统相互衔接，人流量较大。该类型商业街多基于原有历史建筑群统筹规划而成，拥有独立的车行交通系统与步行交通系统，车行交通系统呈环形布局，步行交通系统为网状均衡布局，交通流动性为三种类型中最佳，有利于形成有序的商业空间环境。同时街区内各轴线拓扑深度均在3以内，整体商业均好性较佳。该类型样本主力商业布局充分考虑高整合度轴线、街区出入口、商业整体效益等因素，呈现均衡布局形式。内部空间结合原有建筑、街巷特征，形成丰富的空间体验。从视域聚合界面研究分析可知，该类型街区有助于形成形状各异、大小不同的丰富公共空间，便于举办展销活动，提高商业街的整体环境氛围。

梳形传统商业街拥有较好的区位优势，充分依托可汇聚性与枢纽性极佳的城市交通网络。但其内部车行交通与步行交通完全重叠，不仅造成人车混行，还使得顾客车流与城市车流相混，影响交通效率。主力商业与中型商业沿整合度与选择度较高的轴线布局，其余轴线多分布小型店铺，街区商业价值分布不均衡，商业均好性不佳。车行交通的重要性远高于步行交通，因此其内部难以形成成股人流，商业活力一般。立面虽整齐划一但缺乏微空间塑造，氛围单调。同时从视域整合度分析可知，该类型街区商业呈线性布局，而视线深度具有局限性，因此两侧商业的曝光率欠佳。开放的公共空间较少，空间节点单一缺乏趣味性，不利于商业活动展示与商业氛围的营造。

4.6 传统商业街空间句法参数与GIS信息地图人流关联性分析

4.6.1 GIS信息人流热力图

对比分析现场调研情况、人流数据统计与卫星地图发现，完全依靠计算机技术所得出的整合度、连接值等数值，与部分街区的实际人流量存在一定出入，并不能很准确地反映街道的实际人流。究其原因，传统商业街的实际人流分布不仅受区位、交通系统、空间形态等因素影响，还与街区中的其他因素密切相关，例如老字号商铺、历史建筑景点、出入口等的布局也在不同程度影响着人流的走势。为此，拟通过建立ArcGIS地理信息库，进一步探索街区中影响人流量的相关因素，修正空间句法软件测试技术的误差，更为科学、合理和可靠地预测传统商业街的人流量。

从点、线、面三个层面解析现有传统商业街组成要素，并建立地理信息数据库，具体过程如下：

（1）传统商业街两侧的建筑单体作为"点"状空间单元，是商业运营的实质空间载体。通过合理的空间布局与功能组织组成公共空间，利用地理信息系统存储建筑位置、体量规模、业态类型等统计数据，最终通过多因子叠加分析，对传统商业街形成综合的商业性等级评价。

（2）传统商业街的车行交通、步行交通等空间作为"线"状要素，是促进商业流动的重要场所。储存现场统计的车流量、人流量等数据信息，为进行GIS空间插值模拟运算提供数据支撑。

（3）以传统商业街功能分区、开发分区等作为"面"状要素，记录其建设面积、业态配比等基本情况，结合点、线等统计数据，进行商业街区域运营总体情况的综合评价。

4.6.2 建立各样本的GIS人流信息库

4.6.2.1 样本SXJ-GZ人流量统计及人流信息库

该样本共设立30个测量点，主要选取具有一定控制性的位置：主动线、次动线中部及其交会处。为了提高实地统计的可信度，减少因调研时间过度集中造成的误差，统计分两个时间段（9：00—12：00，14：00—17：00）进行，统计频率为15min/次，共统计10742人次，整理得出以下统计表格（见表4-19）。

表 4-19 样本SXJ-GZ主要道路人流量统计示例图

人流量统计位置如右图所示	
统计日期：2018.9.25	
共统计人次：10742人次	
传统商业街空间状况	

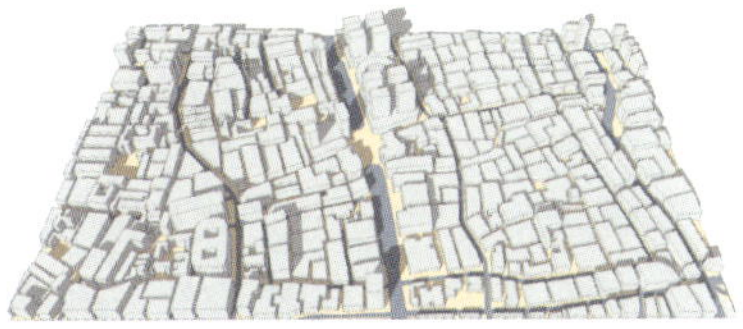

检测位置	1（1 p.m. to 6 p.m.）	2（1 p.m. to 6 p.m.）	3（1 p.m. to 6 p.m.）
检测点现状			
人流量统计	363人次/15min	163人次/15min	383人次/15min
检测位置	4（1 p.m. to 6 p.m.）	5（1 p.m. to 6 p.m.）	6（1 p.m. to 6 p.m.）
检测点现状			
人流量统计	397人次/15min	586人次/15min	213人次/15min
检测位置	7（1 p.m. to 6 p.m.）	8（1 p.m. to 6 p.m.）	9（1 p.m. to 6 p.m.）
检测点现状			
人流量统计	246人次/15min	593人次/15min	287人次/15min
检测位置	10（1 p.m. to 6 p.m.）	11（1 p.m. to 6 p.m.）	12（1 p.m. to 6 p.m.）
检测点现状			
人流量统计	805人次/15min	194人次/15min	217人次/15min

续表

检测位置	13（1 p.m. to 6 p.m.）	14（1 p.m. to 6 p.m.）	15（1 p.m. to 6 p.m.）
检测点现状			
人流量统计	173人次/15min	156人次/15min	212人次/15min
检测位置	16（1 p.m. to 6 p.m.）	17（1 p.m. to 6 p.m.）	18（1 p.m. to 6 p.m.）
检测点现状			
人流量统计	112人次/15min	805人次/15min	285人次/15min
检测位置	19（1 p.m. to 6 p.m.）	20（1 p.m. to 6 p.m.）	21（1 p.m. to 6 p.m.）
检测点现状			
人流量统计	237人次/15min	350人次/15min	496人次/15min
检测位置	22（1 p.m. to 6 p.m.）	23（1 p.m. to 6 p.m.）	24（1 p.m. to 6 p.m.）
检测点现状			
人流量统计	514人次/15min	128人次/15min	186人次/15min
检测位置	25（1 p.m. to 6 p.m.）	26（1 p.m. to 6 p.m.）	27（1 p.m. to 6 p.m.）
检测点现状			
人流量统计	186人次/15min	153人次/15min	156人次/15min

（资料来源：作者实测）

该样本人流量较大的时间段主要集中在中午、下午、傍晚。通过人流统计分析可知,市民通过长寿路地铁站经宝华路、第十甫路汇入,文昌路车行交通繁忙,对步行人流产生一定干扰。上九路与下九路的人流量存在明显差异,游客主要集中于下九路片区。下九路由西往东,人流量逐渐提高,至荔湾广场到达峰值,商业氛围甚佳,多个大型商业体在此汇聚吸引人流。上九路由西往东,步行人流量锐减,商业氛围相对欠佳。中午过后游人逐渐增多,由于人流量有限,人车混行的交通模式未对步行交通造成太大影响。另外,康王南路、德星路、杨巷路的人流多由上九路、下九路分汇形成。

对两个时间统计的人流量进行求和、平均,根据检测点所处具体位置,建立人流实际分布模型,利用 GIS 工具箱中的数据插值模拟(模拟运算方式采用自然临域法),即通过检测点的已知数值建立比例函数,模拟预测附近区域的数值(见表4-20)。

SXJ-GZ 样本空间插值模拟结果与交通系统特征空间句法分析结果相近。由 GIS 地理插值模型可知,人流量出现峰值的两个区域,均位于下九路,其中中部入口广场人流量最大,以此为核心往四周辐射,至康王南路两侧人流骤减;往上九路方向,人流量逐渐减小,光复路上出现人流量最小值,商业氛围并不理想。第二个峰值区域位于下九路与文昌路的交叉口。两峰值区域连线,人流过渡平稳,维持在较高水平,最终沿着第十甫路一直延伸至外部 D 空间区域。同时,该轴线人流往两侧商业渗透辐射度较大,提高街区的整体商业价值。对比 GIS 人群实际分布情况与空间句法轴线整合度,发现二者在数据上存在较强的相关性,人流峰值与数据极值分布相近。

表 4-20　SXJ-GZ:GIS空间插值模拟

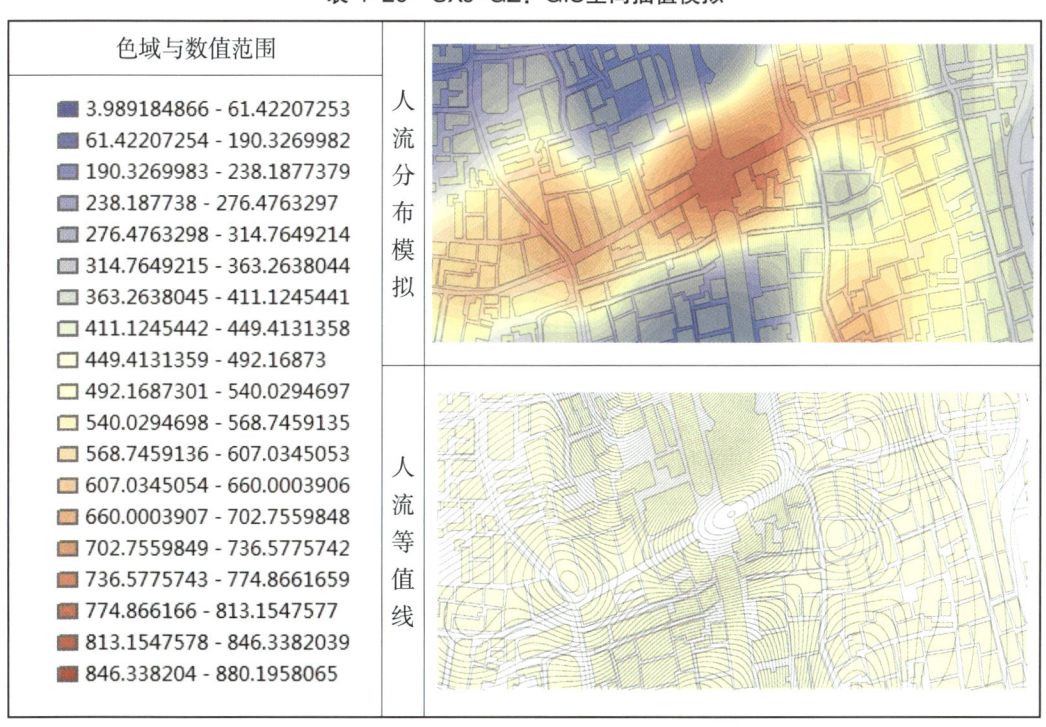

4.6.2.2 样本LNTD-FS人流量统计及人流信息库

该样本共设立40个测量点，选取具有一定控制性的位置：主动线、次动线中部及其交会处。统计分两个时间段（9：00—12：00，14：00—17：00）进行，统计频率为15min/次，共统计5842人次，具体数据见表4-21。

表4-21 样本LNTD-FS主要道路人流量统计示例图

人流量统计位置如右图所示 统计日期：2018.9.15 共统计人次：5842人次 传统商业街空间状况			
检测位置	1（9 a.m. to 3 p.m.）	2（9 a.m. to 3 p.m.）	3（9 a.m. to 3 p.m.）
检测点现状			
人流量统计	70人次/15min	224人次/15min	68人次/15min
检测位置	4（9 a.m. to 3 p.m.）	5（9 a.m. to 3 p.m.）	6（9 a.m. to 3 p.m.）
检测点现状			
人流量统计	280人次/15min	67人次/15min	76人次/15min
检测位置	7（9 a.m. to 3 p.m.）	8（9 a.m. to 3 p.m.）	9（9 a.m. to 3 p.m.）
检测点现状			
人流量统计	23人次/15min	43人次/15min	32人次/15min

续表

检测位置	10（9 a.m. to 3 p.m.）	11（9 a.m. to 3 p.m.）	12（9 a.m. to 3 p.m.）
检测点现状			
人流量统计	179人次/15min	234人次/15min	175人次/15min
检测位置	13（9 a.m. to 3 p.m.）	14（9 a.m. to 3 p.m.）	15（9 a.m. to 3 p.m.）
检测点现状			
人流量统计	25人次/15min	179人次/15min	128人次/15min
检测位置	16（9 a.m. to 3 p.m.）	17（9 a.m. to 3 p.m.）	18（9 a.m. to 3 p.m.）
检测点现状			
人流量统计	105人次/15min	178人次/15min	53人次/15min
检测位置	19（9 a.m. to 3 p.m.）	20（9 a.m. to 3 p.m.）	21（9 a.m. to 3 p.m.）
检测点现状			
人流量统计	8人次/15min	33人次/15min	42人次/15min

续表

检测位置	22（9 a.m. to 3 p.m.）	23（9 a.m. to 3 p.m.）	24（9 a.m. to 3 p.m.）
检测点现状			
人流量统计	149人次/15min	44人次/15min	55人次/15min
检测位置	25（9 a.m. to 3 p.m.）	26（9 a.m. to 3 p.m.）	27（9 a.m. to 3 p.m.）
检测点现状			
人流量统计	222人次/15min	31人次/15min	42人次/15min
检测位置	28（9 a.m. to 3 p.m.）	29（9 a.m. to 3 p.m.）	30（9 a.m. to 3 p.m.）
检测点现状			
人流量统计	27人次/15min	127人次/15min	71人次/15min
检测位置	31（9 a.m. to 3 p.m.）	32（9 a.m. to 3 p.m.）	33（9 a.m. to 3 p.m.）
检测点现状			
人流量统计	12人次/15min	55人次/15min	70人次/15min
检测位置	34（9 a.m. to 3 p.m.）	35（9 a.m. to 3 p.m.）	36（9 a.m. to 3 p.m.）
检测点现状			
人流量统计	8人次/15min	38人次/15min	37人次/15min

续表

检测位置	37（9 a.m. to 3 p.m.）	38（9 a.m. to 3 p.m.）	39（9 a.m. to 3 p.m.）
检测点现状			
人流量统计	70人次/15min	95人次/15min	311人次/15min

（资料来源：作者实测）

由人流分布现状统计可知，该街区上午人流量较少，下午、傍晚人流量逐渐增多。市民从东南方的祖庙地铁站步行500米到此处，样本东面的佛山祖庙历史建筑群为人流吸引点。车流主要从东西两侧的天地路、福贤路汇入，到达西、北两侧大型公共停车场。现场观测可知，内部人流分布不均衡，其中西片区人流量高于东片区，喷泉广场、简氏别墅、岭南天地广场以及主力商业的布局使得此片区商业氛围较浓厚，人流沿着中轴线逐渐往东片区渗透，市集广场为东片区的人流吸引点。南北两侧次要巷道人流量明显减少，商业价值大幅衰减。

对两个时间统计的人流量进行求和、平均，根据检测点所处具体位置，建立人流实际分布模型，绘制空间插值模拟地图（见表4-22）。

表4-22　LNTD-FS：GIS空间插值模拟

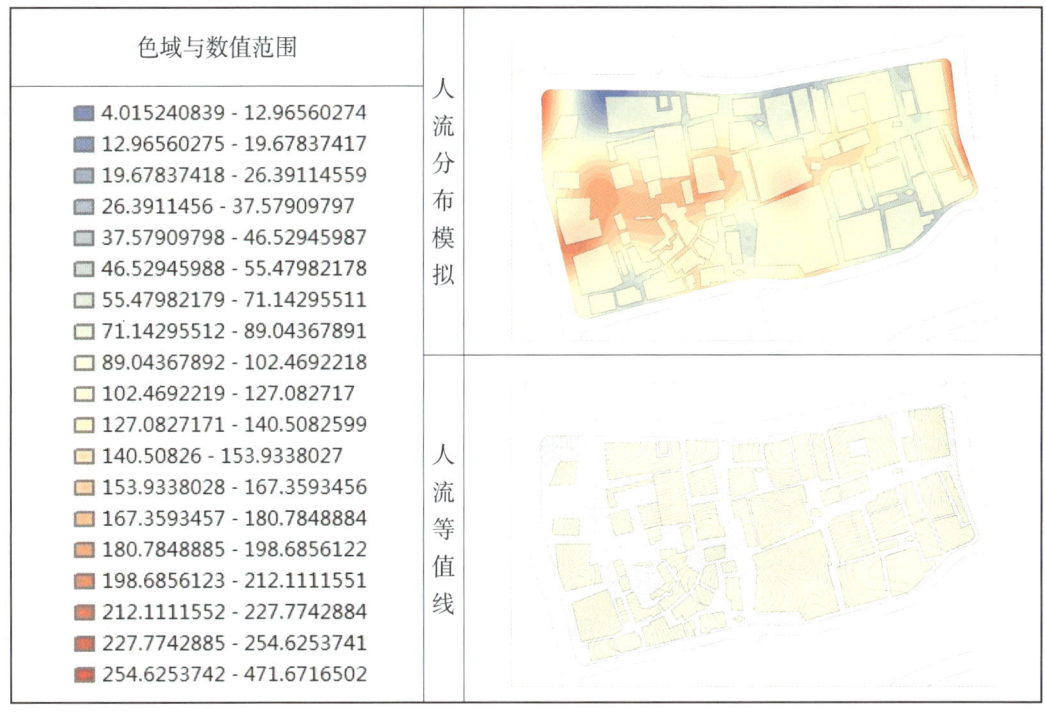

该样本空间插值模拟结果显示，整个街区实际人流分布呈现不均衡的状况，西片区为人流集中区域，存在多个峰值点。受地铁交通枢纽点、历史建筑群、公共停车区的影响，城市居民主要从西侧道路进入该商业街，在西片区的几个公共广场汇聚后往东、南、北相继渗透。主要人流沿着十字形轴线进入东片区，在市集广场形成第二个峰值区域。南部以餐饮店铺为主，受商业业态的影响，整个南部的人流渗透、商业可视情况普遍优于北部。人流分布模拟显示福贤路人流量亦较大，但多为穿行人流，商业界面完整，缺少往街区内部渗透的巷道，不利于过境人流转换为街区人流。GIS人流分布模拟与空间句法轴线整合度数据吻合度较高，部分区域受外部因素影响出现偏差。

4.6.2.3 样本YD-GZ人流量统计及人流信息库

该样本共设立23个测量点，主要选取具有一定控制性的位置：主动线、次动线中部及其交会处。统计分两个时间段（9：00—12：00，14：00—17：00）进行，统计频率为15min/次，共统计10084人次，具体数据见表4-23。

表4-23 样本YD-GZ主要道路人流量统计示例图

人流量统计位置如右图所示	
统计日期：2018.9.11	
共统计人次：10084人次	
传统商业街空间状况	

检测位置	1（1 p.m. to 6 p.m.）	2（1 p.m. to 6 p.m.）	3（1 p.m. to 6 p.m.）
检测点现状			
人流量统计	330人次/15min	555人次/15min	265人次/15min
检测位置	4（1 p.m. to 6 p.m.）	5（1 p.m. to 6 p.m.）	6（1 p.m. to 6 p.m.）
检测点现状			
人流量统计	287人次/15min	303人次/15min	326人次/15min

续表

检测位置	7（1 p.m. to 6 p.m.）	8（1 p.m. to 6 p.m.）	9（1 p.m. to 6 p.m.）
检测点现状			
人流量统计	227人次/15min	350人次/15min	390人次/15min
检测位置	10（1 p.m. to 6 p.m.）	11（1 p.m. to 6 p.m.）	12（1 p.m. to 6 p.m.）
检测点现状			
人流量统计	332人次/15min	254人次/15min	212人次/15min
检测位置	13（1 p.m. to 6 p.m.）	14（1 p.m. to 6 p.m.）	15（1 p.m. to 6 p.m.）
检测点现状			
人流量统计	210人次/15min	201人次/15min	165人次/15min
检测位置	16（1 p.m. to 6 p.m.）	17（1 p.m. to 6 p.m.）	18（1 p.m. to 6 p.m.）
检测点现状			
人流量统计	185人次/15min	98人次/15min	180人次/15min
检测位置	19（1 p.m. to 6 p.m.）	20（1 p.m. to 6 p.m.）	21（1 p.m. to 6 p.m.）
检测点现状			
人流量统计	159人次/15min	75人次/15min	364人次/15min

续表

检测位置	22（1 p.m. to 6 p.m.）	23（1 p.m. to 6 p.m.）	24（1 p.m. to 6 p.m.）
检测点现状			
人流量统计	330人次/15min	184人次/15min	224人次/15min

（资料来源：作者实测）

由人流分布现状统计可知，该样本全天人流量较稳定，下午3点到6点为人流高峰期，一德路两端的越秀儿童公园、万菱广场及中部地铁站的人流量在这一时段达到峰值。海珠南路因为临近一德路地铁站，其南北两侧人流量有小高峰出现，其余各统计路段人流分布均衡。该街区采用人车混行的模式，步行空间受到较大的限制，同时与商铺的货物补充流线相混合，运送的小推车占用步行空间，因此整体的购物体验较差。

对统计的人流量进行求和、平均，根据检测点所处具体位置，建立人流实际分布模型，绘制空间插值模拟地图（见表4-24）。

表4-24　YD-GZ：GIS空间插值模拟

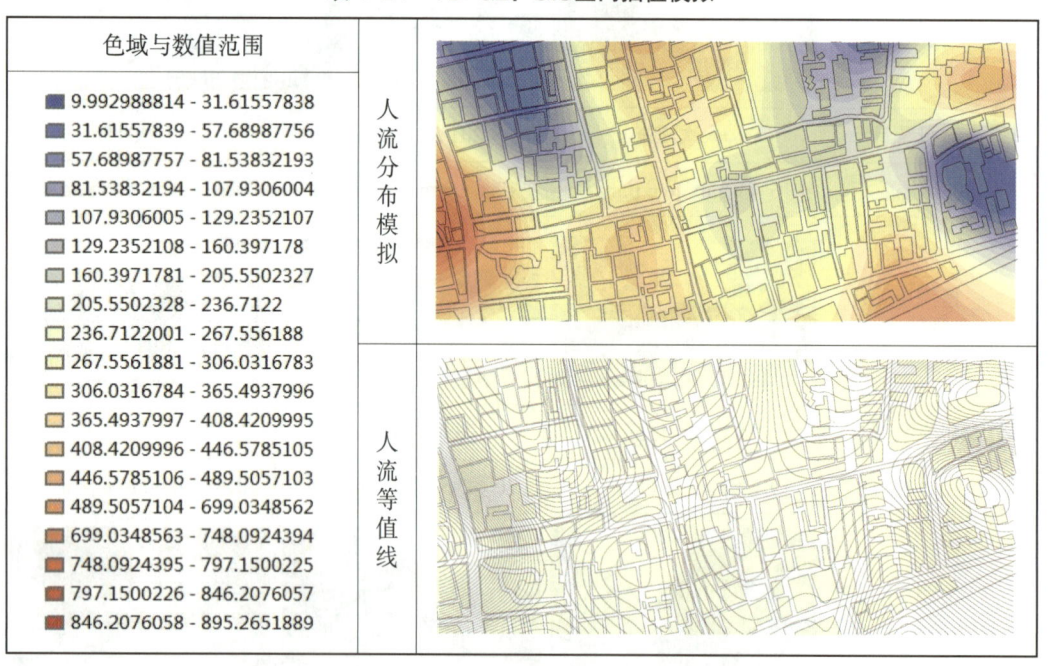

样本YD-GZ空间插值模拟结果显示，人流分布呈现明显的分区集中特征，一德路东西两端为人流汇入处，为人流量峰值区域，不少外部城市居民亦通过中部的一德路地铁站进入商业街，再经一德路往东西渗透，经海珠路往南北方向扩散。从人流分布模拟地图可知，样本西侧的人流量高于东侧，商业人流沿二级交通渗透的面积亦较广。另外

东段的万菱广场与解放南路快速交通相接,且与海珠广场地铁站仅相距400米,因此亦具有较大的人流量。GIS人流分布模拟与空间句法轴线整合度数据呈现正相关关系。

4.6.2.4 人流GIS信息地图小结

(1) 树形传统商业街、网络形传统商业街、梳形传统商业街的人流分布空间插值模拟与空间句法特征模拟存在较强的相关性。

(2) 树形传统商业街与梳形传统商业街人流沿轴线扩散,视二级交通状况往两侧辐射,网络形传统商业街的人流分布较前两者更为均衡,商业覆盖区域更广阔。

(3) 进行人流分布模拟时,需要考虑公共交通节点、历史建筑、主力商业业态等触媒因素对人流分布的干扰,以提高人流模拟的准确性。

4.6.3 关联性变量分析

4.6.3.1 实际人流对数与全局整合度相关性分析

运用SPSS分析,验证实际人流对数(M_1)与全局整合度(I)是否相关,具体见表4-25。

表4-25 实际人流对数(M_1)和全局整合度(I)相关性分析

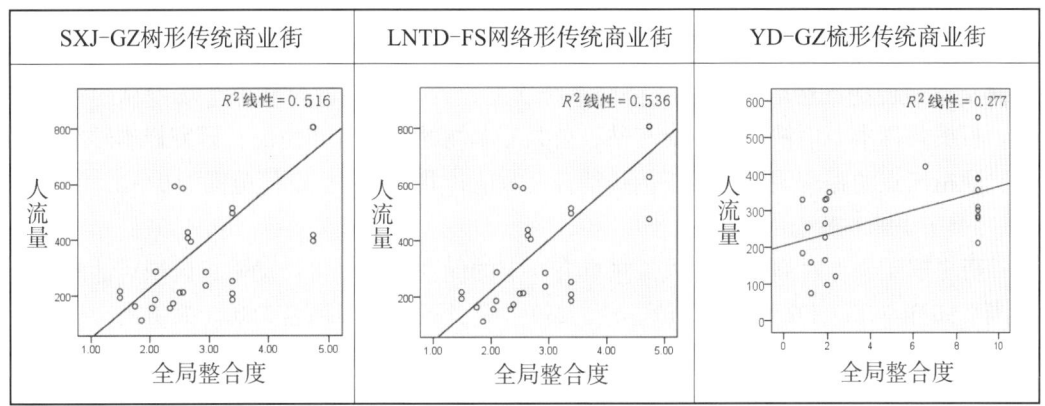

(资料来源:SPSS模拟)

通过分析,能初步判定人流量与全局整合度呈耦合关系。当R^2线性值介于0.75~1,可判定两者线性关系紧密,具有极好的预测效果;当R^2线性值介于0.5~0.75,可判定两者具有较好的相关性;当R^2线性值低于0.5时,相关性较弱。

从分析图可知,样本SXJ-GZ、LNTD-FS的全局整合度与人流量具有相关性,其R^2线性值分别为0.516、0.536,表明树形、网络形传统商业街人流分布在一定程度上可通过空间句法参数进行合理预测。样本YD-GZ的R^2线性值为0.277,表明梳形传统商业街人流量与全局整合度关联性较弱,因此需要引入相关因子修改人流预测模型,提高可信度。

4.6.3.2 引入其他自变量

实地调研统计可知,传统商业街的人流分布除了与交通结构、建筑布局等有关,与标志性入口、交通枢纽点、历史建筑景点这三个因素亦有较为直接的关联,具体如下:

(1) 标志性入口（B）：传统商业街的标志性入口一般是顾客步行流线的始端，具有较强的标识性，可吸引步行者驻足拍摄。因此，需考虑其作为重要节点对商业街区人流分布的影响。

(2) 交通枢纽点（J）：便捷的交通枢纽点如地铁站、公交车站、公共停车场是外部人流汇入的重要节点，对传统商业街内部人流分布有较大影响，因此应重点考虑。

(3) 历史建筑景点（L）：部分传统商业街有著名的历史建筑、老字号店铺等人流吸引点。另外，部分公共景观因其独特的观赏性亦容易吸引外部人流在此汇聚，在一定程度上提高了与之毗邻的传统商业街的曝光度。因此历史建筑景点应作为一种触媒因素着重考虑。

1）标志性入口（B）

通过统计可知，三个样本的人流量在入口处均较高，符合认知情况。因此，标志性入口（B）应该作为影响因子之一用以修正预测结果。根据各样本入口等级赋值，结合全局整合度参数进行预测。传统商业街入口可分为标志性主入口、标志性次入口、普通入口3个等级。样本SXJ-GZ、LNTD-FS的标志性入口根据具体情况可分为3级，赋值范围为0～2；样本YD-GZ的标志性入口可分为2级，赋值范围为0～1。

2）交通枢纽点（J）

通过数据统计可知，公交车站、地铁站等交通枢纽点对人流的影响程度不一，其中地铁交通最便捷，影响最明显，公交系统次之，驾车至临近公共停车场停靠的人流较少。根据各样本中地铁站、公交车站、公共停车场的具体分布情况，研究样本轴线与三类交通枢纽点的距离关系，修正轴线整合度数值，共分3级，赋值范围为0～2。

3）历史建筑景点（L）

历史建筑景点对商业街的人流量具有一定的促进作用，可带动附近区域店铺的商业氛围，如样本YD-GZ中部的石室圣心大教堂吸引不少游客慕名参观。故引入历史建筑景点修正轴线整合度数值，根据研究样本中历史建筑景点与邻近空间轴线的关系分2个等级，赋值范围为0～1。

以前文建立的包含点、线、面等元素的GIS地理信息数据库为蓝本，展开实地考察与统计，记录三个因子的具体信息，并录入至信息系统中。最终绘制GIS因子专题图，为下文进行多因子叠加分析，综合判断各样本的商业价值做铺垫（见表4-26）。

表4-26 基于GIS多因子价值评定

指标	赋值评价	赋值	SXJ-GZ GIS因子专题图	LNTD-FS GIS因子专题图	YD-GZ GIS因子专题图
标志性入口（B）	主入口	2			
	次入口	1			
	普通入口	0			

续表

指标	赋值评价	赋值	SXJ-GZ GIS因子专题图	LNTD-FS GIS因子专题图	YD-GZ GIS因子专题图
交通枢纽点（J）	临近地铁站	2			
	临近公交站	1			
	公共停车场	0			
历史建筑景点（L）	历史建筑景点所在位置	2			
	临近历史建筑景点	1			
	不临近历史建筑景点	0			

（资料来源：GIS软件工具模拟）

4.6.4 传统商业街人流量多元线性回归方程预测

结合上文分析研究选定人流量的对数（M_1）为因变量，自变量具体如下（表4-27），建立多元线性回归方程。

表 4-27　多元线性回归方程

自变量	代码
全局整合度	I
标志性入口	B
交通枢纽点	J
历史建筑景点	L
$M_1 = b_0 + b_1 I + b_2 B + b_3 J + b_4 L + b_5$	
b_0为常数项；$b_1 \sim b_4$为自变量的回归系数；b_5为残差	

（资料来源：SPSS运算）

通过SPSS分析得到多元线性回归方程及相关检验系统，其中F检验与显著系数P的具体数值可反映因子引入的合理性，以及是否具有统计意义，最终用以调整预测方程。检查阈值具体见表4-28。

表 4-28　模型数据汇总表
树形样本SPSS模型数据

模型汇总[b]					
模型	R	R^2	调整R^2	标准估计的误差	Durbin-Watson
1	.801[a]	.642	.577	124.811	1.922

续表

模型		非标准化系数		标准化系数	t	Sig.
		B	标准误差	试用版		
1	（常量）	34.147	94.889		.360	.722
	标志性入口	−64.641	130.732	−.108	−.494	.626
	交通枢纽点	79.204	51.973	.207	1.524	.042
	历史建筑景点	439.104	158.593	.611	2.769	.011
	全局整合度	83.626	31.295	.423	2.672	.014

网络形样本SPSS模型数据

模型汇总[b]					
模型	R	R^2	调整 R^2	标准估计的误差	Durbin-Watson
1	.618[a]	.582	.309	51.899	1.729

模型		非标准化系数		标准化系数	t	Sig.
		B	标准误差	试用版		
1	（常量）	−36.874	42.576		−.866	.393
	标志性入口	−9.847	29.230	−.048	−.337	.738
	交通枢纽点	68.115	28.408	.335	2.398	.022
	历史建筑景点	51.700	19.397	.377	2.665	.012
	全局整合度	41.008	16.307	.366	2.515	.017

梳形样本SPSS模型数据

模型汇总[b]					
模型	R	R^2	调整 R^2	标准估计的误差	Durbin-Watson
1	.774[a]	.699	.515	77.370	1.098

模型		非标准化系数		标准化系数	t	Sig.
		B	标准误差	试用版		
1	（常量）	202.434	27.042		7.486	.000
	标志性入口	126.697	65.181	.322	1.944	.067
	交通枢纽点	68.274	41.206	.285	1.657	.014
	历史建筑景点	59.443	80.342	.109	.740	.468
	全局整合度	11.645	4.856	.380	2.398	.027

（注：a. 预测变量：常量, 全局整合度, 交通枢纽点, 标志性入口, 历史建筑景点；b. 因变量：人流量）

通过表 4-29 可知，样本 SXJ-GZ、LNTD-FS、YD-GZ 的 F 值均处于标准范围，显著系数 P 值均低于 0.05，R^2 值均处于合理范围。数据表明各因子引入有效，三个因子共同作用对 3 个样本人流量的预测准确率将分别达 65%、60%、70%。由于三个样本各自的影响因子——标志性入口（B）的 P 值均大于 0.05，故不引入该因子。剔除标志性入口（B），引入交通枢纽点（J）、历史建筑景点（L）等相关因子后，能增强传统商业街人流预测的可信度，建立以下多元线性回归方程。

表 4-29　各研究样本SPSS模型相关系数及多元线性回归方程

内容	样本SXJ-GZ	样本LNTD-FS	样本YD-GZ
决定系数（R^2）	0.688	0.682	0.726
显著系数（P）	0.000	0.002	0.001
反函数值（F）	13.525	7.151	6.957
各样本多元线性回归方程			
样本SXJ-GZ	$M_1=35.543+81.526I+83.111J+383.022L$		
样本LNTD-FS	$M_2=-33.288+39.294I+66.643J+52.092L$		
样本YD-GZ	$M_3=196.572+11.707I+121.564J+53.697L$		

通过 SPSS 分析可知，各引入因子的显著系数 P 值均小于 0.05 且不为 0，说明其引入合理。对各因子影响程度大小进行权重分析可知，样本 SXJ-GZ、LNTD-FS 中，全局整合度和历史建筑景点因子对空间人流量分布的影响较交通枢纽点更大；样本 YD-GZ 中，交通枢纽点的影响则更为明显（见表 4-30）。

表 4-30　各研究样本SPSS模型检验系数汇总

内容	样本SXJ-GZ			样本LNTD-FS			样本YD-GZ		
因子	I	J	L	I	J	L	I	J	L
回归系数	81.526	83.111	383.022	39.294	66.643	52.092	11.707	121.564	53.697
标准系数	0.412	0.217	0.533	0.35	0.328	0.380	0.381	0.483	0.098
因子权重	2.674	1.645	3.514	2.569	2.405	2.725	2.341	2.891	1.294
显著系数	0.014	0.044	0.002	0.010	0.022	0.010	0.031	0.008	0.043

续表

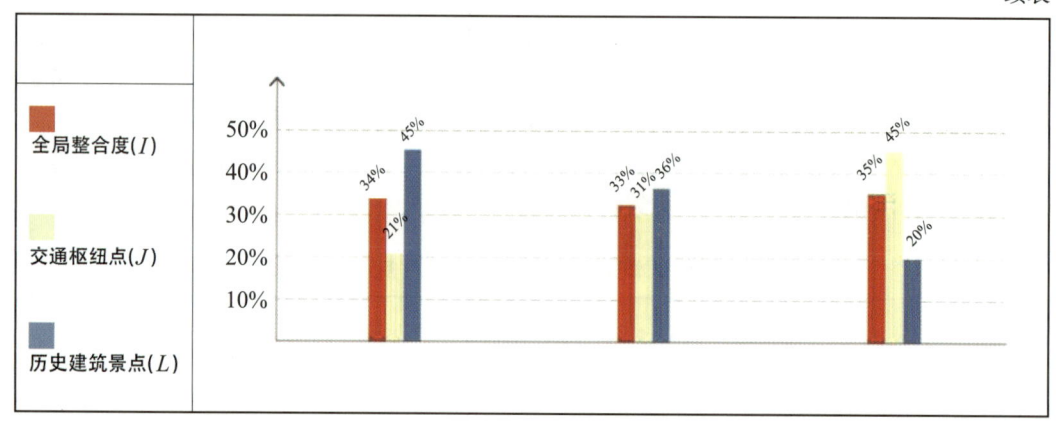

(资料来源:SPSS 运算)

综上所述,通过 SPSS 分析可知各样本的全局整合度与街区人流量具有较高的相关性。传统商业街与城市空间紧密相连,居民可通过多个入口进入商业街,因此标志性入口的设定对街区人流量并未产生重要影响。交通枢纽点作为城市居民汇入商业街的重要节点对人流量影响较大。同时,历史建筑景点的布局对游客具有一定吸引作用。因此,综合全局整合度、交通枢纽点、历史建筑景点等因素后能对人流量分布做出较准确的预测。

4.7 本章小结

本章建立三种不同平面类型传统商业街的空间句法模型,并通过相关参数分析三者在城市区位、内部流线、商业均好性、空间识别性及空间可视性等方面的差异,探讨原因所在,从而总结传统商业街空间营造的相关策略。

(1)三类传统商业街均具有较好的城市区位,树形案例尤为突出。另外,树形街区在空间可视性等方面具有一定优势,但同时需注重考量内部流线、商业价值均衡。网络形传统商业街在内部流线、空间均好性、空间可视性等方面表现较好,但部分街区因空间形态较为多样复杂,可理解度较低。梳形街区表现出较高的空间识别性,但在空间可视性方面表现欠佳。

(2)通过对三个样本相关数据的统计分析,构建各样本的 GIS 模型。通过关联性变量分析,发现树形与网络形样本 R^2 值在 0.5 以上,而梳形的 R^2 值较低,需引入影响因子改善预测能力。通过引入因子研究可知,空间句法具有较好的空间解析能力,部分触媒因素如标志性入口、交通枢纽点、历史建筑景点等对空间人流布局有一定影响。利用 SPSS 建立传统商业街人流量与交通枢纽点、历史建筑景点、全局整合度的多元线性回归方程,有效提高空间人流量预测的准确性。

(3)通过对三类街区商业要素的分析,发现在街区改造更新过程中值得注意以下几点:

①传统商业街作为特殊的城市片区,多形成于旧城区。在城市化进程中,新型的城

市快速交通较难靠近旧城区，同时周边的市政配套设施也往往相对简陋。建议在街区出入口附近设置地铁站、公交车站等交通枢纽点，使街区与相邻的城市交通有效衔接，提高人流可达性。另外，灵活设置相应的公共停车场，如考虑与附近的商住小区或写字楼合作等，以方便远距离的人群出行。可考虑在骑楼街道设置路边停车位，在特定时段开放支持特定业态。

②树形与梳形传统商业街车行交通和步行交通中部轴线的交通压力较大，因其交通等级远高于其余支路。再者，人车分流与人车合流应综合考虑。人车分流有利于街区商业店铺联动，提升街区整体商业价值。人车合流可有效带动人流直至商业街核心区域，提高商业曝光率。对于网络形商业街，需要充分考虑人车分流的设置，减少车行交通对内部空间的干扰。同时，商业动线简洁通达将有效提升商业整体曝光度，联系其余支路则可达到商业渗透的目的。

③传统商业街步行道路轴线密度及与其他道路连接的紧密程度均高于普通商业街区，因此整体商业均好性较佳。网络形传统商业街相比于树形与梳形传统商业街，体现更高的商业整体价值。因此发展传统商业街时，要加强支巷空间的设置，考虑商业人流的渗透。树形街区应注重支路的商业循环性，梳形街区则应注重支路尺度是否满足视线通达的要求。梳形和树形街区适当增加缓冲节点，加强街巷联系，可丰富顾客的空间体验。

④树形与梳形商业街应注重标志性节点和坐标的设置，辅助商业人流得到空间定位信息。而网络形商业街则需要考虑内部空间的多样性，减少因界面连续无变产生的乏味感受。另外，规划过程应该注重公共交通、标志性入口的建设，以减少到达各级巷道的拓扑空间转换次数，提高不同店铺的可达性。

⑤传统商业街的空间规划需要兼顾大尺度开放空间的设置，不仅有利于满足不同形式的商业行为，也可提高与之相邻店铺的商业曝光率。多尺度空间亦有助于增加空间体验趣味性。

第5章 岭南传统商业街的可意象性研究

使用者的实际使用状况、街区的实体环境及理想的传统街区形态的相互作用，形塑了人们对传统商业街区直接或间接的认知，由此达成观念上的"共同认可环境"。大众对于街区意象的认知具有主观性及不确定性，对传统商业街区的共同而潜在的记忆附着于特定形式和特定氛围上，在公共秩序和环境自主的"历史理性"下，共通感知以及对于环境空间的趋向性选择和使用既蕴含于空间形态和实体要素，也融于连续性的文化和社会氛围中。

先导性调研显示，使用者对传统街区场所氛围的感知中，场景真实、场所文化与意象感知之间存在较为明显的相关性。同时，使用者对于街区空间的使用方式和行为习惯也显性地反映了对街区空间的认知和特有的意象感受。具有时间维度的穿越感体验是传统商业街有别于其他现代商业空间的特点，具有进一步探讨其机制的必要性。

据此，本章引入传统商业街可意象性研究，旨在结合理论及实际案例，考察街区在真实性、文化性等方面的营造，以及使用者对于环境的认知程度和使用方式，探讨在"传统"与"商业"的均衡互动中构建完整意义上的街区环境意象。传统商业街的实体环境在某种程度上是历史和文化的产物，是在既有的建筑和肌理下进行的改造，是有前提与约束的创作。在这样特定的空间内，如何合理地传达街区精神才能被较准确把握，从而形成良性的反馈一直是更新改造中的焦点所在。

5.1 研究设计

5.1.1 意象概念界定

"意象"一词在不同的文化背景、不同的时代下存在着不同的解读。在西方文化背景下，意象（Image）一词源于拉丁文中的"Imago"，意为重复和摹拟。康德把意象引入了审美领域并逐渐发展成为现代美学理论，审美意象即指"审美客体符合审美主体目的的审美表象"，这里的意象被归为情感与形式。在中国古代文艺理论中，"意象"是主体通过对具体事物外在形态情景的感知，运用情感、想象、理解等一系列形象思维活动加工而成的新艺术形象，主要应用于情与景的关系。在我国的现代汉语中，"意象"更多地被解释为意境、神态或印象。在某种意义上，意象可以说是由包括了主体的"意"和被主体意识到了的作为客体的"象"构成，具有象征意味和隐喻性质。

结合上述对于"意象"概念的解读，本书的意象主要是落实到主体对环境的感受和认知上。主体对街区有形物体的环境信息进行处理加工，在感性的体验感受与理性的知识经验共同作用下形成环境意象，联动人与环境。这将有助于使用者在街区中体验到归属感、领域感、安全感及可识别性等场所精神，是主体对传统商业街整体场所环境的情感共鸣和形象化表达。可意象性是在空间特征的范畴内，既关注实体物理空间的使用质量，也关注心理、精神和情感传达。

5.1.2 城市尺度下的意象理论

凯文·林奇结合了心理学及行为学提出城市意象理论，归纳出道路、边界、区域、节点和标志物五个城市意象元素，勾勒城市"公共意象图"。在此基础上，林奇将环境意象划分为个性、结构、意义三个层次以对其中的相互关系作进一步阐明，并提出了塑造良好城市形态的地方因子（生命力、感知性、适应性、可达性、可管理性）和社会因子（公平、效率），实现对城市意象理论的有益补充。林奇认为，意象元素不是孤立存在的，单独的视觉景观并不能形成城市意象，只有元素与功能合理地相互作用才能形成整体的城市意象。挪威学者诺波舒兹简化了林奇的城市意象五要素，将其概括为场所、路径及领域，其中场所是事件发生的地点；路径是联系整体结构的连续性要素；领域则是包含了众多相似性元素的整体区域。

由于本书的研究对象是城市街区，因此在行为研究的分析维度中将引入林奇归纳的城市意象要素，实现一定程度的理论衔接。

5.1.3 环境心理学的意象及相关领域理论

在环境心理学领域，意象研究属于格式塔心理学及认知理论的研究范畴。美国心理学家霍尔特将意象概括性描述为：对感觉和知觉以思维的方式作模糊再现，涵括了记忆、抽象、想象以及由听觉、视觉、语言等构成的感觉体会。综合皮亚杰、西格尔、怀特等学者的相关认知发展理论及心理学实验，大致将认知能力分为四个阶段：1）以标志物参照空间方位；2）联系标志物的交通路径；3）相邻路径及参照物之间的空间关系；4）通过主观感知和客观分析，有条理有逻辑地将各要素组成完整的统一环境体。具体来说，一般以认知地图作为主要手段，结合人对环境的心理需求，寻求环境对人的回应，从而达到人对环境合理的认知、使用和改善。

环境心理学的涉及面广，理论门类繁多。其中有：1）环境行为学，旨在研究人类行为与其所处环境的关系。人的行为源自感觉，通过知觉和认知完成对环境物质要素的使用及精神层面的审美。整个过程中，感知是行为的基本动机，是对场所意义的直观反映。2）空间行为研究，将人对空间使用的固有方式作为主要研究对象，进一步剖析人对空间的心理需求，如"个人空间"（Personal Space）（萨默）、"私密性"（Privacy）和"领域感"（Territoriality）（阿尔托曼）。

随着意象理论的研究经验及研究方法日渐丰富，许多学者将可意象性研究的对象从宏观的城市细化至邻里社区、大学校园、核心商业区等具有区域性质的环境实体。聚焦于具备较完整的功能要素、采取独立行为活动的区域，某种层面上可以说是对城市缩影做更为细致、更有针对性的环境行为研究。

5.1.4 研究旨趣与研究方法的选取

（1）真实意象

传统商业街在表现形式上保存了较为完整的街巷肌理，整体街道环境或空间秩序反映了某一段历史时期的商业风貌特色，因此在视觉观感和心理体验上，使用者都有"返璞归真"找寻历史印记的审美和情感需求。在先导性调研以及舒适度研究中，建筑的外观风貌与街区整体场所氛围存在较大的相关性。因此，在实际的更新改造中，有效利用街区自身有形的或无形的、片段的或完整的历史遗存信息，构建具有"历史感"的"真实"传统街区场景一直是场所氛围营造的设计要点。本章将"真实性"作为可意象性研究要点之一，从个体建筑修缮保护的真实性延伸到街区历史感的真实再现。

在具体的研究方法上，以研究者亲历设计个案工程的体会，结合其他样本的现场调研观察记录，提取街区环境真实性的特征及体验。

（2）文化意象

作为构成城市文脉，延续城市传统商贸活动的城市公共空间，传统商业街在保持某种生存方式的同时构筑城市文化，催生商机。街区中往往因具备历史文化景点而比现代购物中心和现代步行街多了一丝人文气息。先导调研显示"文化性的体验"是街区可意象氛围中较多提及的词汇。在舒适度评价模型中，街区附近的古迹景点、文化展览或公园等环境与整体场所氛围呈一定的相关性。在经历了消费模式从实体到网络的转变后，传统商业街的更新改造理念也由"量"向"质"过渡，文化氛围的重要性日益凸显，是传统街区应对竞争激烈的商业环境的有力因子。

在研究方法上，本章节将立足于从商业向文化转型成功的街区样本，以期较有代表性和说服力地反映文化情怀在街区场所氛围营造中的正面效应。研究者在现场派发开放式问卷，选取游客、店家及街区管理人员作为访谈对象，并有针对性地组织人员现场游览感受，提取其对于文化意象的多频词，从中找寻文化意象营造的相关策略。

（3）行为意象

与本研究相关的意象空间着眼于人们受特定的环境因素影响，在头脑中产生一种经验认知空间，实现对空间和形象的重建及内在反馈。这种反馈外在地投射在个体和群体的使用方式和行为活动上，一方面，通过研究他们的空间行为来把握其对于空间的感知，以及对于街区整体环境意象的参与；另一方面，通过对使用者行为方式的观察分析，总结出与传统商业街的场所行为、场所精神相适应的空间环境构成特点。

在研究方法上，本章将运用行为地图、拍照、访谈等多种手段对使用者在传统商业街动线空间（C空间）的行为方式进行观察测量。同时，运用"认知地图"法获取使用者对于街区空间特征的感知，进一步探索其对于街区意象的构建。

总体而言，"真实性"着眼于街区中建筑单体的更新设计，是基于"点"和"线"的场所意象构建。"文化性"则着眼于街区宏观环境，综合了历史文化、商业经济、街区功能等要素，是"面"上的场所意象构建。而行为意象则是在上述两点的基础上，以"人"为立足点，通过场所使用方式和空间选择，潜在地挖掘在使用过程中人对场所环境的认知以及对场所意象的感知。

5.2 基于真实体验的可意象性研究

5.2.1 "真实性"两种理论倾向

18世纪,欧洲的启蒙运动培育出具有现代意识的历史建筑保护理念发展的土壤。19世纪40年代,开始了关于建筑遗产的存在意义及其合理存在状态的形而上论辩,催生出两类真实保护修复观念:干预式(Interventionist)修复和反干预(Anti-interventionist)修复。干预式修复理论以法国厄杰纳·维奥莱·勒·杜克为代表,倡导"风格修复"(Stylistic Restoration)。"风格"是强调挖掘建筑外表隐藏的建造逻辑而形成的一种理想的图式,基于实现建筑自身和谐的目的,可以将建筑"修复"成历史上没有存在过的状态。杜克重视历史建筑在当下的意义,"修复建筑是为了把它传给将来"。以约翰·拉斯金(John Ruskin)为代表的英国真实性理论学派则反对杜克大胆开放的修复观念。该学派强调历史建筑有其特定的历史和文化背景,认为在另一时间背景下的修缮只能使其成为毫无生气的假古董。拉斯金甚至直言哪怕是让历史建筑腐朽消失也不能因修缮而改变其现状。上述两种理论根植于截然不同的历史真实价值观念,前者关注历史真实延续到当下的存在意义和使用价值,勇于在修复中融入设计者的主观理解,以"创作"获得理想"修复",但易造成史料价值流失。而后者则着眼于建筑的"岁月锈色"(Patina of Age),崇尚因时间沉淀而拓展的审美空间,在摒弃因保护产生的艺术和情感失真的同时,忽视了建筑物理层面的生存状况和其在当下的社会存在意义。

对两种理论的论争与批判继承是近现代历史建筑修复理论的发展动力。至20世纪初,奥地利学者阿洛依斯·里格尔(Alois Riegl)构建出完整的历史建筑价值学说体系,为19世纪以来的历史保护观念开辟了新的理解途径。其对历史建筑的理解趋于丰富多元,既观照"非目的性历史建筑"的"纪念价值"(Memorial Value),又强调"目的性建筑"的"当下价值"(Present-day Value)。自此,"真实性"作为现代遗产保护的基本准则,其评判标准通过法规的不断完善,从单一、绝对、固定转化为包容、相对、多元。

5.2.2 传统商业街的真实性概念表征

真实性(Authenticity),含有"real"(真实的)、"trustworthy"(可信的)和"original"(原初的)的含义,初指宗教经本及宗教遗物的真实,19世纪上半叶被引入历史文化遗产保护领域。作为文化遗产保护相关概念,"真实性"经历了从《威尼斯宪章》(1965)到"奈良会议"(1994)、《巴拉宪章》(1999)、《实施世界遗产公约操作指南》(2005)的不同阶段,实现了"原则性—多学科—可重建—整体化"等观念蜕变过程,并逐渐从理论过渡到操作层面,成为国际公认的文化遗产评估、保护和监控的基本因素及现代遗产保护的基本准则。

包容、开放的现代遗产建筑保护观念强调真实性标准的相对性,这种相对性主要表现为形成具备求真观念的多元传统建筑保护旨趣,包括强调历史建筑的原始、本色状态的客观主义真实性（Objective Authenticity），关注先验印象体验的建构主义真实性（Constructive Authenticity），更有追求技术的"超真实"（Hyper Reality）境界的后现代主义真实性（Postmodernism Authenticity）以及突出真实自我的存在主义真实性（Existential Authenticity），甚至还包括同时兼顾客体、主体和归属感（Sense of Belonging）三个层次的定制化真实性（Customized Authenticity）。笔者认为，对历史遗产真实性的差异化界定与对真实本原的认知有关，朴素的、机械的、形而上的或辩证的唯物真实本原，以及主观的、客观的唯心真实本原，乃至二元观念下的真实本原判断分别引导形成关于历史建筑保护设计的不同取向。需要强调的是，尽管各种真实性解读之间的差异始于不同的哲学起点，但就审美评价而言，并不存在优劣、正误的价值判断，应根据特定案例的特点做出真实性标准的选择。

值得一提的是，"authenticity"一词源于拉丁文，在我国文化遗产保护领域尚未达成统一的译法，"原真性"和"真实性"是两种较有代表性的译法。前者表达的"真"与时间维度相关，强调"原始的、原创的"原状存在状况；后者强调历史信息形成的过程，包含"初始的和后续的特征与意义"的累积。对传统街区而言，街区的变更是持续的，街区所留下的历史印迹，即所携带的全部历史信息包括初始的和后续每一历史时期陆续添加和改动的有意义的痕迹。今天我们所能见到的大多数传统街区都已部分或全部失去最初的面貌，呈现出不断添加、改动的面貌，这种面貌虽不是原始的，却是历史的。所以笔者认为"真实性"和"原真性"两种译法本质上都表达了"非假"的概念，但针对"传统商业街区"这一对象的特点而言，"真实性"更适用于本书的论述。

"不改变文物原状"是我国针对文物古迹保护的基本原则，该原则具有清晰的客观主义真实性倾向。然而，当我们在中国传统商业街区的框架下讨论保护修复时，在一定程度上允许更为"有弹性""主观"的真实性解读和重构，这与传统商业街区自身的性质特色相关。"传统商业街"一般是指以一定数量的历史遗存建筑为基础，具有较完整的历史风貌，在当下的社会有延续的社会结构和功能的商业街区（道）。由于街区内遗存建筑的历史信息往往有限且零散，且传统商业街区在与现实生活的融合过程中又是以"商业本能"来保持生命力和竞争力的，故而在保护更新方式上，对于街区中的遗存建筑以保存外观传统风貌为主，以体验参与的介入方式，允许建筑内部为适应现代商业动线及业态需求做出较为灵活的调整，而不是采取文物建筑保护所要求的"静态"式保存。另外，作为容纳传统特色商业活动的城市领域，传统街区形态在适应现代商业动线及空间方式上应根据现代城市商业模式做出适当调整，激活其在当下的活力。而且，街区的变更是持续的，对于特定时代呈片段状的历史遗存信息，在修复过程中有必要进行适当的创作和设计以修补完善。这些特定语境下的特定对象决定了此时的真实性问题不是单纯局限于对客观真实的追求，而是更关注街区中真实性的场所感和时间感的确立。在不同的真实性标准下，时间特性与事件特性的传达将有赖于主观体验的建构与组织。

5.2.3　真实感的传达机制分析

真实感知存在着一定的不确定性，特定个案的历史信息源存在的多寡，形式与功能、技术与材料、传统与设计、位置与环境、使用与精神感受等综合内外的因素，将合力左右真实性感知要素的权衡确定,而这也涉及"艺术真实"和"历史真实"之间真实性本原命题。

目前普遍的改造前状况是,商业街区正逐步失去商业的活力和传统的风貌,片段或零碎的历史信息中夹杂着不同时段的使用或改动痕迹。上述情境下,通过探讨真实性选择的心理机制触及的问题本质,探讨历史建筑的还原与应变的取舍尺度与价值平衡,在多元价值视角下观照真实性理论在当下历史建筑保护中的应用,以达到利用遗存信息再现或传达"真实性"的目的。基于遗产保护实践中的"真实再现",研究者通过亲身参与的传统街区改造项目,并结合其他样本的现场调研观察,以真实感体验的心理机制作为传统商业街区改造模式的切入点,探讨如何有效利用街区自身有形的或无形的、片段的或完整的信息的历史遗存价值,从而构建具有"历史感"的"真实"传统街区场景。

5.2.3.1 关于街巷空间原乡体验的真实

街空间和巷空间的联结形成传统商业街区的开放式纵横交通,前者是形成经营界面的商业人流动线,后者则是联系起居、生产、仓储等的后勤物流动线。街巷空间的演化经历了漫长的历史时期,从唐较为封闭的"里坊"到宋线状开放的"坊巷",直至明清功能丰富的"大"街"小"巷。早期,传统商业街的形成与发展依托一些交通便利、人口密集的"生长点",以家庭作坊为单位的临街店铺密集排列、水平延伸,聚构成带状线形的商业街布局。街巷有较为显著的自发组织性,应环境、民居形态因地制宜选址,根据商业的状态与需求转折或延展空间,长时间的自生长方式使其形成非几何空间形态。商业活动沿街伸展的同时沿巷纵深蔓延,形成"鱼骨"或"格栅"状布局(见图5-1),呈现出树形的主干街廊与自由生长的小街巷相互叠加的城市肌理。鱼骨状街巷系统、曲折狭长的街巷脉络所容纳的各色摊贩、邻里守望的商贸和生活场景,成为公共的"传统市井生活"认知意象。定制化真实性理论认为,认知主体趋于"在他乡寻找故乡",在"陌生中寻找熟悉",通过找寻与心中构想的家园相契合的要素而获得真实感受,这样的真实性体验在质上是一种回归式的原乡怀旧。

基于有关真实的先验印象,通过恰当的技术途径引入某些遗产要素和文化成分,可"定制"构建趋于大众真实体验的街巷形态。在广州荔湾区某传统街区迁移的改造实践案例中,设计要求在新的红线范围内重新安置多个传统街巷建筑,布局上采用广府民居传统"梳

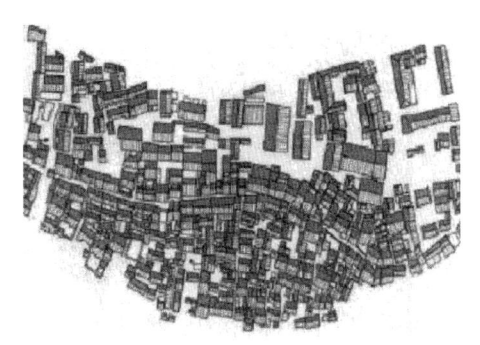

徽州鱼梁镇"鱼骨式"街巷体系

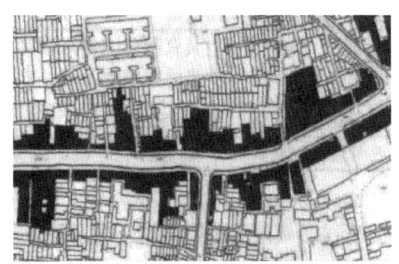

广州上下九商业街肌理:树形主干街廊与小街巷叠加

图5-1 传统街巷形态

式"平面,以曲折延伸的街巷空间形态,形成收、放和转折以产生空间上的细微变化,建立内向型街巷的空间层次和连续界面。在传统街区和城市外环境之间形成衔接的开放界面,结合水体、广场的设置等形成外向型的集镇场所,以进一步强化"原乡"意象(见图5-2)。在街巷的尺度把握上,兼顾传统街巷的空间与现代商业流线的尺度模数,控制巷宽(不超过3米)与临街建筑高度(1~2层),力求建立合理尺度层级,以较合宜的高宽比例使人产生亲近感,营造传统商业街巷的场所氛围和"乡土"情境(见图5-3)。

图5-2 案例中传统街区的梳式布局

图5-3 案例中合宜的街巷尺度和界面

5.2.3.2 关于符号认知原型标注的真实

建构主义真实性关注体验人群对客体的预期或印象。针对特定历史时期或特定地域历史片段,以语汇转译的方式渐次建构符号真实性(Symbolic Authenticity)。

特定地域的特定建造方式往往会被反复使用,因此特定地域、文化和建筑技术所沉淀出的具有识别性的建筑符号认同会在人们心中形成先验的原型图式,并在重复使用中被进一步强调形式感。在建筑构件、装饰纹样、建筑材料等方面,通过原形沿用或抽象提取,可获得触发历史真实感知的装饰媒介。实践案例沿街采用"三间两廊"格局(见图5-4),结合人字形和镬耳形山墙,辅以门楣叠涩、墀头浮雕、窗檐条纹装饰构件,并配之以趟栊门、格扇、海棠纹横批等广府民居传统建筑常见的元素。这些传统符号的组合使用有利于建立地域认同，强化真实感（见图5-5）。

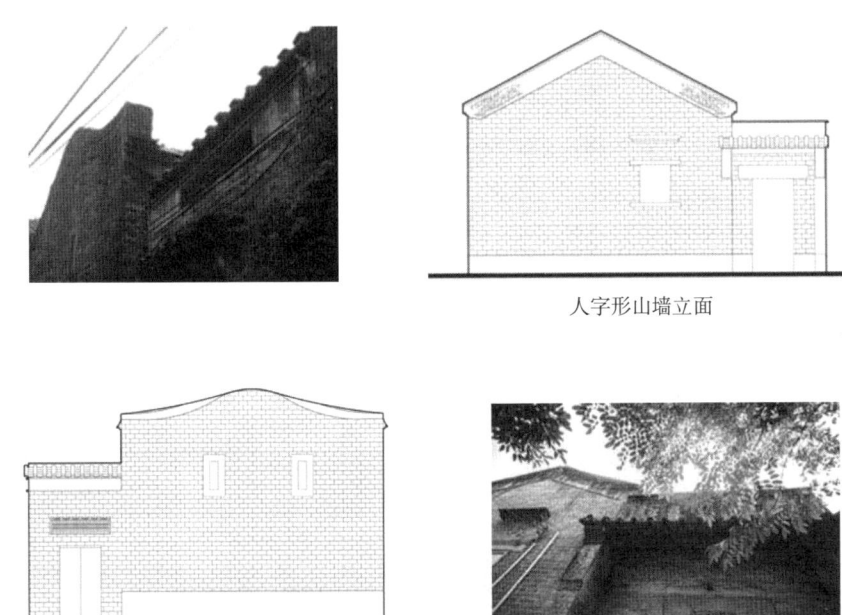

图5-4　案例中的三间两廊民居立面

图5-5　传统元素的直接沿用

然而，相当一部分建筑构件在"当下"的时间维度已失去其原有的使用价值，符号认知也有所转化。因此，原型语汇的使用不应是简单的怀旧重现，而需对其真实性品质进行"再创作"，使传统的符号构件具有新的建筑适用性。传统符号、传统材料及建造方式新用，力求设计还原的符号意象与人们的记忆认知达成默契，以形成有组织、可互动、可感知的环境场所。如在 LNTD-FS 样本中，原型符号在不同的语境下产生了新的能指，成为有效的真实感知的媒介。灰砖和红砖砌筑成的镂空横批纹理图案外墙装饰了整体环境，又具备自然采光通风的功能；瓦筒砌镂空墙面用以遮挡空调室外机，保持了环境的完整；用铺地的阶砖砌筑楼梯栏杆面、用瓦片制作叠水景观墙等，都以精巧的技术模糊了现实和历史之间的真实界限（见图5-6）。旧的材料、旧的纹饰，以新的营造方式，产生"历时存在的时间感"和"熟悉中的陌生感"。文脉的延续不应肤浅地归结于简单的形象或符号模拟。我们应在历史的审视下扩展想象力，在历史的进步与对比中呈现延续的文脉。

图5-6　新语境下传统符号的运用（笔者拍摄）

人们通过对建筑场所内在品质的感知，形成对建筑的历史意识、生命进程和心理情感的共识，构建出"真实"感的心理图式。这种强调场所精神的情感和氛围与东方关于"道"与"器"的描述异曲同工——"形而上者谓之道，形而下者谓之器"——形式的物质限定只是事物外在的容器，而真正超越了物质可视形式的才是"道"。故而，"意在上，形在下"，传神的意境不受具体形式的束缚。落实到历史建筑的改造中，并不强求对造型、材料、色彩等外在形式的原样呈现，而是通过有形构建无形，力图唤醒人们更深层次的回忆和体验。

5.2.3.3　关于遗存片段原状感化的真实

遗存建筑是街区历史的重要真实源，相对于文物或历史建筑"不改变原状"的改造原则，传统商业街区的历史风貌价值大于史料价值，其中旧建筑的改造在客观主义真实性表达方面有一定的折衷和弹性空间——通过新旧的清晰界定提升人们对旧建筑的真实感体验：一方面，对旧建筑部分尽量保持目前状态，不做过多的恢复当年原貌的翻新修整；另一方面，对建筑中影响使用功能的部分，则用当代的建构技术加以更新，为建筑持续利用提供更充分的保障。这种"客观原状"的真实性策略使传统街区的时间概念得以延续到当下，不会因历史感回归而有所中断。这里的"客观原状"涉及"整旧如旧"的修复践行。在国际宪章中，"整旧如旧"主要是基于对史料真实及可读性的保护而对建筑遗产肌体所采取的一种处理态度——对于历史建筑而言，"岁月的锈色"既是美学意义上的完善，也是一种心理或情感的诉求。

顾孟潮先生认为，构筑城市的记忆，除物质层次、场所层次之外，还有事件和意境层次，能使人产生事件（意境）记忆的往往是建筑意义更高层次的表达。在这个意义上，应客观诚实地保留遗存建筑所残留的不同时段使用、改动的痕迹，乃至破坏性的物质印记。通过环境有组织性和可互动性产生叙事的空间和情境，既存建筑的局部和整体以审美的方式展示时间、事件的印痕，不同历史事实的信息片段叠加呈现，以历时的情境营造历史的存在感。例如在德国国会大厦改建中，廊道墙面上保留了大量前苏联红军的涂刻，以警示该建筑曾经历历史洗礼。又如上海新天地原"敦仁里"里弄大门上的许多小广告，也被作为昔日的市井的一部分而加以精心保留。类似地，在LNTD-FS样本中，当代加固的钢构件、墙上的攀延枝叶、革命时代的标语粉刷是旧建筑的历史注脚（见图5-7），升华了时间的真实体验感，"将过去带入现在并提供一种仍然能够体味到的过去"。

图5-7　历史片段的保留

遗存片断的原状还体现在维系整体环境时间维度的同步。强调修复改造部分与建筑遗存原状的反差并不意味着现代材料的单一运用，传统建筑材料乃至旧材料的二次运用同样可以达到设计预期，实现街区肌理在同一时间维度的同步，延续整体和谐，构筑出街区昔日的气象。笔者参与的广州传统街区改造项目中，出于细节的考量，对于其中蕴含传统技法和工艺的建筑构件将以局部整体拆迁、异地整体重组的方式，原样移植到新址（见图5-8）。以山墙灰塑、墙基石材、铺地材料、檩桷、门楣、墀头、窗洞、窗檐等分类，细化各类构件的迁移和复建技术要求，尽可能保证构件历史信息的完整性。对于需要进行空间调整和改进的部分，通过收集传统建筑的拆迁材料，运用新的建构方法重新组合，构筑出具有形式感的街区环境界面。传统材料的选取有利于时间维度的一致，原状材料的重复使用有利于对环境的历史氛围的整体把握，重现青砖石墙、条石天井、红砂岩墙基、麻石冷巷等原状氛围，传递较为完整的历史语境下的人文气息。

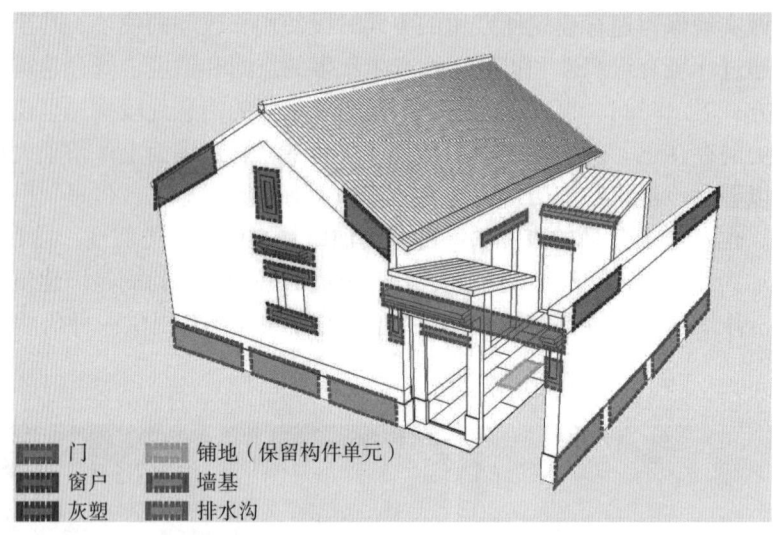

图5-8　东漖村重要建筑构件搬迁示意图

5.2.3.4　关于功能延续原本存在的真实

历史建筑存在于合理。只有合理，真实才有被彰显的意义。存在即真实。历史建筑的拯救与再生不是历史的停滞，是建筑生命得以发展演化的推动力。解构主义者认为历史只有在与现代、基本项及"它者"的二元对立与相互关照中才能显现出真正的意义，这实际上是超越历史与现代的肯定审视。

传统商业街区处于现代城市大环境之中，建筑在物质构成和技术措施方面与现代城市生活方式难免有所隔离或中断，但街区于城市不应是孤立的存在。传统商业街区是区域的节点，应从宏观的功能关系层面建立清晰的街区功能角色，使街区作为完整的城市节点存在于市民真实生活之中。强调"过往"真实体验的传统街区恰恰通过对"当下"城市空间及功能的真实参与而延续其在"未来"的真实存在。街区的功能定位不是单一的，而是多重角色的叠加，多元城市参与有利于增加市民的街区真实体验。

在上述笔者所参与的改造案例中，历史建筑群处于住宅小区的西南角，处于新建城市居住区内部，相隔的道路网络让该历史地块形成既相对完整，又与现代小区观望的半独立区域，这是传统街区主动加入现代城市的典型样本。于是，还原的命题趋于为该历史建筑与当代小区找寻对话的契机。现实中常有的困惑是，历史建筑的功能调适似乎一旦触及"商业"，历史信息就必然折损，保护的动机也难免受到质疑。事实上，单凭固有观念武断地选择商业式舞动或博物馆式静立，都是对历史建筑史料信息和当下生命的某种曲解。只有选取历史建筑与此时此地相契合的层面给予延伸，才能合理地完成历史建筑在当代时空关系中的生命转换。历史正是在与现代的对话甚至冲突中才更好地展现出它的存在意义与美感体验。

据史料记载，东漖村历史地段在明清时期有花市和桑市商贸传统。在此脉络上，设计者试图重新挖掘该地段所沉淀的商贸功能，以此作为历史建筑自身生命和区域环境发展的基础，使其自然融于当下语境（见图5-9）。街区的存在一方面建立起区域环境"公建"（传统街区）—"住宅组团中心"—"公建"（小区会所及商务中心）—"住宅组团中心"的纵向景观轴线序列，接续形成"虚"与"实"相间的城市公共空间链，标示出街区的公建功能定位（见图5-10）。具体而言，以宗祠建筑为中心，结合水体和广场，在广场左、右两边分别设置商业地带，使传统街区和城市外环境形成开放的外向式界面。以传统工艺品商业替代已失传的桑市贸易，同时保存岭南传统特色花市贸易。另一方面，该街

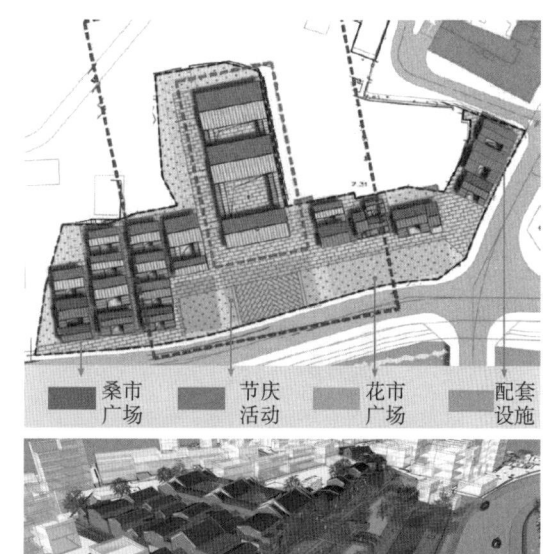

图5-9 历史建筑群延续传统商业功能（东漖村）

区又作为沿河涌教育带的一个独立环节，以文化性的定位激活了河涌景观带，使整体环境具有张力。而在街区的本体功能——商业定位方面，传统街区作为整个区域商业配套体系新的焦点，向西延展了原有的商业带，从而使祠堂、广场、临水商铺共同构成典型的传统市井生活情境。可以看到，宗祠两侧的建筑群通过曲折延伸的巷道，建立起内向型街巷的空间层次和连续界面。曲折狭长的街巷脉络、各色摊贩、邻里守望的商贸和生活场景使我们感知到，整个历史建筑群既被赋予了实实在在的生活功能，同时也成为整个小区景观序列中的活跃元，让史料以更真实、合理、舒适、动态的方式融入人们的生活中（见图5-11）。更深一层，从场所整体来看，地块西侧的传统商业带与东侧的现代商业带不但在商业布局上而且在地域上是两个增长核，分别象征时间轴的两极，使"现代"和"传统"得以呼应并延续，传统商业形态与现代商业形态的互动，将极大丰富商业街区的环境内涵。笔者认为，真实的传统商业街区不应置于城市的温室中，其城市性与社会性将强化自身的商业性，并落实为生活深处的历史真实感。

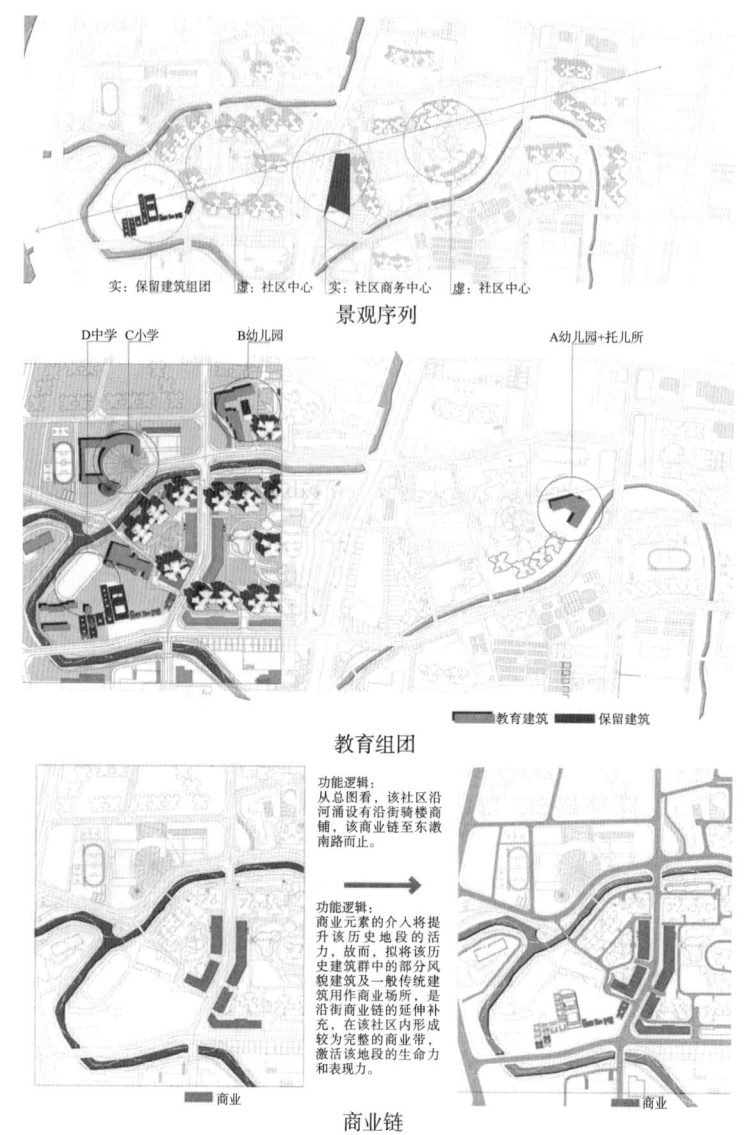

图5-10 街区与现实环境相融合

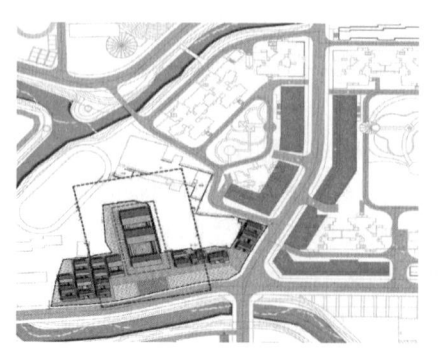

商业生机从现代小区的裙楼延伸

历史建筑群成为景观序列活跃元

图5-11 历史建筑群的功能定位（东漖村）

5.2.3.5 原址环境调和共存的真实

在街区改造中，周围环境的变迁常常导致历史建筑抽离出原有依附的生态和文化土壤。在主动城市化与被动历史保护的现阶段，在历史建筑原址与房地产业调和共存中，把历史建筑与其所处的场所相分离是缺乏整体意识的举措，从而出现了将建筑整体迁移或拆除后在新址原样复建的极端尝试，引起学者们关于原址真实性的思考。

笔者所接触的案例位于广州市荔湾区东漖村，相传由郭子仪后裔所建。虽因世易时移，传统的村落环境、街道有所流失，但其南北走向的梳式布局、麻石村道、墟市老街、历史建筑和祠堂，仍构筑出典型的岭南传统村落风貌。现因城市"三旧"改造，原村址拟建起数栋高层住宅，历史建筑将零星散落于住宅区域内。一方面，历史建筑所在地段内的给水排水、地形地貌、标高交通等既有物质环境的平衡状态将被打破，原有的防水、通风、采光等物理环境策略与逻辑将随之失效。另一方面，各历史建筑零散处于现代生活小区内进行封闭式管理，也将在社会环境的对话中处于失语状态（见图5-12）。

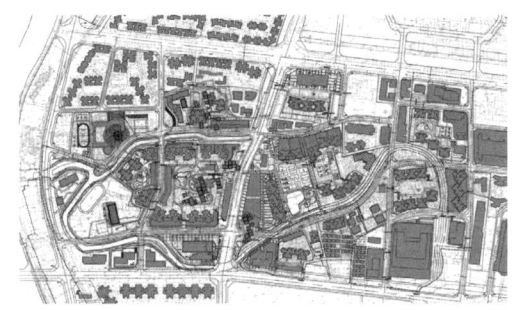
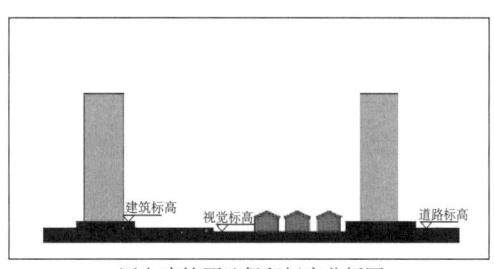

历史建筑原地保留标高分析图

图5-12 原址保护下历史建筑与规划建筑的位置关系（东漖村）

从某种意义上，历史建筑从"放养"向"圈养"转换时所面临的首要问题，已不是遗迹的留存与否，而是遗迹的可持续存在。

在上述考量之下，另辟新址重建恰恰是更符合真实性本意的保护策略。在真实性论争中，斯科特曾这样解释他的"折衷"立场："建筑的损坏无可避免地一直在发生着，'改变'并不是试图添加或颠覆什么，而是在已有的条件和作品上进行改进，真诚地创造出比先前已存在的事物更加美好的东西"。城市更新的进程是不可逆的，而作为设计者所能做的是尽可能让历史建筑、历史环境重新融入不可逆转的城市建设与社会发展进程，延续它们的社会功能性、文化自明性和情感归宿感。根据历史照片及相关资料记载，郭氏大宗祠是东漖村郭氏最大的宗族祠堂，原是由七座建筑物一字排开组成的大型建筑群（见图5-13）。现仅剩大宗祠一路三进，被不同时期所建的学校、幼儿园环绕簇拥。考虑到郭氏大宗祠是族人情感维系的核心，故而本次改造将其定为文脉基点，并以郭氏大宗祠周边历史环境氛围的再现为引子，使村落原貌以缩影的方式呈现。村落中的历史建筑将迁移至宗祠两侧空地，包括相连的麻石街巷一并迁移，尽可能还原传统村落中的建筑及街巷空间格局（见图5-14）。

图5-13　郭氏大宗祠周围建筑群的历史原貌

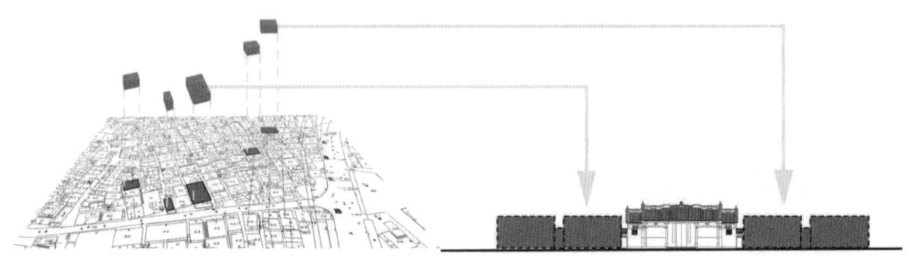

图5-14　历史建筑整体搬迁至郭氏大宗祠两侧

在新的城市常态下，这种相对完整地重塑整体历史环境氛围的真实性折衷策略，在一定程度上使原址的场所精神、文化内涵和审美理想有了重新表达的可能。"不改变原状"可以是一种建议措施而非政策或原则，向符合建筑整体价值，向有利于历史精神和物质生命保护的方向打开思路，因地制宜，使历史建筑的保护成为环境创造而不仅仅是僵化还原（见图5-15）。在东漖村案例中，通过适当的应变与现实达成某种和解，为历史真实争取另一种"合理"的存在，较之于恪守教条般的修复原则，更具现实意义（见图5-16）。而通过这一"合情"的改变，既保障了原住居民物质、身心和精神的延续，也贴近还原的本意。

图5-15　史实资料下历史地段整体环境再营造

历史建筑线索现状图

风貌建筑线索现状图

其他旧建筑现状图

图5-16 笔者参与东漖村改造项目现状实拍

5.2.4 真实意象小结

传统商业街区有别于严格意义上的文物建筑或历史街区，其"真实性"的意义不执着于本原的存在物，不强调非此即彼的客观真实标准，而是根据传统商业街区的当代业态及商业动线需求、体验式环境和城市文化角色，在一定程度上不断兼容与扩展。因此，仅仅是历史环境物质形态的真实还原不足以表达精神、情感和功能共存的历史真实感。只有通过挖掘、利用特定城市特定街区的历史信息，才能够形成不同类型的真实性思路和模式，使传统商业街区的真实信息可感知、可体验、可延续，也使街区在延续活力和传承历史中得到全面的保护。在包容、开放的评价框架下，需要把握的是改造是否具有清晰的真实概念模型，是否应用街区生活场景信息的可感知要素引导人们更好地感受到遗产的真实性，这将是富有挑战性的实践。

保护是对历史产物在当代合理存在的一种理解和行动，其目的不是要简单留住时光，而是要敏锐地调适变化的力量。事实上，游历者从现代城市生活环境到传统老街区的过程，是一个感受时代变化下生活变迁的过程。环境反差越大，游历人群对自己的日常生活的解脱感就越深，获得的舒适体验就越清晰。阿尔甘曾强调："修复和保护最重要的不是技艺水平，而是对历史和技术的理解力和敏感度。"在此意义上，"如旧"和"如新"都力求通过事件和意境唤起人们内心深处的"感觉和情绪"，构建人们对于过去更和谐自然的想象图景。此时，历史建筑还原的是超越形似与再现，而达至神似与表现的"真实"。这种真实性的保留，并不排斥现代建筑科技对人们生活的改变，重点是正确处理新与旧的关系，使不同时期的美好生活都能展现出来。上述对真实性的折衷讨论，在于促成有机的、渐进的、复杂的和精致的保护与更新，体现出一种活的演进过程，展示潜在的可能，这是以对真实历史的虔诚和敬畏为前提的，这是一个拓展与包容的过程。

5.3 基于使用方式的行为意象研究

5.3.1 行为方式的研究基础

5.3.1.1 相关理论基础

个体对于场所的感知很大程度上受个体在特有空间下的行为影响，包括空间使用功能的适用以及意象氛围的心理构建。个体对空间的使用方式，揭示出该环境下人的行为方式和心理需求，也反映出使用者对于特定空间场所的感知印象。空间行为研究被列为环境心理学的重要理论研究内容之一，环境心理学应用于建筑学时通称为"环境—行为研究"（Environment-Behavior Studies）。各种环境—行为理论从不同侧面解释环境行为现象，包括唤醒理论、环境应激理论、环境负荷理论、适应水平理论、行为约束理论和行为场景理论等。影响空间使用的因素大致有场所固有的功能特点、私密和公共性的领域感、环境的物质质量、物理条件、习性行为等方面。从建筑设计原理的角度看，环境—行为研究是关于如何扩大和深化功能的研究，从使用者的心理、行为及文化需求的层面体现建筑的适用性，并外延到建筑技术和建筑审美研究。

具体到建筑环境如何影响行为，学界同时存在着多种理论假设。心理学家Lewin和Moore先后用函数公式解释使用者（个体与群体）、环境和使用行为之间的关联。该理论通过对日常行为场景的系统观察和行为抽样，研究客观环境中的行为现象。国外普遍运用观察法调查建成环境的真实使用方式和状况评价，并辅用开放式问卷、访谈法加以校对。这种对使用方式的观察和评价，在国内一般称为环境的实态调查。在一定程度上，通过这类研究所得到的行为模式或空间模式，有助于更切实地提升场所环境使用绩效，并改善使用者对于场所环境的认知，对于设计人性化空间具有现实意义。

5.3.1.2 行为方式与街区意象

个体行为模式是个人主观经验、社会角色和文化属性在特定的物质环境下，长期、持续、稳定地相互作用而形成的。这种与特定群体或特定时空相联系的活动模式，随着时间的积累和行为的重复，得到社会和文化的认同，潜移默化成为先天直觉或是后天习得的本能行为方式。个体的空间行为反映出在不同空间中相应的行为机制和心理认知。本研究在第二章中对街区的空间类型进行划分，包括A空间（活跃空间，即商业空间）、C空间（动线空间）、D空间（区域空间）和B空间（后勤辅助空间），个体自身的行为方式与不同的空间环境条件相适应，产生出相应的行为反馈。个体在传统商业街区中的行为反馈应能传达出街区特有的环境特质，表现街区特有的空间属性和场所精神。通过先导性调研可知，使用者在A空间和B空间内有着相对明确的空间使用内容，群体行为较为一致。D空间的行为方式较为宽泛，与街区的实际使用并不是直接相关。而在C空间内，群体的行为是多样且随机的，在先前的舒适度调研中也发现，这类空间在街区舒适度影响因素中有较大权重。因此，在某种程度上，对这类空间使用行为的考察能大致反映出使用者对于街区整体环境空间的认知和态度。本研究旨在通过考察使用者对于街区 C 空间的使用和行为方式，挖掘使用者潜意识中对空间的概念定位和环境态度，总结构成不同空间意象的环境要素及结构关系，从而形成使用者对于传统商业街的意象图式。

5.3.2 对街区空间的行为方式测量

本部分研究主要对特定空间的个案实态展开调研，运用行为地图、拍照、访谈等多种测量手段对街区 C 空间的使用行为进行非介入式观察、记录，分析其行为背后的倾向需求，寻找个体对于不同空间的认知方式和使用意图。在这种静态的观察中，研究者并不参与、引导或影响使用者行为，而是力图捕捉使用者关于空间使用的无意识流露，了解街区在历时性使用状态下的整体使用状况（包括空间功能绩效、使用强度及使用者行为规律）等。从行为反观个体对于所处传统街区的场所品质、空间环境意象等较为深入的认知信息。

5.3.2.1 行为测量方案

（1）观察点选取：兼顾不同的街区平面类型，选取 3～4 个街区作为研究样本。对于每个样本中 C 空间下的空间类别，例如出入口空间、街巷空间、休闲景区/广场空间、历史遗迹空间、灰空间等，分别选取 1 处作为观察和分析的切入点。空间环境的选取是建立在前期调研的基础上的，人流量较多、行为方式较丰富、街区中有标识性景观区域是空间环境的选取原则。对所观察的每个环境要素进行必要的整理和提炼。

（2）观察测量方式：首先，在观察前研究者要准备行为记录表、行为记录图纸，并对每个观察现场进行踩点，设定每个观察员的观察方位。其次，制定详细的研究步骤（见附录 10），统一组织一批学生分组进行，利用一周的时间开展测量统计工作。再次，观察时每个被观察的空间安排 2 个以上观察员，分别以非参与的方式进行行为核查记录、行为地图绘制或照片取样。对于一个样本内的不同空间，由不同的观察员在相同时段内观察。研究者主要负责在各观察点之间协调指导及应对突发状况，并利用间歇时段收集行为地图。

（3）具体的观察时间：每个观察点观察时间包括工作日和休息日，主要以分时段的方式多次进行，每次观察兼顾高峰时段与非高峰时段，每次观察时间为 10min。研究并未对季节性（雨季、冬季及夏季）天气作系统观察，一般只是少量人员进行临时性观察，作为研究的补充。

（4）观察记录内容：个人行为、场所使用方式、人群活动等。观察内容既包括正常使用行为，也包括空间的误用和超出预期的使用行为等。观察结束当天组织各观察员自由讨论观察到的环境现象，并整理所记录的资料，补充书面形式的观察总结，然后统一收集。

5.3.2.2 观察点环境基本信息

表5-1 观察样本环境基本信息

观察空间类型	节点位置	节点要素信息	周围环境	选取原因	节点所属样本/平面类型
休闲/广场空间	喷泉水池（于吴系茶餐厅和李众胜堂祖铺之间）	与地面齐平无缝水池；石凳；绿树；花坛景观	靠近历史建筑龙塘诗社、李众胜堂祖铺	聚集休闲人流；水池景观是街区中常见景观，有一定代表性	LNTD-FS/网络形
广场空间	钟楼广场（近福贤路入口）	体量较大，接近三层楼高；仿传统钟楼；形成半室外空间可穿行；内部未设座椅	在街区中轴线中心位置；在主干街道；两旁以饮食业态为主	以通行人流为主；建筑物的景观为交通缓冲空间	LNTD-FS/网络形
广场空间	铜马雕塑广场	广场开阔；骏马造型雕塑；无座椅；饮食业态丰富	形成缓冲广场；四面通达；靠近高架桥	以通行人流为主；缓和动线过长	SXJ-GZ/树形
广场空间	主干道与圣心教堂交汇处	台阶、石凳；可望见圣心教堂	周围有干果批发业态	休息空间；缓和动线长度	YD-GZ/梳形
休闲景观/历史空间	拱北楼遗址	"铜壶滴漏"雕塑造型；环形花坛景观；无休闲座椅	形成缓冲广场；靠近广州百货大型商场；主干道	街区景观装饰；文化遗址；交通缓冲空间	BJ-GZ/网络形
入口空间	喷泉景观	一米多高的矩形水池；喷泉水口；周围无座椅	靠近主入口；标识性景观	在入口处形成人流汇集点	LNTD-FS/网络形
休闲景观/历史文化空间/入口空间	千年古道遗址	玻璃覆盖的古道遗址；标识性文化景观；无休闲座椅	位于街区入口；周围有服饰主力店	以通行人流为主；街区的标识性景观	BJ-GZ/网络形
入口空间	高架桥下退让出广场空间				YD-GZ/梳形
历史文化空间	龙塘诗社/简氏别墅	故居式历史建筑；面积较大，室内复原家居；室外有凉亭、庭院、柱廊等；修复过程图片展兼现当代书画展	与李众胜堂祖铺等形成历史建筑群落	街区的历史文化聚点；参观及休息空间；对周围的商铺有触媒效应	LNTD-FS/网络形

续表

观察空间类型	节点位置	节点要素信息	周围环境	选取原因	节点所属样本/平面类型
历史文化空间	嫁娶屋	民俗博物馆；风俗民情物品展示；旧建筑改造	门口有嫁娶广场休闲空间	街区的历史文化聚点；对周围的商铺有触媒效应	LNTD-FS/网络形
历史文化空间	永庆坊/粤剧博物馆	微改造试点；历史建筑及特色小店	位于主干道一侧；历史建筑及特色小店	增加街区景观及文化氛围	EN-GZ/梳形
休闲景观/街巷空间	位于主干道，靠近中心广场	展现西关风情的雕塑；趟栊门、西关小姐标识；无座椅	西关风情雕塑街道；两旁以饮食业态为主	以通行人流为主；增加街区景观及文化氛围	SXJ-GZ/树形
街巷空间	祖庙大街	陈李济、香云纱等老字号和特色店铺；蜿蜒有绿树；石板铺路；尺度亲切宜人	靠近天地路入口；可从祖庙大街的次级街道再进入主路	较小尺度的街巷空间；有传统特色店铺；老街的氛围	LNTD-FS/网络形
走廊/过道空间	走廊过道	干果等货物展示	骑楼下的过道；海味干果等批发业态	有商业、交通功能	YD-GZ/梳形
街巷空间	巷道，主干道旁的支道	巷道业态；牌坊标识；尺度不大	牛杂等传统小吃、小饰品等；街坊日常生活	有交通、商业和居住功能	DSF-GZ/树形
走廊/过道空间	走廊过道	铜器制作；货物展示	骑楼下的过道；铜铺传统工艺	有商业、交通功能	EN-GZ/梳形
老字号店铺	莲香楼，位于街区主干道	老字号商铺；饮食业态	周围有网红小店	以购买人流为主	BJ-GZ/网络形
灰空间	星巴克、芽庄等饮食业态	凉棚等遮阳设施；休闲座椅；绿化景观	位于店铺附近，店铺业态的延伸	是街区的交通空间，也是商铺的待客空间	LNTD-FS/网络形

5.3.2.3 行为观察测量及分析

笔者分别于2017年4月和2018年6月的工作日和非工作日期间，选取四个不同平面类型的街区样本进行为期4天的观察。每次观察兼顾高峰时段（午饭前后时段11：30—12：30，晚饭前后时段17：30—18：30）与非高峰时段（10：00—11：00，15：00—16：00），每隔10min拍摄一张照片。选取每个样本中有代表性的出入口空间、街巷空间、休闲庭院/广场空间、历史遗迹空间、灰空间作为行为观察点。

1）休闲庭院/广场空间观察点行为活动信息统计

具体观察记录见表5-2。

表5-2 休闲庭院/广场空间行为活动信息系统观察分类记录数据

节点	时间	时间段	各类行为发生的频次											其他观察备注	节点类型	所属样本及平面类型
			交通行为		休闲行为									个别行为			
			车行	步行	观赏	看手机	进食	踱步	驻足	坐憩	聊天	拍照	游戏				
喷泉水池	5.9/周二	11:30—12:30	0	42	10	15	3	5	18	54	32	23	32	4	进食者以喝水为主	休闲庭院空间	LNTD-FS/网络形
	5.9/周二	15:00—16:00	0	50	13	8	4	4	23	72	21	12	25	2			
	5.13/周六	10:00—11:00	0	92	25	23	9	8	32	84	45	28	30	3			
	5.14/周日	17:30—18:30	0	109	28	15	6	3	38	95	57	35	41	0			
钟楼广场	5.9/周二	11:30—12:30	1	75	8	1	0	2	12	0	2	15	2	1	以钟楼为标识比对地图	广场空间	
	5.9/周二	15:00—16:00	0	87	5	0	1	3	10	0	4	9	0	0			
	5.13/周六	10:00—11:00	0	95	13	5	0	7	19	0	10	11	1	0			
	5.14/周日	11:30—12:30	0	112	15	9	2	11	23	0	8	19	2	2			
铜壶滴漏景观	4.6/周四	11:30—12:30	0	115	112	45	1	5	12	0	3	59	21	1	有人现场画素描	广场空间	BJ-GZ/网络形
	4.6/周四	15:00—16:00	0	95	87	26	2	7	15	1	9	45	19	2			
	4.8/周六	10:00—11:00	0	134	167	39	5	10	33	2	5	63	32	2			
	4.8/周六	17:30—18:30	0	126	142	58	3	12	25	2	6	58	35	1			

续表

节点	时间	时间段	交通行为		休闲行为								个别行为	其他观察备注	节点类型	所属样本及平面类型
			车行	步行	观赏	看手机	进食	踱步	驻足	坐憩	聊天	拍照	游戏				
铜马雕塑广场	6.13/周二	10:00—11:00	0	1321	21	29	17	10	35	42	22	28	3	3	游客在商店遮阳设施下坐憩	广场空间	SXJ-GZ/树形
	6.13/周二	11:30—12:30	0	1530	12	21	25	21	48	36	35	26	5	3			
	6.18/周日	11:30—12:30	0	2215	15	41	31	42	121	45	48	35	5	5			
	6.18/周日	15:00—16:00	0	1854	25	25	15	38	139	41	32	40	6	2			
主街旁边支道	7.12/周三	10:00—11:00	2	232	72	11	1	13	32	11	8	72	3	1	搬运工人在石桩旁休息	休闲空间	YD-GZ/梳形
	7.12/周三	11:30—12:30	1	345	65	19	2	7	21	13	11	81	2	2			
	7.15/周六	11:30—12:30	1	425	112	23	1	12	42	9	5	122	2	5			
	7.15/周六	15:00—16:00	1	305	54	12	0	7	17	12	7	87	7	3			

（1）交通行为

交通行为大多产生于位于交通节点的休闲公共区域或广场，该空间主要起到缓和动线长度的作用。在所选取的观察点中，有三个样本具备这类角色定位，其所表现出的交通性差异较明显。其中，SXJ-GZ的铜马雕塑广场人流强度最大，人流的通过强度达到约50.08人/min。据观察，该观察点处于街区动线的缓冲区位，且左右通向外围路口，是一个近似于十字交界处的广场。该广场呈矩形，长宽尺度较大，广场中央无特别的景观、座椅和遮阳设施，只有一个铜马雕塑设于广场东南角。该雕塑比例不大，造型和内容不涉及街区的历史背景，并未引起人们对街区固有历史文化的联想，其作用更多体现在指引性和方位标识性。且该雕塑位于广场一隅，广场上也没有遮阳和休息设施，行人大多匆匆经过，往往步伐较快，偶有停下也是以驻足等候或辨别方位为主，停留的人数和时间并不多。可以说，该广场主要起到缓和街区动线长度、疏通人流的作用，交通行为是该广场的主要行为内容，与传统街区定位的关联度并不强（见图5-17）。

图5-17 休闲庭院/广场空间（样本SXJ-GZ）的交通行为系统观察记录

交通通行强度次之的是位于LNTD-FS的钟楼广场。该节点在两条主干道交界的尽端处，以一个二层多高的钟楼为标志。该钟楼体量庞大，非完全传统式样，钟楼内无相关装饰和休闲设施，游客可以穿过钟楼到达主干道两旁的店铺，也可以绕过钟楼通行。据调研采访，游客对该钟楼景观的体量和式样评价不高，对其与街区的关联不甚明确。但由于其体量够大，在入口处起到路线标识的作用。而且出于好奇，游客有驻足观看的行为。同时由于钟楼内能起到一定的遮阳遮雨作用，一部分游客也会选择从钟楼内通过（见图5-18）。

通行强度最弱的是位于BJ-GZ的观察点（见图5-19）。该节点的整体尺度较小，在节点正中设置有铜壶滴漏雕塑，节点所在位置同样有缓和动线长度的功能。据现场观察，游客在经过该节点时，行为内容较为多样。首先，该节点所设置的雕塑在造型上反映了街区历史建筑拱北楼中所展示的代表性文物，配备有相应的文字说明，与街区的历史意象相关，行经的人们往往乐意去观看和了解。其次，该雕塑除了以铜壶滴漏为元素反映街区相关的历史文化，在景观配置上也设有可亲近的喷泉装置，便于小朋友嬉戏。再者，雕塑作为一个景观节点设在主干道的中部位置可使人们在通过时不自觉放慢步伐，或是绕过该雕塑通行，或是驻足拍照。在现场观察发现，有绘画爱好者在现场素描，从侧面反映了这个节点在行人认知中是街区文化的代表性节点之一。应该说，这个节点在兼顾交通的同时，也具备休闲和传播历史文化的功能，角色定位丰富，游客行为

第5章 岭南传统商业街的可意象性研究

图5-18 休闲庭院/广场空间（样本LNTD-FS）的交通行为系统观察记录

图5-19 休闲庭院/广场空间（样本BJ-GZ）的交通行为系统观察记录

也更多样。

从三个观察点的行为观察统计可知,交通行为是街区行人的必要和主要行为内容之一。纯粹是为交通而设置的节点,产生的行为内容单一且令人疲乏,与传统街区的传统历史意象契合度不高。合理的交通节点设置能起到缓和动线长度、疏通人流、点缀街区景观、传播街区历史文化的作用。相应地,其激发的行为内容也应是交通、休息、观看等多样集中的。当行人乐于停留拍照、观看时,行为目的的明确性会被弱化,可能激发多种行为产生,传统街区"慢"节奏、多行为的愿景得以实现。

(2)休闲行为

在传统街区中,休闲是主要的行为内容和行走体验。体验行为作为某种载体与传统街区固有的场所意象是相契合的,传统街区意象通过人的行为得以传达和实现。街区中的休闲空间旨在激发唤醒人们的多种行为意识,使人们除了行走之外,有更多意愿在街区中感受和欣赏。在对所选节点的观察记录中发现,LNTD-FS 喷泉水池节点的休闲行为是最为显著的(见图 5-20)。该节点以地面喷水为主要景观,周围有绿化带、花池、石凳等。据现场观察可见,由于喷头贴近地面与游人之间无阻隔,小孩子乐于聚集于此嬉戏耍水。该节点介于吴系茶餐厅和李众胜堂祖铺之间,行人用过餐后从餐厅出来或行经祖庙大街,一般都乐于在此停留,安坐休憩,进行拍照、聊天、静思、喝水、进食等多样行为。由于周围绿荫凉爽宜人,休闲座椅之间有一定距离,坐者不会相互影响,故而游客停留的时间往往较长。值得一提的是,除了舒适以外,趣味性的融入使这个节点对于小孩子的吸引力更大,有时父母想起身离开时,小朋友还在不停戏水,于是相应地,孩子的游玩无形中延长了停留时间。可以说,这个节点是一个人气较为集中、休闲意味浓厚的空间场所。适时放慢的节奏、休憩的惬意和玩耍的欢愉在这个空间内得以实现。

图 5-20　休闲庭院/广场空间(样本 LNTD-FS)的休闲行为系统观察记录

在所选观察点中,休闲特征明显程度次之的是位于 YD-GZ 的休闲广场(见图

5-21)。该广场位于街区的中段,通向历史文化景点圣心教堂,属于主街旁边支道的一段休闲空间。广场空间虽无特别显著的景观和绿化,但正对教堂视线景观良好,街区与广场以圆形石凳为分隔带,花坛旁设有座椅,人流量较大,休息和拍照是这个节点的主要休闲行为。借助历史文化景点的影响力,街区的行人和到教堂的游人在此交汇,互相带动人流的走势。而位于BJ-GZ的铜壶滴漏节点,虽然处在十字路口,周围也没有设置休闲座椅,但其景观造型所具有的历史文化意义也吸引了行人驻足拍照,阅览注释,休闲的同时更好地了解了街区的文化背景。

图5-21　休闲庭院/广场空间(样本YD-GZ)的休闲行为系统观察记录

街区中的休闲行为是对特定空间场所的呼应,有赖于场所内具体环境要素的激发,两者相辅相成。调查可见,有趣味性、有休闲座椅、有遮阳条件、视线好、景观有一定历史文化意义的场所环境,激发的休闲行为更为多元。

2)出入口空间观察点行为活动信息统计

传统街区的出入口空间是街区中的重要节点,既是街区的主要标识,以景观设置或退让建筑形成空地广场的方式,提示游客正从外围环境进入街区这片独立的区域;也是一个分隔带和连接点,吸引着外围道路的行人进入街区。所选的出入口节点各有特点,所引发的行为差异性也较为明显,具体观察统计数据见表5-3。

其中，BJ-GZ的主入口以千年古道遗址景观为标识，入口处有人车分流带相隔。该古道遗址是BJ-GZ街区历史背景的主要载体，长10余米，采用玻璃路面覆盖配以文字注解，呈现于入口显眼处，以较显著的方式向行人传达该街区的领域感和历史感。游客大多会选择在此驻足观看，了解街区的历史和文化背景，或拍照留念。由于采用透明玻璃覆盖保护路基遗址，行人可以较清晰看到数代地基层叠，读取历史片段。据现场观察可见，不少行人俯身向前仔细观看路面，或阅读文字以进一步了解。主入口的古道遗址有效地给街区设定了相应的历史基调，同时也给进入街区的游人营造出较为浓厚的历史氛围。利用入口的人流聚集效应，街区常配合商家在遗址不远处举办一些宣传或体验活动，调动入口区域成为街区的活跃元素（见图5-22）。

表5-3 出入口空间行为活动信息系统观察分类记录数据

节点	时间	时间段	交通行为		休闲行为								个别行为	其他观察备注	节点所属街区平面类型	节点所属样本
			车行	步行	观赏	看手机	进食	踱步	驻足	坐憩	聊天	拍照	游戏				
文化遗址	7.12/周三	17:00—18:00	0	1351	821	186	153	62	75	72	67	568	0	4	执勤、问路	网络形	BJ-GZ
	7.15/周六	11:00—12:00	0	2052	1232	196	163	72	85	109	70	785	0	2			
喷泉景观	7.12/周三	17:00—18:00	2	985	98	52	78	32	65	23	42	425	12	2			LNTD-FS
	7.15/周六	11:00—12:00	0	1258	69	62	45	42	98	25	69	610	19	1			
道路退让空间	7.18/周二	11:30—12:30	22	3043	0	15	2	15	21	5	4	5	0	1	执勤、清洁	梳形	YD-GZ
	7.23/周日	17:30—18:00	35	3552	0	26	5	17	30	4	2	2	0	3			
可直接进入空间	7.18/周二	11:30—12:30	5	756	11	15	19	8	9	2	10	32	0	1		树形	DSF-GZ
	7.23/周日	17:30—18:00	1	852	15	21	25	9	10	1	12	29	0	1			

图 5-22　出入口空间——古道遗址（样本 BJ-GZ）的行为系统观察记录

LNTD-FS 以喷泉作为出入口的景观，该喷泉高 1 米多，长 10 余米，进入街区的行人一般会选择在此稍作停留，拍照或戏水（见图 5-23）。相较于该街区另一个直接贴地的喷泉景观，该喷泉离地较高，趣味性相对较弱，聚集的人气较少。而且该喷泉的设置较为现代，主要起到街区入口提示和汇聚人气作用，与街区的文化历史背景无直接关联，所唤起的行为停留在单纯的拍照和玩耍层面，不似该样本上一个观察点具有多重意义。

图 5-23　出入口空间——喷泉水池（样本 LNTD-FS）的行为系统观察记录

以上两个节点都位于网络形街区，该类街区由于本身规模较大，在出入口的设置上往往配备有一定的景观作为进入街区的标识，只是在景观的选取上侧重点不同。但在梳形和树形街区中，由于街区平面和规模的限制，大多没有退让出足够的空间以形成较正式的景观作为出入口标识。YD-GZ样本是梳形街区，主要交通模式为人车混行，在街区与市政道路衔接处，单边建筑退让出一个相对宽敞的广场作为街区出入口。这个节点因靠近高架桥和十字路口，噪声大，车流量和人流量也大，几乎所有行为都是交通行为，行人步伐快，不作过多停留。快节奏和高速率使得进入街区的行为和街区外围的行为并未产生明显反差。据现场调研，进入街区的行人往往以路牌标识作为方位提示媒介。另一个样本DSF-GZ是树形街区，街区以骑楼街为主，与外围骑楼街道自然相连，采用人车混行的交通模式，故而该街区无明显的地域性标识，街区内外的行人在行为方式上也无太大区别。虽然路况不复杂，但由于街区也并没有退让部分空间以形成广场空地，故而停留的人数不多，出入口还是以交通行为为主。

3) 历史文化空间观察点行为活动信息统计

历史文化空间是传统街区中的特殊空间，包括C空间中的参观型节点（如历史建筑、博物馆等）和老字号店铺。这类空间沉淀了街区的文化和历史，是街区场所精神最为直观的表征。在该类型空间内的行为内容和体验感受往往是游客到街区的主要目的，也是传统街区区别于其他现代街区的主要特征。具体统计数据见表5-4。

表5-4 历史文化空间行为活动信息系统观察分类记录数据

节点	时间	时间段	各类行为发生的频次										其他观察备注	节点所属样本/平面类型
			观赏	看手机	踱步	坐憩	聊天	拍照	选购	进食	游戏	个别行为		
龙塘诗社	8.3/周四	16:00—17:00	56	25	25	45	32	62	8	12	9	1	清洁	LNTD-FS/网络形
	8.5/周六	11:00—12:00	85	36	34	55	42	78	10	7	3	0		
嫁娶屋民俗馆	8.3/周四	16:00—17:00	75	12	15	23	18	45	0	1	0	2	布展	
	8.5/周六	11:00—12:00	125	20	11	15	12	39	0	3	0	1		
粤剧博物馆	8.10/周四	11:30—12:30	62	32	23	28	14	29	1	2	3	1	练功	EN-GZ/梳形
	8.12/周六	16:00—17:00	56	23	28	30	18	23	0	3	2	0		

续表

节点	时间	时间段	各类行为发生的频次									其他观察备注	节点所属样本/平面类型
			观赏	看手机	踱步	坐憩	聊天	拍照	选购	进食	游戏	个别行为		
莲香楼	8.10/周四	11:30—12:30	98	15	8	1	6	5	55	18	0	1		DSF-GZ/树形
	8.12/周六	17:00—18:00	75	8	10	0	8	2	69	20	0	0		
南信甜品	8.10/周四	11:30—12:30	42	55	30	20	25	12	0	68	0	1		
	8.12/周六	17:00—18:00	67	40	21	11	32	15	0	75	0	0		

在所选的观察点中，位于 LNTD-FS 的龙塘诗社是清末民初佛山当地文人雅士吟咏作诗之地，其庭院景观墙与西面李众胜堂祖铺的东外墙围合成中间庭院。该建筑有两层，仿西式风格，拱圈前廊平面布局，是清末佛山砖木结构中西合璧建筑的典型代表。除了建筑自身的艺术价值值得欣赏以外，室内陈设的书画、家具，室外庭院墙壁上的历史遗迹、若干百年古树以及建筑修缮过程图片展等，以灵活新颖的陈列方式、丰富多样的观赏内容为游客提供了更多的选择。据现场调研所见，不乏拍照、观赏的游客，也有些在庭院树荫下聊天安坐。该空间内的行为动静皆宜，以较为舒适自在且多元的方式展开。走近历史建筑，从实体的物质环境要素进入精神层面，将对 LNTD-FS 街区的历史渊源有更深一层的了解。

同样位于 LNTD-FS 街区的观察点文会里嫁娶屋，是与当地民俗结合的历史建筑点。当地人注重嫁娶形式，求喜庆热闹。旧时当地百姓生活条件有限，无从铺排操办喜事，文会里的杨氏家族便将其建于清初的大宅出租给民众用作嫁娶的场所。文会里嫁娶屋是当地现存保存最为完好、极具建筑艺术价值的一处婚嫁屋，游人可在此了解当地风俗民情，当地民众也可以预约在此举办传统的中式婚礼，从而更好地沿袭传统习俗。据现场观察，游客对于该空间内的出嫁屋、拜堂厅、家喜堂、婚房等，从建筑格局到家具、用品等的陈设，都表现出较为浓厚的兴趣。拍照、欣赏、询问乃至实实在在的婚嫁礼仪，静的环境场所要素和动的风俗礼仪相辅相成，赋予这个空间内的行为意义更多的外延和内涵。值得一提的是，龙塘诗社和嫁娶屋这两处观察点，除了是该街区独特的历史文物标识点外，在动线组织上也属活跃元素，较好地发挥了触媒效应，与相邻的景观空间互为补充，吸引人流汇聚，参观历史建筑的人流也成为建筑附近商铺的潜在消费人群。

位于 EN-GZ 的观察点粤剧博物馆并不是固有的文物建筑，而是基于清末的"八和会馆"而建。博物馆由岭南园林风格的仿古建筑群组成。进入街区的游客大多会进入该博物馆游览，了解文物修复、粤剧艺术的传承与保护等。博物馆通过展板展示、展品陈列、模型复制以及场景复原等手段，体感互动、触摸屏等多媒体形式集中展现粤剧的发展历程、艺术特色、组织结构、在海内外的重要影响力，使游客对街区的粤剧传统渊源有更深入透彻的了解。景区中心设有仿古戏台，每周定期举行粤剧粤曲展演，动态展示粤剧艺术特色，提升游客的参与度和体验热情。EN-GZ样本属于梳形街区，街区内缺乏必要的休闲空间和动线热点，游客的行为往往较为单一乏味。粤剧博物馆位于街区与多宝路的交会处附近，主入口面向街区，主体建筑在街区的横向纵深发展，无形中拓展了街区横向区域的规模和尺度。据现场观察，游客除了在馆内观看展览和演出外，也在馆内的岭南园林处休憩、娱乐，行为呈多元化趋势。同时，博物馆作为街区的文化建筑较好地完成了传播街区传统艺术文化、强化街区历史文化密度的使命。由于其选址在恩宁路端口附近，在某种程度上可能吸引外来人流进入街区，增加街区的商业活力。结合该观察点可见，梳形街区受平面和建筑密度所限，难以退让形成较大的公共休闲空间或标识性的入口空间，可以考虑借助重要特色建筑，如文化建筑或历史建筑等，设置街区游览亮点，从而改变动线长度和游览节奏，增加街区的内涵密度和行为方式。位于该街区的"永庆坊"微改造区域也起到类似作用。

老字号商铺是传统街区中传统商业活动延续的例证，是街区传统商贸文化特色的载体。本书选取的DSF-GZ的"莲香楼"是广府具有代表性的老字号商铺，店铺位于街区中段，楼高三层，装饰有满洲窗花，门廊为岭南建筑风格。一楼以糕点商品为主，二、三楼主要是茶点和饮食。据现场观察了解，不少人是慕名而来，以外地游客居多。店内有特色产品的推广和优惠介绍，现场品尝、询价和购买的人数不少，交易活动较为频繁。在就餐高峰时段，楼上茶点区往往热闹喧哗，以一家老少团聚居多，彰显广州独特的饮食文化。在同一街区同属特色商铺的"南信甜品"，虽然相较于莲香楼历史较短，店铺规模也较小，但其具有地方特色的小食同样吸引聚集了较多人流。较低的消费额度和简便的就餐流程适合年轻的消费群体。据现场观察可见，在周六日的就餐高峰时段，面积不大的店铺门口常有排队就餐的人流，密集的餐桌之间店员与顾客、顾客与顾客不乏互动，使得小店成为这一段街区的人气汇集点。消费者在品尝特色小吃的同时，在此短暂休憩。由调研可知，在传统街区中，无论是饮食店还是服装店、书店等，较有特色的装修风格和商品往往能使店铺成为街区动线中的活跃节点，缓和街区动线的长度和游客行走的节奏（见图5-24）。

4）街巷空间和灰空间观察点行为活动信息统计

巷道空间和主街空间共同组成传统街区的人行和步行交通线路，同时一部分也兼容商业空间，在这些空间内既有交通行为也有商业行为，具体统计数据见表5-5。在样本DSF-GZ内主要选取巷道空间作为观察点，该巷道入口有牌坊标识，可提醒主街人流关注巷道。巷道兼具生活和商业气息，有小吃、服饰、小饰品等业态，主街人流经过时，有相当一部分客流会到巷道内消费，尤其是巷道内的地道小吃常常能吸引客流主动前往。巷道仍有居民居住，生活起居行为在巷道内时常可见。据现场观察，在下班时间前后，小巷内不乏闲坐聊天或交通穿行者。淳朴的生活气息和生机勃勃的商业活动让巷

图5-24 老字号店铺（样本DSF-GZ）的行为系统观察记录

道空间的氛围更为复杂和丰富。在样本LNTD-FS内同样选取巷道空间作为观察点，这个观察点位于祖庙大街内，巷道狭长蜿蜒，石板铺地，左右两侧均为商铺，以纯商业活动为主。由于巷道有绿荫，夏天行走其间亦不觉炎热。巷道有端口通向喷泉景观和龙塘诗社，交通便捷，游客在巷道内以穿行、拍照和购物体验活动为多，整体环境有古风意象。梳形街区YD-GZ是典型的骑楼街形态，研究选取走廊过道空间为观察点。该街区是人车共行，行人多在廊下穿行，尤其是下雨和日晒时段。店铺面向廊道，可达性强，廊道下过往的行人会入店选购商品。据现场观察，店铺门口有人在闲聊，有人在派发商品宣传单，有些店家会在廊道上摆放商品扩大经营范围，廊道空间既是主要的交通空间，同时也兼具商业功能，是一个典型的"灰空间"。灰空间是传统商业街内特殊的空间，因其位置特殊，同时承担几种功能，所以对其界定较为模糊。为了更好地观察灰空间性质，笔者还选取LNTD-FS样本内位于主街的街道空间作为观察点，该空间靠近十字路口，附近有连锁轻奢饮食业态。店家在门口撑起太阳伞或搭起卷棚等遮阳挡雨设施，以增加餐厅的就餐位置。由于能更好地与自然接触，消费者也愿意选择在户外就坐。消费者在此喝茶进食休息，旁边有来往的人流，无形中拓宽了商家的服务范围，也活跃了该段街区的商业氛围。

表5-5 巷道和廊道空间行为活动信息系统观察分类记录数据

节点	时间	时间段	交通行为		休闲行为									个别行为	其他观察备注	节点所属街区平面类型	节点所属样本
			车行	步行	观赏	看手机	进食	踱步	驻足	坐憩	聊天	拍照	游戏				
巷道空间	8.23/周四	17:00—18:00	6	32	0	1	35	2	3	6	5	0	1	1	洗菜	树形	DSF-GZ
	8.25/周六	11:00—12:00	4	29	1	5	48	6	5	5	4	1	0	1			
巷道空间	8.23/周四	11:00—12:00	0	35	8	1	1	5	0	0	2	14	0	1		网络形	LNTD-FS
	8.25/周六	17:00—18:00	0	42	5	2	1	2	5	0	0	20	0	2			
廊道空间	8.23/周四	11:00—12:00	0	325	15	14	5	5	41	2	5	8	2	3	派发传单	梳形	YD-GZ
	8.25/周六	17:00—18:00	0	405	28	12	2	8	32	1	2	7	0	4			
街道空间（灰空间）	8.23/周四	11:00—12:00	2	252	28	32	87	12	8	39	48	25	2	1	滑板车	网络形	LNTD-FS
	8.25/周六	17:00—18:00	1	410	25	28	145	24	4	25	35	30	4	1			

5.3.3 对街区空间的行为认知地图调查

一般通过简单观察能了解到使用人群的整体使用状况和使用习惯，从而把握街区不同类型空间的使用方式、强度及规律，这属于使用者的表层体验研究。在此基础上，还应通过更深入全面的体验性行为来把握使用者对各类型空间的认知方式、环境态度和喜好信息，这个过程包含了使用者的感觉、情感、知觉、认知、社会交往和社会认同等综合的内省心理状态。因此，本部分内容以图形意象的方式为切入点，通过对街区整体空间的认知地图调查，以图示的方式收集使用者的环境体验报告。"认知地图"由格式塔心理学家托尔曼提出，旨在通过使用者对于环境和空间的反复使用所积累的使用体验和经验，综合再现环境多维全面的信息体系，对比仅依凭单纯的知觉认知会更为深刻丰富。凯文·林奇在城市意象的研究中最早探索性地运用认知地图调研法，要求被访者根据使用印象在图纸上绘出城市地图，哪怕仅仅是抽象的轮廓，并要求被访者在图中标注其认为重要的信息要素，最后配以注解。

据此，图式和语言两种模式相结合，提供了一种生动、具体并有助于定性的手段解构空间类型，从而剖析使用者对空间的态度，分析其某种活动模式或倾向。本研究运用行为认知地图调查有助于了解样本空间的环境特征、标识性因素，从而对体验者的习性和空间感知深度有更深入的理解。

5.3.3.1 语言描述及认知地图调查

研究者以两种方式获取认知地图问卷：一是组织一批学生到样本街区，在行走了解该街区后，让学生凭记忆绘制出该街区的行走路线图，并在图上标识出印象深刻的节点（商铺、休闲广场、历史建筑、景观标识物等）。二是调查员在现场随机选择被试者，邀请其凭记忆画出所在街区空间内容，调查员在旁观察记录被试者画图的先后顺序，并请被试者就图纸内容，用语言描述街区使用体验。调查员共在 6 个街区进行认知地图调研，回收认知地图问卷 120 份，每个街区约 20 份。

5.3.3.2 认知地图数据分析

根据被试者在认知地图上所描绘的空间要素，研究者借鉴林奇的城市意象理论，试图从路径、边界、区域、节点、标志物等方面考察使用者潜意识对街区的空间理解和环境态度，从而分析构成传统商业街空间整体意象的环境要素及结构关系。

（1）路径

路径（Path）被认为是使用者习惯、偶然或是潜在的移动通道。一般来说，道路是意象中的主导元素。在传统商业街中，主街、巷道、走廊和过道等构成传统商业街的"路径"元素，使用者通过路径串联起街区整体空间逻辑。因此，被试者在描绘整体环境时，往往会沿路径展开空间模块的图纸表述。受访者在描述行走路径时，较多提及的是人流拥挤程度、人车分流、休闲座椅、遮阳挡雨设施等因素。因而设备设施、交通节点和捷径等多种因素，往往被认为能带来行走的舒适感，并保证街区交通绩效。网络形街区路网相对复杂，在有限的时段内受访者只能大致把握街区的平面布局。在绘制过程中，主街和巷道的区分没那么清晰。由于巷道的交通可达性强，且综合尺度、绿化、特色小店等因素，行人往往对于巷道认知感更强。而在树形和梳形街区中，纵向的主街是街区的主要交通脉络，受访者辨识方位较易。主街与其两边的商铺是受访者行为认知地图中主要表达的要素，巷道的关注度较弱，其交通可达性与业态性能往往限制了人流。在骑楼街中，骑楼下的廊道往往被视为是主街的一部分。总的来说，受访者习惯根据景观、历史建筑、老字号商铺或特色小店与路径的关系来把握街区整体的布局。

（2）边界

边界（Edge）是将不同区域加以区分或缝接的线性要素。在建筑物中，边界可能是围墙、道路或诸如水体的用地边缘。在传统商业街中，边界一般是指实现街区自身与外围环境中断与隔离的区域，反映街区的范畴和领域。语言描述和认知地图显示，被试者对于街区边界的认知普遍限于街区的出入口标识。路牌作标识来界定街区边界往往是被忽略的，使用者往往以人车分流的街区交通管制、标识性的景观元素等来确定街区的范畴。人车分流的街区其边界较为明显，当被试者从人车并行的街道进入步行街区时，阻止机动车通行的石桩或栏杆较清晰地划分了不同区域，从而提醒行人已进入某传统街区的范围内。而在人车并行的传统街区，这个边界则较为模糊，尤其当出入口位于十字路口或天桥附近时，被试者反映往往是走了一段路后看到某个商铺才意识到已经进入该街区领域。除了人车分流界限提示，标识性的入口景观也能有效提升边界认知度。另外，在一些被试者的描述中，街区附近的地铁站或公交车站也被视为街区边界的延伸，这与个人乘坐的交通工具有关，从侧面说明了到达街区的公共交通方式是人们选择该街区的主要原因之一。至于巷道与其他街道之间的相互贯穿，被试者极少提及，反映了巷道业态大多集中在与主街相连的入口处，并未深入渗透，所以行人对于巷道的认知不多。有必要指出的是，笔者认为，传统商业街与相邻街道的边界设定泾渭分明未必就是最好的，有生机的商业活动往往渗透出边界而辐射到外围。合理的边界设定在起到领域提醒的前提下，通过与外围环境有机融合，可更多地鼓励和包容商业行为。

（3）区域

区域（District）是指具有相似或共同空间和环境特征的空间范围。这种"共同特征"使得使用者在心理上获得某种领域感。相较于针对街区与外围环境的边界，区域在这里主要用于分析街区内部不同空间的识别度。认知地图研究发现，街区空间在受访者的使用认知中大致划分为交通空间（以主街路径为主）、商业空间（街道两旁的商铺）和休闲空间（有突出代表性的景观或广场）三大类。结合语言描述，使用者对于街区中不同区域的认知往往以发生的行为为依据。但在具体的空间内，其使用行为相互影响，交替发生，换言之，使用者对区域的定位与设计者对空间原先的设想，在使用行为和使用习惯上并不是准确对应的，使用者往往会根据各自的需求定义相应的区域功能，并产生变通行为。例如，巷道或主街是典型的交通区域，但由于设置有休闲座椅，且有绿化或遮阳设施，从而有可能衍生为交流区域、观景区域、游戏区域、等候区域等。庭院广场是典型的休息区域，环境优美，但如果缺少休闲座椅和遮阳遮雨设施，行人也可能匆匆而过不作停留。另外，位于店铺门前，界于广场和道路间的区域，行人可能自如穿行通过，可视为交通区域；若店家在此陈列商品或摆放就餐桌椅，也可视为商业活动发生的区域。合理的区域环境设置应尽可能满足基本的功能需求，同时激发其他行为。

（4）节点

节点（Node）是路径的连接点，也是人们往来过程中的休息点和交通方式的转换点。一般而言节点依附于路径而存在，路径不合理，节点应有的功能意义将难以体现。在传统商业街中，被试者往往将个人驻足停留的点或行为发生转变的枢纽点等同为节点。从认知地图上可知，红绿灯、可供休息的广场或庭院、人气较旺的就餐点往往被赋予节点的意义。在网络形街区中，被试者一般会描绘出道路之间的衔接点，如十字路口、巷道与主街的连接点。在树形和梳形街区中，受访者将交通上的连接点转移到休闲空地、人气商铺和历史景点上。事实上，无论是红绿灯区域还是休闲广场或商铺，这些等候、休闲空间既能连接不同的路径和空间，又能产生人流的集中和停顿。例如，十字路口的交汇处是路径的汇集节点和行程中的事件节点，休闲庭院或购物商店则是区域的集中节点。值得提出的是，受访者在描述手绘认知地图时，往往以某条可行的交通路径为切入点，并告知哪些路径绕道太远，或者有阻碍物不畅通。对节点的现场调查显示，休闲庭院不可达、疏散通道人为阻隔、店铺展示及开门方向限制，往往导致动线过长、店铺缺乏回路可能,反映街区的路径设计与现场实际存在偏差和脱节。这也从侧面说明街区的动线交通不仅与街区的规划设计有关,也与街区的管理方式不无关联,应受到足够的重视。

(5)标志物

标志物(Landmark)是指在整体环境中具有可识别性的参照物,如纪念碑、有特色的建筑、商店的立面等。对于使用者不熟悉的街区场所,标志物是其在街区中赖以辨别方位的重要元素。同时,标志物也是使用者区别街区与其他环境的形象特征。就目前分析所及,街区中普遍采纳的标志物,一般是有活力、与街区的历史文化相关联、具有一定独特性、能满足大多数人需求的环境元素或人气聚集的特色店铺。在受访者的语言描述中,网络形街区对于标志物的依赖强度与街区的规模直接相关。而较为独特的标志物被频繁地提及,如 BJ-GZ 的入口千年古道遗址、DSF-GZ 的莲香楼老字号店铺、LNTD-FS 的龙塘诗社等,使用者间接地将这类标志物视为街区的名片和代表。在认知地图中,标志物是划分空间区域的主要依据,会让人注意到标志物所处街区与同类街区的环境差异。一些较普通或雷同的标志物,则没有引起很大的关注,例如 SXJ-GZ 街区中的铜马广场。另外,对于一些刻意而为的标志物,受访者也表示出不解,例如 LNTD-FS 街区中的钟楼标志物,体积庞大,在视觉上有一定的提醒作用,但其外形并未显得别致独特,与街区自身的历史文化关联度也不高,所以并没有给受访者留下深刻印象。这也侧面提醒设计者应挖掘街区背后的历史文化,突出其独特的一面,使街区环境设计避免雷同。某些对设计者或管理者而言较为显著的环境元素(如无文化意义的仿古建筑、缺乏休闲座椅的中庭、交通可达性弱的文化遗址等)往往由于使用率较低而被使用者忽略。

(6)其他

另外,在认知地图调研中还发现,街区周边的景点(如公园、大型建筑)在使用者不自觉的认知中,被视为街区拓扑节点的一部分。网络形街区带给使用者的体验感会更为丰富,但认知地图普遍较乱,要借助于地图。树形和梳形街区在绘制中平面较清晰,以横平竖直的几何关系简单标识认知,但认知的简单相应地也削弱了行走的趣味性,这两类街区的实际行走时间少于网络形街区。这也与上章空间句法研究中对于街区空间认知的结论相似。有必要指出,受访者在图中标示的节点往往是其消费过、停留过的商铺或休息空间,这与个人当下的实际情况有关联,反映了空间使用的主观性。而笔者的研究目的是在普遍的主观偶然性中找到环境对于行为产生影响的规律性因素。

5.3.4 街区空间的行为意象小结

根据对街区具有代表性的节点空间(如休闲庭院广场、出入口空间、历史文化空间、街巷空间和灰空间)的行为观察统计可知:

(1)可让使用者停留休憩、有助于降低行走频率的空间环境往往更益于营造悠闲的氛围,契合人们对于传统街区的使用感受和街区的环境意象。因而,休闲座椅的设置、景观视野的丰富、可阅读性的历史环境要素等,有助于促发街区中休闲行为的产生。

(2)出入口空间的使用认知上,通行以及对有标识性的历史景观或建筑的了解是使用者更乐于展开的行为。退让形成相应的空间，使街区和城市外围有明显边界，促发其他行为产生，这在梳形和树形街区中尤为关键。

（3）历史文化空间是提升使用者对于街区场所意象认知的关键空间节点。在环境要素上，通过真实性和文化性的塑造、益于停留景观的设置、休闲设施的安排、导览标识的配备等，给使用者提供更多了解、观赏、体味的机会。

（4）有生活行为的街巷空间给人原生态的传统街区感受。渗透到巷道的商业行为增添了主街商业的生气。巷道内简易摊档出售小吃或琐碎生活用品，往往更有传统商贸行为的意味。廊道空间以交通穿行为主，外延扩展的商业激发了商业行为，这种商业行为的随意性和不确定性也体现了传统商业街的自由和开放。

（5）传统街区一方面与传统民居相互渗透交集，另一方面与现代城市交通相衔接，从而形成传统商业与传统生活、传统环境与现代环境的差异化体验。游历者从现代城市生活区域到传统老街区的过程，是一个感受时代变化下生活变迁的过程。环境反差越大，游历人群对自己日常生活的解脱感就越深，获得的舒适体验就越清晰。需要强调的是，这种原真性的保留，并不排斥现代建筑科技对人们生活的改变，重点是正确处理新与旧的关系，使不同时期的美好生活都能展现出来。环境穿越所带来的休闲游历感是现代购物中心所不能给予的。

通过认知地图分析可知：

（1）路径往往是影响使用者对街区的复杂和丰富程度形成感性认知的主要因素，路径串联起对街区主要店铺、历史景观等的整体认知。

（2）以退缩广场或标识性景观设定边界有助于增强使用者对街区领域感和场所感的体验，但适度的业态渗透蔓延则可以产生更多的商机。

（3）街区的区域空间根据行为可以产生不同的功能，其认知定位并不是绝对唯一的。而区域内的环境品质和配套设施是激发相应行为的前提，反过来也可佐证使用者对该区域的认知是否与设计者初衷相符。

（4）能让使用者的行为发生变化的空间在认知中被视为街区的节点，节点的认知与交通的便利可达性以及行为是否能顺畅有效进行有关。

（5）传统街区标志物是多元且有代表性的，历史文化遗址、整体建筑风格、雕塑景观等，既是使用者判断街区方位的可靠依据，也是场所精神感知的主要载体。

5.4 本章小结

本章主要围绕传统商业街中的意象性要素展开论述，从场所意象的真实性、文化性和行为性三个方面，进一步论述了传统商业街在商业、历史、文化与审美之间做出的折衷与改变。首先，研究基于真实性的理论渊源和内涵，探讨了更新改造中建构真实性场所意象的策略方法。其次，结合具有代表性的案例，提炼文化意象对于街区中历史人文环境品质的营造。最后，根据对使用者使用行为和方式的考察，探讨使用者的行为与场所空间、功能之间的认知关系，间接地反映影响使用者对场所意象感知的原因。

场所是具有清晰特征的生活发生的环境和空间，而空间意识往往基于日常生活片段的体验，行为和事件互相定位且相互呼应。换言之，场所精神除了涉及环境的方向感和认同感，还包括主客体之间互动性的对话状态。

（1）场所生命力体现于其在当下商贸活动和日常生活中的作用，应力求使空间、景观、建筑等要素均具有适用性。在可适用的、舒适的物质条件下，保留修缮已有的老建筑、富有生气的店铺和绿化、可达便利的街巷和休闲空间等，沉淀的是个人对于场所的感性经验及源自客观社会实践的集体记忆。于是，自由的商业行为，自在的日常生活不仅展现街区中特定的现实形态，同时也为未发生的变化提供框架与线索。

（2）场所环境强调在街区整体形态的视角下观照环境视觉感受和心理情感。通过建筑之间、建筑与基地环境之间、建筑与街区之间恰当的相互协调，形成统一和谐的环境有机体。鱼骨形的平面形态、蜿蜒的巷道、宜人的尺度、古朴的地面，以及有传统建筑元素的立面等，由面至点，由表象关联至情感，使空间、生活和场所感作为一个集合而存在。网络形街区在营造环境整体意象方面更具有可塑性。因此，应同时从有形的物质感受和无形的精神体验两个方面，传达街区建筑与街区环境的整体和谐感。

（3）场所感还源于真实情境的建构。设计者们在真实性的重塑中，不可避免地需要处理当下建筑作为艺术体的审美与环境史实的完整之间的矛盾。真正的"还原"应以建筑的情感定位为归依，结合街区功能、社会意义与建筑自身逻辑，实现既有建筑意义的传递和延续，完成街区作为一个生命体完整的转变过程。这种真实包括了物质的形态、历史、文化、审美与情感，是以一种新的动态平衡诠释新的历史逻辑。

应建立可识别（易辨认、易熟悉）的标识体系，传达清晰的环境意象，以便使用者能够理解他们所处的环境，例如尝试在入口或景观空间设置与街区历史文化相关的景观意象，在街区中老字号商铺引入体验消费，对历史建筑及文化遗址进行图文介绍等。设计师应更多地采取积极的策略发挥标识体系对场所精神的引导作用，联系有形空间物质表象和无形场所精神，让使用者获得更多的参与感及内在原动力。

（4）传统商业街随小商品经济发展形成连续的沿街店铺，这种开放的城市界面片段直接展现了城市文化与市民的日常生活场景。在充满生活气息的传统场景中，人们不但可以深切参与当下的市民生活，还可以感知到过去几代人生活的情形。而对这种传统街区的界面效果与环境氛围而言，既要避免店家任意安装杂乱的广告或商品要素，破坏街区环境体验的整体和谐，也要注意政府的统一粉饰、统一部署是否会破坏差异、多变的原生态的生活意象、文化意象及行为意象。传统商业街改造的原则应是对生活方式和产业多元化的尊重、信任与平衡，而不是迫不及待地制造与展现新生活。

总体而言，对街区建筑和环境的修护，是延续发展场所精神的关键，而这亦成为街区"触媒"的着眼点。通过对外在有形空间和环境有意识的强化，塑造出完整而真切的历史街区意象，从而引导人们在传统街区中获得场所感。保存、强化、修复街区已有的肌理，或者为街区创造一个新的肌理，赋予其新的秩序，最终都是以意向性回应原有街区的场所精神。

第6章 岭南传统商业街环境激活策略研究

传统商业街区的环境评价研究以行为、心理研究技术探讨环境达成和环境舒适的权重法则；以科学的研究程序、充分的数据论证以及实证的检验，使空间句法关系具有演绎性；以理论分析结合案例陈述，建立街区环境的可意象氛围。前述各章研究评价旨趣、评价方法各异，形成不同研究层面和方向的评价结论。本章将在前述研究的基础之上，聚焦传统商业街区的激活策略，拟通过设计导则、设计建议和模式语言等，实现评价结论的归纳、总结、提炼、升华，使之成为可推广的设计技术通则。

环境建议是为保证物质环境设计质量，对环境和设计元素提出的指导性综合设计提议，近似地可以理解为对典型性的问题提出环境的关注点或侧重点，具有建议性、引导性和可调整性。

设计导则（Design Guidelines）是为保证物质环境设计质量，对环境和设计元素提出的指导性综合设计要求。导则大多针对普遍性的问题提出环境的重点和方向，为设计和决策判断提供标准，具有原则性和指导性。

"模式"（Pattern）又称为"范式"，一般指作为范本、模本的式样。在建筑学领域，设计模式不仅强调建筑环境以有组织的心理图像储存在记忆中，又强调对环境信息的加工重构以形成环境的有机组织。同时，模式也作为一种思想体系和思维方式，对建筑环境现象进行理论图解，易于形成有修辞性及可选择性的环境激活策略。

6.1 传统商业街区的环境导则

6.1.1 总则

以满足传统商业街使用者的基本需求，激发街区内具有活力的商业行为，同时体现岭南传统商业街的地域人文与历史文化特点为总体目标，以舒适性、文化性和多样性为原则建立本导则，旨在为岭南传统商业街空间组织及空间塑造提供指引性的设计建议。

本导则提倡以下几个要点：

（1）以总体使用舒适为目的，在交通组织、空间尺度、配套设施、场所氛围、业态类型方面构建实用、亲近、宜人的街区环境；

（2）明确街区与城市的关联定位，实现多维度和多层次的空间环境；

（3）通过对建筑品质、历史文化的合理利用，找寻街区传统与现代、历史与商业之间的平衡，营造契合实际需求与商业模式的商业环境；

（4）注重街区中历史遗迹、老字号商店的触媒效应，以期有效提高商业动线的人流量；

（5）尊重传统商业街的空间尺度和空间肌理，在细节上做好建筑技术与形式的维护，而不单纯是建筑风格和造型上的模仿，以实体环境构建文化记忆的空间载体；

（6）通过挖掘当地的建筑技术与形式、商业传统渊源、民俗风情等，获得具有地域标识的传统商业街形式，寻求易识别性和环境复杂性相平衡的环境；

（7）提供不同空间尺度的灵活组合以及多样化的商业业态，以满足商业、休闲、参观、游览等多样需求；

（8）注重对非物质形态历史文化的保护、挖掘和宣传，维护城市历史文化中具有体验性的生活方式。

6.1.2 客观认知合理发挥既存优势

6.1.2.1 以达成差异化的舒适作为增加传统商业街区环境引力的关注点

随着现代商业的发展，各种现代综合购物中心汇集了各类时尚品牌，以及大型影院、游戏厅、餐厅等业态，为人们提供了集购物、餐饮、娱乐、文化、休闲、健身等多种功能于一体的社会活动场所。相较于大型购物中心，传统街道两侧大多是小面积的店铺，私人营业，经营规模不大，经营模式相对简单，难以实现现代商业集团化和综合化的经营模式，导致一部分特色商业街道成为服装、小商品和日用百货等低档商品的批发零售和物流交易场所。在现代的商业环境中，人们倾向于选择具有吸引力和舒适度的商业空间，既能满足购物需求，又能提供丰富多彩的社会性活动。另外，网络购物为现代人提供了方便、快捷的购物体验。据先导性调研，超过半数的消费人群日常更多地以网购而非逛实体店铺的形式完成购物。消费模式的转变给传统业态带来严峻的挑战。例如，广州的状元坊、高第街，几十年前一直作为小商品批发的集中街区，而在网购新模式的影响下，这些批发小商品的街区受到严重冲击，昔日的天价店铺变成快餐店和快递货仓。

现代购物环境在舒适性评价上有相通的要素，也有各自侧重的关注点。传统商业街既面临着挑战，也具有先天的优势。应在策略上有针对性地发挥和凸显传统商业街的固有潜能，提升其在现代商业环境中的竞争力。

（1）交通出行距离是对舒适性产生影响的较显著因素。在休闲体验的出行意图下，交通距离的舒适范围有所扩大。在户外休闲的大背景下，商业动线长度的舒适范围较之于普通的步行距离舒适范围有所扩大。

（2）相关研究显示，对于大型商业中心而言，当地下停车场无停车位，游客需要就近停车时，停车的不便会对出行的舒适体验产生显著影响。因为传统商业街区地处老城区，自身接驳现代城市交通的能力往往较弱，需要规划设置地铁与公共停车场。当老街区的范围较大时，则建议把车道设为单向通行，在道路一侧设停车带。游历者前往传统商业街区可以接受换乘交通工具或步行一定的距离，一定程度的非完全直达的交通过程在游历者的舒适标准范围内。

（3）传统商业街区不是展现破败，而是展现过去和现在的美好生活，从而让公众感知城市的蓬勃生机及社会的发展进步，分享美好的情怀和温和的审美，定下心理舒适的基调。

（4）商业可视往往是指商业信息或品牌形象的展示。传统商业的品牌形象口口相传、深入人心。沿街式商业的通过性强于停留性，多层的空间在一定程度上使店铺信息展示存在局限，需要通过悬挂牌匾的方式招揽顾客（见图6-1）。游历者从牌匾中获得的是琳琅满目的满足感。店铺的具体内容更普遍的是在步行通过时获悉，商业可视在这里转变为一种不期而遇的惊喜，这与线上选购时"淘"宝的感受类似。

图6-1　街区琳琅满目的广告牌（笔者拍摄）

（5）传统街区环境不受大型集体商业建筑的建筑消防规范影响，在商业动线中不会出现实墙、楼梯间和卷帘等非商业中断因素，商业连续性较好。而路径随街区商业活力自然延展，街区界面的丰富性带来了商业路径变化丰富的舒适体验。

（6）传统街区以户外街道为动线空间，动线空间具有天然的尺度优势，从而给营商环境带来便利，在街区中可以进行花车巡演，可以摆摊，可以展示景观雕塑，可以辟出临时表演区，可以临时停车。其商业内容可塑性更佳，为改善传统商业街区的舒适体验预留条件。

（7）商业人流密度对商业氛围的影响较为显著。人流过少，会显得冷清。而人流过于拥挤，会打破舒适人际距离。由于传统骑楼空间和传统店铺在尺度上普遍偏窄，传统商业街的人流密度往往较大。调查显示，人们对这种拥挤环境有心理预期，普遍容忍度更大，甚至认为适度的拥挤更有利于获得类似过去的赶集体验。

（8）传统商业街区在物理环境方面也与现代商业中心有所不同。过去传统商业街店铺大都是开门做生意，实现天然采光和自然通风，并借助骑楼有效遮阳挡雨。尽管当前不少经营者已引入空调设施，但街区总体仍是以被动式为主的微气候环境（见图6-2），这种健康、节能式的舒适更受游客欢迎。

（9）传统商业街内部不仅有购物行为，更有休闲观光游历行为。在商铺之间穿梭，不时转换到对花卉、水体、雕塑、碑文、古树、奇石、古迹的探寻，是对购物体验的重要补充。这些休闲观光内容，将丰富与完善传统商业街区的舒适购物体验。

（10）在意象上，传统商业街区的历史穿越感和文化纵深感是其有别于其他现代大型商业中心的优势。有年代感的街区建筑本身就是游历者的欣赏对象，尤其是在动线中穿插的民宅、祠堂、楼阁等传统场景，将使游历者获得不一样的空间组合与尺度层次带来的舒适体验。

（11）在经营时段上，由于不是封闭式管理，而是自主的开放运营模式，且很多经

图6-2 以被动式为主的微气候环境（笔者拍摄）

营者直接在同一建筑内生产、生活，因此经营时段的自主性更佳。经营者可以根据市场需求自主延长经营时间，形成对城市消费服务的有力补充（见图6-3）。可以说，传统商业在自主经营时段方面的竞争优势也是明显的。

图6-3 自主延长经营时间的业态（笔者拍摄）

（12）传统街区建筑一般只有两三层，个别街区出于安全考量对于二层以上空间的使用有所限制。大部分街区的楼上空间基本上可以从各个店铺进入，无论是纵向还是横向，均没有明显的商业可达性死角。即便是支路远端的铺位或作坊，如果设置标识，游客往往亦会饶有兴趣地探索，从中获得猎奇感。

（13）两三层骑楼建筑的高度与骑楼老街的宽度之间的比例关系，一直是骑楼建筑控制的关注点。身处其间所体验到的领域感和场所感，以及沿动线行走时感受到的天际线变化，是现当代商业动线设计中难以完整再现的。

（14）由于传统街区的铺位较小，其进深方向可变性较低，在一定程度上约束了其业态构成，商品的业态丰富度是存在局限性的。或者说，现代商业营销中通过主力店吸引人流的动线设计理念，不能照搬用于传统商业街区商业模式的组织。而在业态种类相对有限的情况下，以品牌丰富度尤其是传统品牌的美誉度和体验感，使消费者获得更为丰富、多样的购物体验，这是传统商业街区所应注重的（见图6-4）。

图6-4　老字号店铺举例（笔者拍摄）

6.1.2.2　以完善空间句法关系作为提升传统商业街区环境张力的切入点

传统商业街形成初期往往处于城市经济文化中心，市场供给、交通运输等城市功能是其选址的重要考虑因素。随着城市人口增长，城市的建设规模不断扩大和发展进程不断推进，原有的城市中心也相应被突破边界甚至丧失核心地位，资源配置流动导致城市不同区域功能发生变化，逐渐形成新旧城区不同的发展进度和定位。传统街区大多处于旧城区内，外部环境变化给街区的正常运转带来相应的负荷。例如周边用地性质转变，传统街区被周围的高层建筑包围，导致街区的采光和通风等受到一定程度的影响，街区得以彰显的历史文化场所环境也被抽离。而由于受到城市交通路网扩展和迁移的影响，直达一些保留下来的街区的公共交通受阻，相对狭窄的街道和有限的用地使车辆通行和停靠成为需要突破的瓶颈难题。例如，广州一德路、梅州凌风东路和顺德大良路等，都渐渐脱离城市中心区域，被边缘化。

基于空间句法对传统商业街中商业要素的研究，研究者认为随着传统街区和城市空间关系的变化，街区自身空间组织、空间秩序也会产生相应的变化。相较于现代购物中心的快捷有效，传统商业街的空间逻辑有其自身的张力，激活街区应有效地处理好街区与城市、街区各个空间板块之间的关系。

（1）城市区位的可汇集性

全局整合度往往从城市街区尺度考虑交通便捷情况，当整合度越高，则交通可达性越好。传统商业街区作为特殊的城市片区，多位于城市旧区。在城市旧区，周边居民往往较多，且旧区的居住条件较新区紧张，周边居民会更愿意到外围闲逛或散步，这是传统商业街区的人流优势资源。在城市化进程中，新型的城市快速交通较难靠近城市旧区。同时，周边的市政配套设施也往往相对简陋。这些都在一定程度上制约了顾客的可达性。从城市交通衔接方面考虑，建议在这些传统街区边缘可接受步行距离内设置地铁、公交站等交通设施，同时设置公共停车场，以满足远距离市民的出行需求（见图6-5）。由于特定时段可以支持特定业态，所以也应考虑在骑楼边上设置路边停车位（见图6-6）。

（2）内部交通的可达性

局部整合度更注重研究小范围的交通可达性，整合度高的节点交通聚集机会更多。选择度分析空间单元被选作出行路径的频率。两者共同构成空间单元交通能力的优劣判断依据。对现代大型商业中心而言，如何实现有效货运交通一直是经营痛点。在垂直交通方面，货运电梯往往数量有限，布点不均匀，同时也受到运载效率和运载重量、轿厢

图6-5 街区与城市交通接驳的公共交通枢纽及停车场（笔者拍摄）

图6-6 特定时段停车位（笔者拍摄）

尺寸的约束。在水平交通方面，如果设置专用的货运通道，则这些通道净宽尺寸往往给货物的搬运与装卸带来掣肘，还往往降低平面实用率，增加经营成本。传统商业街在交通运输方面更具灵活性，商业街作为城市干道的分支，汽车可以经城市道路通行至店铺前。从而，无论是客流还是物流都可以实现更佳的机动车可达性（见图6-7）。对于管理者而言，可以根据经营业态、客流特点等实际情况，确定该商业街是步行、人车混行还是分时段人车混行等。

（3）商业可视性

如前所述，由于店铺前有骑楼，而骑楼的尺度相对狭长，当游客在一侧骑楼中行走时，难以看到同侧沿骑楼店铺的品牌形象或标识（见图6-8）。从现场调研的情况可知，骑楼的柱廊及骑楼内较多的人流，都极大地抑制了骑楼内人群眺望对街的意图

（见图6-9）。从骑楼老街产生的时代背景分析，骑楼老街在设计时并未面临人车分流的交通要求，中间的马路应是马车、人力车和行人的混合穿行区，商铺招牌的可视实现，主要是在中间马路区域。在这种意义上，当前城市管理者应适度考虑中间马路的人行必要性。

图6-7　货物运输直达店铺（笔者拍摄）

图6-8　游客在骑楼中行走同侧骑楼店铺的视线可达范围（笔者拍摄）

图6-9　对侧骑楼店铺视线可达影响因素（笔者拍摄）

（4）空间可识别性

空间句法理论常用可理解度来描述辨析空间穿行的简易程度，也就是人在步行通过各个局部空间时，推测全局空间的可能性。空间转换或线路转换次数越多，则拓扑深度越深，空间越难被辨识。传统商业街以自组织方式、历时变化，逐步生长而成，每个单体、每个空间都根据当下建造者的实际建设条件而设计建造，而所有建设者又会自觉或不自觉地围绕着有利于营造商业街整体营商氛围这个目标而开展工作。换言之，相对于现代大型商业中心，传统商业街区在建设中有着鲜明的度身定制与开放设计特点。这些特点决定了尽管同一骑楼风格相近,但可以从店铺方位及空间可识别的维度做判断。传统街区的高低错落、断连有序、阡陌纵横,以及周边古树、建筑的标识作用,使其在空间和方位识别方面反而是具有优势的。需要提醒城市管理者关注的是,传统商业街的穿衣戴帽及粉饰一新,总难免导致这种识别性或方位感的降低(见图6-10)。

图6-10 统一的简单粉饰降低街区标识度(笔者拍摄)

(5)商业均好性

空间句法理论分别运用连接值、轴线密度描述空间形态,前者通过计算某一空间单元与其他空间连接的数量从而评判该空间的渗透能力。后者则是通过计算固定范围内的街道网络密度评估人流可达的细分状态。商业的均好性与商业可视和人流可达直接关联。动线复杂的现代大型集中商业体由于受到建筑层数、动线规模、动线形态等方面的约束,要做到商业机会均等及人流均衡分布其实非常困难。就传统商业街而言,尽管特定节点的商铺会获得更多的关注,但总体而言商业步行街的商业动线与城市交通线重合,人们在单向穿行中会左右随机变换行进路线,较少只沿单侧前进,也较少调头回到出发点。因此,动线回环度这一指标的价值不明显。一般而言,支路方向的商业延展能力有限,一般只会延展到可视范围。当人流足够密集,商业街区会由梳形自然拓展成树形,再进一步拓展成网络形。商业街区具有自我调节和修复能力,其形态的生长与萎缩取决于商业活力。在相对稳定状态下,如果不考虑各种支路交通捷径产生的人流渗漏,道路两侧绝大多数商铺在交通条件和人流量方面是比较均等的。

6.1.2.3 以构建可意象性环境作为加强传统商业街区聚客能力的侧重点

在视觉上,传统街区的存在具有美学的记录意义。而在心理层面,传统街区则作为文化记忆的延续而存在。在现代城市快速发展的节奏下,街区内部的功能布局被调整重构,街区中的建筑被改造更新,周围的现代高层建筑也在渐渐蚕食街区原有的场所环境,街区固有的历史和文化气息被日新月异的变化发展所稀释。随着传统街区存在的历史证据在发展中被逐渐消磨、同化,更普遍的现状是,有相当数量的传统街区恰恰是在改造和维护中被赋予更多的现代含义或地域相似性,对店铺出租率和人气旺盛的追求在某种程度上掩盖了地域特色缺失带来的遗憾。然而,事实上,由于因循不同的地理环境文化,大到不同的城市,小至不同的片区,其中的老旧街区都承载着不同的时间痕迹和生活气息。不同的存在形态是自然的、应有的,也是必要的,这恰恰是现代商业街所不具备的场所意象,也是传统商业街吸引人流的主要优势所在。

在对传统商业街进行可意象性研究的基础上,笔者对传统商业街的可意象性体验形成以下观点:

（1）传统文化意象和户外环境给市民带来的观光体验是现代大型商业中心所难以复制的。游历者将观光休闲体验而非消费体验作为出行计划，对交通距离的可容忍度会大大增加。从而，传统街区的意象影响辐射力远大于现代大型商业中心。对游历者的调查显示，同一时段到传统街区的远程市民明显多于到现代大型商业中心的市民。且两者在出行目的设定方面也不一样，前者以休闲观光为主要目标，后者以休闲购物为主要目标。

（2）传统街区处于城市老城区，或与传统民居无缝对接，形成传统商业与传统生活的差异化体验；或与现代城市接壤，形成传统与现代的环境反差。自然而然的环境主题穿越带来的休闲游历感无可替代。

（3）传统商业街中随小商品经济发展而来的城市界面片段——开放连续的沿街店铺，直接展现了城市文化与市民的日常生活场景。这样的传统场景充满了生活气息，人们不但可以深切参与到当下的市民生活中，还可以感知到过去几代人生活的情形。

（4）游历者从现代生活区域到传统老街区的全过程，都在感受时代变化带来的生活变迁。而成区连片的街区，可以强化游历者对街区年代背景的代入。环境反差越大，游历人群对自己的日常生活的解脱感就越深，获得的舒适体验也就越清晰。需要强调的是，这种真实性的保留，并不排斥现代建筑科技对人们生活的改变，重点是正确处理新与旧的关系，使不同时期的美好生活都能展现出来。

（5）就传统街区的界面效果与环境氛围而言，当前存在两种相反的不良趋势。一是任由各店铺根据喜好随意安装店铺内容，致使许多破坏街区传统氛围的广告或商品要素介入街区，破坏了环境的整体和谐。比较典型的是骑楼老街店铺张贴的打折清仓特价广告或此起彼伏的广播（见图6-11）。这反映了传统街区缺乏基本的社区商业凝聚力，缺乏最基本的监管和宏观把握，应该由政府介入完善组织管理模式。另一种不良趋势往往发生在被政府选定为展示典型案例的传统商业街区，这类街区明显存在着为改造而改造的越俎代庖的过度管理痕迹。色调统一的粉饰，统一部署的标识系统，既破坏了差异、多变的街区美，也使原生态的生活意象、文化意象及行为意象荡然无存。传统商业街需要社区管理和政府支持，其出发点是对生活方式和产业多元化的尊重、信任与平衡，而不是迫不及待地制造与展现新生活。传统商业街区管理理念和管理方式应统一并落实到原真性理念上。

图6-11 清仓打折的广告牌（笔者拍摄）

6.2 传统商业街区的环境建议

6.2.1 关于平面布局

6.2.1.1 平面模式

随着生活方式和消费观念的改变，传统商业街作为复合型商业空间，提供了购物、参观、娱乐、游览、休闲、社会活动等多种城市公共生活的可能。相较于现代商业街，传统商业街的布局模式因为历史和社会背景无法重新设计，只能在对现有环境品质和条件充分考量和利用的前提下，在一定空间和范围内进行改造。在沿袭历史文脉和城市文化的前提下，关注个体在空间尺度、通风采光、景观建筑等方面的感受，注重利用不同的空间组合和平面布局创造不同的空间特色，给游客带来不一样的游走体验。

（1）梳形布局：以主街单轴线型方式表达主导的单一方向性，主街周围没有明显的支路和巷道。该空间布局的秩序感强，对人们的引导作用明显，空间理解度高，单向主轴较易与周围的历史环境形成呼应，较简单的空间布局不会对已有的环境区域造成压迫感。需注意的是由于该布局的尺度有限，在某种程度上限制了街区的发展规模。由于街区的主轴街道以单线型为主，街区空间向心性不强，人们多是穿行而过，巡回率不高。而且直线型主街缺乏支巷的交集和缓冲节点的调节，易使行人产生疲乏感。这一类空间布局也可称之为"单轴线状模式"。

（2）树形布局：由一条主要的街道轴线贯穿街区，在主轴线上衍生出若干次要的轴线（次街和巷道等），店铺大多集中在主轴线。该空间布局的秩序感和方向性较好，导向明确，主街空间的识别度高且可达性强。枝状轴线的衍生增加了空间的可读性和可塑性，有利于街区业态的渗透。在主轴和支轴的交集处形成面状空间，方便设置公共活动空间，增加可停留性。但与此同时，该布局中的支轴容易成为死角和尽端路，不利于整个街区的商业均好性。由于主要空间仍是单向的线性空间，巡回的机率不大。这一类空间布局也可称之为"枝（支）轴线状模式"。

（3）网络形布局：该空间布局的特点是主街沿纵向和横向渗透延展，形成多条相互交错轴线，商业活动由此向周边街道自由扩散。根据轴线交错的方式不同，可细分为多轴平行、多轴向心和多轴相交几种布局。其中：①多轴平行的空间布局秩序感较强，空间导向能力较好，主轴街道与次轴街道的对比丰富了街区空间层次和空间节奏。在实际调研中发现，主轴街道以步行的交通方式为主，商业活动较为集中。次轴街道侧重与城市周边道路相连，采取人车共行的交通方式，商业活动较显凌乱。应加强主街与次街的交流，并强化主街缓冲节点的向心力，使街区空间环境更为完整融合。②多轴向心的空间布局中，若干条线形街道围绕街区中一个主导性的节点展开，以该聚集点为核心向周围延伸。由于核心空间易聚集人流，该空间布局的向心性和空间渗透力较好，街道空间的围合感较强。但过于复杂的向心型布局易削弱空间可理解度，且次街均衡围绕核心空间，其可达性也较一般。宜鼓励次街间的相互渗透，增加回流的可能，并增设有效的标识体系。③在多轴相交的空间布局中，多条长度和宽度不一的街道相互交错形成网格状布局，其交汇处往往易形成休闲广场、休憩空间等面状节点。该空间布局没有具有明显主导性的主街或核心空间，能提供给步行者更多路径选择的自由与趣味。多个面状节点的产生，丰富了社会活动，易于形成人流聚集的焦点和回流的动力。但由于多条街道相交，该空间布局秩序感不强，空间向心性较弱，有必要进一步明确街区中的主要街道和核心空间，以此强化街区中的秩序感。同时注意让动线产生宽度或高度变化，以形成蜿蜒曲折的效果。笔者将这类空间布局统称为"复合网状模式"。

6.2.1.2 平面建议

（1）明确传统商业街的空间逻辑。典型的传统商业街主要由商业空间（商铺）、动线空间（包括街巷交通空间、休闲及出入口空间、历史建筑的参观型空间）、后勤辅助空间（包括卫生间、开水间、储物间、停车场、值班室）构成。

（2）街区平面布局以"路径链"为模块。以梳形、树形和网络形为原型进行建筑布局。

（3）应尽量让主街动线本身具有可变性。可以采用直线形、折线形或弧线形线路相结合的方式，或利用路面的铺地高差，以丰富线路。蜿蜒曲折的路径设计可增加传统街区的场所氛围。

（4）尽可能增加支轴线路之间的交流和相互渗透。商业动线应由简单线型向多轴复合型发展，商业街应由简单的单线主街向多条次街交汇编织的网络形街区发展，有益于人流的均衡分布，使动线空间更具可读性。

（5）适当地退缩建筑以形成休闲空间，扩大出入端口以形成面状空间节点，再由建筑与街道相结合形成各种小空间组合，使街区的行走节奏更为舒适。

（6）建构主次明晰、层次关系相对清晰的路网结构。通过对主街、次街和巷道的尺度控制，明确其路网层次，以简单线型强化主要路线。

（7）通过设置缓冲节点，增加游客与周边环境及历史景点的对话，使主轴与支轴线路更好地融为一个整体。

6.2.2 关于使用者

（1）在改造设计前期的建筑策划阶段，为了使设计定位更切合实际，设计者有必要对街区使用人群的组成、行为习惯和规律有所了解。

（2）对传统商业街而言，消费者（本地行人、外来游客等）和商家是主要的使用人群。由于消费者和商家对街区环境的评价尺度不存在较大的分歧与冲突，因此设计者可将之视为统一的使用人群来创造环境。

（3）同时也应看到消费者和商家因角色的差异而对环境的需求各有侧重，其中，街区的视觉环境、便利相关的因素更受到消费者的青睐，而商业功能的完备程度则更为商家所关注，设计应力求兼顾多层次的使用需求，力求物质环境的完整。

（4）物质上的使用满意程度影响使用者在心理上对街区环境的总体舒适评价。因而，物质环境的完整性是不容忽略的基本要素。

（5）使用者对于街区环境意象的构建，除了关注物质环境的完整性，还综合了通风、采光、照明、声音等物理环境，建筑外观、景观组织、装饰效果等视觉环境，历史气氛、人文气息等心理环境，是多因素多维度体验感受的融合。

（6）人性化的管理有助于提升街区环境整体效能。不同的交流场所、公共空间丰富了商业手段和内容，为促进消费及其他社会活动提供了更多的契机。

（7）鼓励自由步行，步行交通更有利于街区的游历体验，场地的形态与空间肌理应符合使用者显在和潜在的行为模式。

6.2.3 关于业态要素

6.2.3.1 基本构成单元

（1）形象商铺：能建立起街区所特有的经营特色、档次级别及商业观念。形象店未必具有最佳的交通可达性，但其往往是传统街区特色的组成部分，应具有最佳的视线可达性。在传统商业街中，形象商铺往往是老字号商铺，应融入体验性的元素，发挥其在传统街区中的持续影响力。

（2）主力商铺：包括主力店和次主力店。主力店是具有一定规模和组合功能，在街区中具有良好的聚客号召力和品牌建构实力的大型商户，如综合购物商场。次主力店则主要是凸显某一特征或品牌的店铺，诸如专卖店和一些品牌集合店等。主力商铺一般人流量较大，需要打通若干个小面积店铺以形成大面积的商业空间，甚至于连通二层三层以形成一个具有一定规模自成体系的购物场所。在传统街区中，主力商铺数量不多，但它的聚客能力对街区内部生态仍有显著影响。

（3）标准商铺：标准商铺是传统商业街中的基本店铺单元，大部分的商铺属于此类型。面积不大，但坪效较高，且涉及面广，渗透性强。

（4）临时性业态：位于传统街区的巷道出入口、休闲缓冲空间或主街道的灰空间，一些日用品或小吃业态以规模简单的凉棚等设备展开商业活动，体积小，机动灵活。

（5）体验主题店：在街区中具有独特经营主题的业态单位，如儿童娱乐中心、溜冰场等，往往具有较为独特的人流吸引力。这类业态面积需求较大，一般在网络形街区中有实现的可能。值得一提的是，体验主题店未必一定是以经营业态单位的方式存在，能够提供差异化体验的造型元素、建筑形式、空间内容、生态特色等，均可以产生这种外在的人流吸引力，均可成为传统街区中的体验性区域。

6.2.3.2 业态组合

（1）业种选择需考虑街区整体与个体的关系，业态的组合应有一定的侧重，总体应该符合街区的整体定位及主题。同时，业态的发展要适应步行街区周边的供求关系。

（2）在电商消费模式的冲击下，饮食业的比重逐渐增大。饮食业态往往是带动客流的关键，但应控制好餐饮业态在卫生、气味和声音环境等方面对于街区整洁的影响，过多的饮食业态在某种程度上会削弱街区的格调。

（3）由于受传统街区铺位规模的影响，在相对有限的业态种类内，应增加传统老字号店铺的种类，尤其要增加具有美誉度和体验感的老字号店铺，从而使消费者获得更为丰富、多样的购物体验。

(4)装修有特色的店铺和轻奢品牌的加入,以及线上线下联动推广,有助于提升街区环境的格调。

(5)除了发展主街的临街店铺,应鼓励巷道业态的延展。巷道业态以日常小商品和饮食为主,铺位灵活有弹性,为街区中的原住民提供便利,同时也顾及了街区内不同使用人群的消费能力和需求,丰富了街区整体业态(见图6-12)。

图6-12 巷道业态是街区业态的补充延展(笔者拍摄)

6.2.3.3 业态布局

(1)一般来说,标准商铺业态是街区中的主要业态,在整个街区中都有分布。大多数标准商铺以同类聚集的方式存在,构成主题性的聚集销售,使消费者降低购物成本,并刺激新的购物欲望与区域性的人流移动。部分服务性的标准商铺(大多为轻型餐饮)分散布置,提供给客流以购物间歇的休憩场所。

(2)形象店铺是街区中的点睛之笔,由于历史原因不便移动位置,应做好相应的路标指引和宣传,并发挥其汇集客流的"触媒"效应,让标准商铺及配套商铺分享形象商铺所带来的客源。

(3)主力商铺因其规模和建筑立面设计会更具有视觉主导地位,成为街区中的标志店铺。主力商铺往往放在步行动线尽端处,同时与街区的主入口保持一定距离,以形成横向的人流拉动力,使人流沿动线移动途经其他店铺。利用主力店在周边区域产生的外部正效应形成顾客聚集效益。一般不提倡设置在步行街的中段,以免降低步行街区中段小店铺的生命力。如果步行动线较长,则考虑在缓冲节点附近增设主力店。

(4)体验主题店与主力店在街区中均属于规模较大的业态,但两者在业态策略上扮演着不一样的角色,体验主题店意在提供城市区域内其他购物环境所没有的消费主题,以独特的感受和体验拉动消费,其客流往往是以家庭或特定人群为单位。在街区中一般将其设置在动线的前后端口,以及进深过大或交通可达性一般的区域,以契合其特定的消费时长和消费主题。

（5）街区中的便利商店一般位于街区的尽端处，以销售易消耗的基本生活用品为主，延伸的业态为周边居民提供了便捷的服务。

（6）对一些体现传统商业街历史、文化、氛围、特征等，凝聚力较强的店铺，应在位置、数量、规模、风格等方面发力，尽量促使其健康合理发展，从而带动整个街区的人气和活力。

（7）应强化街区中的触媒效应。通过历史建筑、特色店铺、休闲空间等汇集并带动人流向周边店铺流动。

6.2.4 关于空间可达

（1）鼓励将公共交通作为主要的交通方式。在公交站和地铁站附近增设出入口，以有效的标识指引人流由站台至街区入口。

（2）公交体系与街区之间的衔接允许有多种交通方式，例如共享单车、步行绿道等。

（3）在用地紧张的老城街区内，考虑与周边建筑环境合作设置相应的停车区域，可辅以机械式停车方式增加停车位，给自驾者提供便利。停车场通过合适的通道与街区相衔接，确保步行方式与其他交通形式得以便捷切换。考虑到特定时段运货等需求，也可在骑楼边上设置路边停车位。

（4）需要一条较明确的交通主线串联起街区的主要活动场所（主要的店铺、休闲节点等）。主街与次街、主街与巷道之间的联系都应畅通，提高空间的可渗透性，从而提供给使用者更多的选择。

（5）人车共行时，尽量维持车辆和行人使用街道的均衡度，创造优质有序的步行环境。应注意的是，在一些以批发业态为主的街区，应考虑提供短暂停车的区域以便于运送货物。

6.2.5 关于空间识别

（1）在街道中，每隔百米设置标志物，符合客观上人眼目之所及的范围（30~300米），有助于让人捕捉到视觉焦点并识别空间方位。

（2）历史文化景观、具有地域特色的建筑、反映街区历史和文化背景的雕塑、传统老字号商铺或装修独特的店铺等，可以是街区中的路标。

（3）营造使用者相对集中的核心空间模块，有利于形成主导型的公共空间，强化街区的向心力，制造人气聚集点。

（4）赋予公共空间不同的环境品格和使用功能（如喷泉水池的游玩型、绿荫花草的休憩型、历史文化小品雕塑的纪念型等），使空间因独特而产生方位感和标识性。

（5）变化的界面可以提示空间的转化。例如巷道的青砖与主街的条石起到路网提示的作用，新旧装饰立面可以区分改造建筑和原有建筑，路线指示牌上不同的颜色代表不同的功能板块等。

6.2.6 关于空间指引

（1）附近的公共交通枢纽处应设置关于街区方向的行进指引，结合街区的特色建筑、景点及美食等图片以增加人们对于街区的好奇和期待。

（2）在街区入口、街区十字路口应配备整个街区的平面介绍，对主要的建筑节点、老字号店铺应强化标识。在路网较复杂的网络形街区中，对于巷道、休闲空间等的标识也同样必要。

（3）通过不同的建筑立面、不同的休闲空间主题区分空间模块，并建立空间的视觉差异，有助于形成完整的拓扑认知。

（4）平面指引图上应体现停车场、卫生间、服务接待中心等后勤配套设施以及附近的公交枢纽等，更显人性化。

（5）传统商业街中，蜿蜒的路网设置对于视线所及的范围有所限制，可以考虑在路口交会处强化路标的提示作用，或借鉴传统广告牌如幌、旗的设置，提升建筑制高点，间接达到视线指引的效果。

（6）除了传统的方式外，可以把地图制成手绘本、书签、明信片等，让标识指示系统更多元丰富。

6.2.7 关于交通

6.2.7.1 城市外围交通的引入

（1）传统商业街对于公共交通枢纽的依赖性强，应充分利用所在区域的交通资源，通过增设出入口与公共交通枢纽相连。利用共享自行车、电瓶车等提供街区到交通枢纽的接驳、换乘服务，为各种交通提供便捷路径，建立优质舒适的交通平台，以期吸引购物人流和出行人流。

（2）对步行人流的吸纳应考虑街区内部交通与市政交通的衔接，包括从公交点到街区建立完善的交通指引，沿人行道提供骑楼式的风雨廊，沿街有相应的街区宣传，以吸引步行人流向街区靠拢。

（3）通过过街天桥、沿街橱窗将商业空间延伸到周边商业建筑及周边街区，使传统商业街具备公益性市政设施的服务功能。

（4）传统商业街应将街道作为城市交通步行路线，为市民提供借道通行的捷径。

（5）在街区内部及周边提供向市民开放的休闲区域，使传统商业街成为吸引市民逗留的城市公共空间。

（6）受传统用地限制，传统商业街可考虑与周边建筑、住宅小区合作，提供一定的停车空间，并考虑从停车区域到街区的过程体验。

6.2.7.2 街区内部交通路网

（1）主街、次街、巷道有较为明晰的层级逻辑，通过控制尺度、铺地等增强标识性。

（2）据现场调研，人车分流的交通模式更有益于传统商业街的步行体验。

（3）增强各级街道和巷道之间的连通性，通过共享空间节点、牌坊等形成必要的过渡。多条次街、巷道贯通，在提高通行率的同时，也易于产生蜿蜒曲折的平面布局效果，丰富动线。

（4）在人车分流模式下，应注意商铺货车停靠区域和装卸货物的时间，在方便店家的同时避免对游客产生干扰。

（5）人车共行的传统商业街应在车行道和人行道之间设置一定的屏障，以确保人车互不干扰。

6.2.8 关于动线

（1）路线的长度反映了街区中店铺的数量，过长的步行距离易使消费者产生疲惫感，过短则减少了商业活动的可能。据文献所述，消费者在街区中的单次步行距离一般以600~850米为宜（日本、美国和欧洲商业街的动线长度依次约为540米、670米和820米），我国大部分传统商业街的动线长度控制在500米左右。

（2）为避免消费者一次性获取太多信息而无法抓住重点，设计者可有意识地改变空间尺度以调整动线的长度和节奏，通过路线的曲折变化、建筑的高低错落或者街巷的宽度差异，弱化笔直的街道所带来的乏味和漫长感。通过尺度差异调整客流的疏密，从而产生前进的推动力。此外，动线的曲折变化一方面勾勒出动态的公共流动空间，另一方面也预留了获得不同的面宽、进深及客流条件的各种可能。

（3）传统街区中既存老建筑的融入、园林景观的设置、传统老字号商铺的布局等，可以弱化行走的乏味和漫长感。建筑后退形成的凹形公共休闲空间、休闲座椅等休憩节点，在促使其他行为产生的同时缓和了动线的冗长感。

（4）当主街的H（建筑高度）：W（街道宽度）≈ 1时，人对空间的感受处于舒适范围。在传统商业街中，建筑高度一般为7.5~24米，街道宽度应控制在5.5~24米为宜。

（5）主通道应该与次级通道相连，有效指引人流到各个业态分区。次级通道的宽度适应不同的业态种类，各不相同。

（6）将卫生间、游管服务中心等功能空间设置在次级通道，有助于提高次级通道的人流量，同时也避免占用主要通道临街店铺的资源。

（7）考虑到经营条件的多样性，商铺的大小形成差异。在动线安排中，应考虑到不同面积商铺的搭配，主力商铺的人流应能惠及周围的标准商铺。

（8）在巷道入口处设置牌坊，引导人流流向巷道，提升次街和巷道业态的曝光率。

6.2.9 关于建筑立面

6.2.9.1 文化性

（1）通过对传统建筑语汇（包括元素提炼、构成方式、结构逻辑、施工技术、材料与建筑地域性和自然环境的融合等）的深入了解，强调建筑细节的精致化。

（2）在装饰构件上，细化各类构件（如灰塑、檩栊、门槛、墀头、窗洞、窗檐等）的迁移和复建技术要求，以确保历史信息的准确与完整。

（3）对旧的材料、旧的纹饰进行组合、拼贴、变形，以创造出既有"历史"意义，又能根据当下的生活和使用方式进行变化的建筑。例如，灰砖和红砖形成横批纹理图案以丰富立面、瓦筒砌镂空墙以遮挡空调室外机、弧瓦砌成叠水景观等（见图6-13）。

（4）考究一些非建筑本身的细节，对于能带来穿越体验以将"过去"带到"现在"的要素给予必要的保全，如斑驳的墙钉、生锈的铜锁、标语口号、屋顶墙角攀延的枝叶等。这些要素共同构成富有历史、时间、文化、传统的建筑界面，引发人的怀古情思。

（5）在建筑立面中，应巧妙利用竹帘、弧瓦、陶砖等传统材料和相应的建筑技法，将空调机、电线等现代设备隐藏于视线之外。

图6-13　建筑立面活用传统元素（笔者拍摄）

6.2.9.2　商业化

（1）对前文样本中人流量最大的街道进行统计发现，目前传统商业街中商铺密度（商铺个数/百米）为6~9个/100米，功能密度（业态的数量/百米）在2~4种/100米。其中，餐饮功能对于人流的吸引力尤其显著。一般来说，密度越高则功能越复合，商业整体界面越活跃。

（2）立面常用透明商业玻璃门面、落地玻璃橱窗、半透明格栅、磨砂墙体等。在传统建筑中有可能因为受制于建筑文化性的表达，不能大面积地使用透明材料，这时候可以考虑不透明实墙和玻璃的虚实结合，或者木质屏风、竹帘、瓦筒砌筑的镂空墙等，以营造半透明的效果（见图6-14）。

（3）开敞度指店铺之间断开形成没有连接的空间界面的比例。虽然开敞间隔会对整体街区的商业连续性造成影响，但开敞的空间往往成为街道网络中的公共空间，在鼓励其他非商业行为发生的同时，吸引聚集人流，带来更多商业活动的潜能。据对样本的观察，主要街道每百米的开口空间尺度以不大于20米为宜。

（4）传统街区的建筑色彩以传统材质中的青、灰、白为基调，整体街区风貌以朴素、淡雅为主。在维持这个底色的前提下，通过新式材料的运用、广告宣传装饰等进行局部亮色点缀，激发街区的商业活力。

图6-14 传统建筑引入现代材料和技法（笔者拍摄）

（5）立面投影宣传，屏幕尺寸应有所控制，播放的内容和音量应与街区整体背景氛围相协调，避免过量的光环境和声环境对街区传统格局产生干扰。

6.2.10 各空间模块的具体建议

6.2.10.1 关于共享空间

（1）共享空间应包含较为丰富、多样和独特的环境信息和体验元素。适度新奇和复杂的信息形成空间序列中的活跃性段落，可吸引较多的使用者，并增加动线行走的乐趣。

（2）通过建筑退让、在历史建筑周边形成灰空间、扩大街区的端口节点等产生共享空间。共享空间主要有街区中心广场、绿化水景、小品雕塑等类型。其中，中心广场可以举办仪式性活动，绿化水景是游者亲近自然的休闲场地，小品雕塑往往蕴含街区的历史文化背景。

（3）传统街区共享空间中的环境信息一般包括传统建筑远景、公共艺术（如小品雕塑、人工景观）、自然元素（如绿化、水体、飞鸟鱼虫）、历史遗址和街区特色景观、其他人的活动、文字信息（如街区历史文化介绍、宣传广告）等。

（4）设置景观元素或小品建筑应尽量与街区的文化历史背景相联系，以期更好地强化街区的主题意义（见图6-15）。

图6-15　与街区历史文化背景相关联的小品雕塑（笔者拍摄）

（5）应具备宜人的休息设施和休息环境，有意识地引领行人以慢行进的节奏去感受和体验街区。例如，石、木材质的凳椅与环境相融给行人带来舒适体验。树荫和花草的点缀能形成一定的距离感和隐私性，给人以安全感。必要的遮阳遮雨设施也使行人停留更长时间。

（6）共享空间应讲求一定的"通达性"和"自由度"，即交通路径的组织应使行人易于到达并自由穿行，由此维持共享行为发生的有效场景和人数。同时，使用者能感受到进入和退出的自由。

（7）可直接接触到或看到的自然元素（如树木、绿化、水面等）有助于人放松心情，鼓励将自然元素融入休闲空间，例如水、绿植、光影、户外座椅的材质和形式等。

（8）多个共享空间可以形成渐次调动客流情绪的空间秩序。因此不同的休闲空间可以有不同的表达主题，既能实现不同空间之间的差异性对话，也能体现街区中的标识性。

（9）共享空间应能同时容纳多种活动模式，通过多种活动模式的相互支持增加场所环境的生气。使用者应易于接触到其他人，易于参与其中的活动，易于共享资源、服务、信息和场所。

（10）共享空间的周边可设置一系列大小不等、穿行人流较少的小空间，包括可踱步的空间、整理所购物品的区域、有领域感和抗干扰的倚靠区域。

（11）"共享"是对环境和资源的分享，也是对信息和活动的分享。共享空间应提供看与被看、围观与独处的场景。

（12）与此同时，利用绿化、座椅、小径在空间或时间上分离动态使用人群（如交通人流）和静态使用人群（如静坐、驻足人群），避免两类人群相互干扰。

6.2.10.2 关于出入口空间

(1) 应考虑与公交站、地铁站等公共交通枢纽站点的结合,根据街区外围的交通关系及相邻建筑的功能关系确定出入口的方位,并结合特定环境和使用特点选择空间形式。

(2) 出入口空间应具有较清晰的标识,以体现历史文化底蕴,塑造鲜明的街区品牌形象,吸引和鼓励外围的城市客流到街区。

(3) 出入口空间是传统街区交通组织的枢纽空间,内部交通路线应清晰合理,并注意使步行人流和自行车流在空间上适当分离,避免造成交通高峰期的相互干扰。

(4) 出入口空间应重视开放性,应通过设计实现开放使用和封闭管理之间的均衡。

(5) 营造空间的整体氛围有助于街区商业向外部延展渗透,实现使用心理的过渡。

(6) 街区的出入口空间应具有停留性,可通过建筑的退缩形成开阔的共享空间,便于使用者聚集。应注意协调通过人流与停留人群的空间组织。

(7) 应优化出入口空间的微气候条件,妥善安排自然景观资源及人工环境设施,以彰显街区独特的历史文化特色,吸引消费者进入街区。

(8) 适当控制入口建筑立面的装饰,以及广告、橱窗展示的规模和内容,形成和谐得体的入口意象。

6.2.10.3 关于走道空间

(1) 走道空间一般指骑楼街下的廊道空间。建议控制走廊的长度,每隔数十米应有光线明暗和空间形态的变化,从而把长走廊作为几段短走廊来处理。

(2) 在岭南地区的炎热和多雨季节,走廊增设遮风挡雨设施,可以给行人提供更舒适的行走环境。

(3) 柱子是结构构件,也是停留者的依靠物,有助于回避人流和干扰视线。

(4) 骑楼街的走廊空间也是店铺向外延伸的商业空间,有助于商品的展示,但同时应注意避免对行走空间造成挤压。

(5) 应规范走廊下店铺所搭设的电线,避免混乱和年久失修。

6.2.10.4 关于灰空间

灰空间柔化了由店铺空间向街道外部空间的转变,既是交通空间、街道空间的一部分,又延伸了商铺的商业空间,是一种模糊的复合空间。对于灰空间的利用,应尽量打通灰边界的界限关系,强化空间之间的关联,以建构新的图底关系。

(1) 室内向室外的延伸:在景观设置中,建筑或店铺可以尝试打破实墙边界,视线阻隔消失,观看者在室外和室内可获得相似的观景效果。这样的景观设置使人更接近自然或风景,利于在室内营造出近似于室外的感受,实现室内视觉的延伸。在道具构件的构思上,有意识地将室内的摆设移到室外,如凳子、盆景、门廊等要素,使自然景观与人工生活用品融为一体。在商业活动范围内,靠近店铺的室外空间搭设顶棚、广告牌等设施,使店铺内的商业氛围向室外空间延伸。

(2) 室外向室内的渗透:尝试强化入口的平台、坡道,通过植被、绿化等元素,消解景观与建筑的边界。靠近店铺的休息共享空间可强调引向店铺的路径指引,设置店铺相应的关联要素,使室内外空间成为相互联系的统一整体,共享空间自然消融为建筑的入口庭院。

6.2.10.5 关于商铺空间

（1）商铺空间是经营活动发生的场所，尺度合理有利于商铺经营，将在较大程度上影响或决定传统商业街的商业活跃状况。为适应现代商业需求，商铺大小应基于可以分铺和并铺的经营概念而确定。

（2）传统商业街的标准商铺大多面宽窄而进深大，对于要求较大面积的主力商铺，可以考虑合并若干个标准商铺以实现其业态需求。

（3）一般而言，标准商铺的面宽和进深应符合一定的比例，面宽与进深之比小于1：2的商铺往往被认为空间过深，不利于经营。在改造中可通过出入口空间的调整、透明材质的引入、台阶高差的变化引导等弱化不利的进深空间，或改变大进深空间的功能，用作仓储或休息空间。

（4）一楼的临街商铺可适当增加透明度，以扩大展示空间。出入口应与街道或公共空间实现相互通达。二楼由于交通可达性较弱，可考虑以饮食业态为主。个别街区出于管理规范限制使用二楼空间的举措，是对商业资源的浪费，并不提倡。

（5）应注意结合天井、高窗进行采光，利用冷巷与天井的通风条件延续传统建筑的地域环境特色。

（6）在对结构性空间进行拆除或加建时，应合理保留具有传统价值的建筑元素、建造技术和工艺材料，新材料的介入应是可逆的。

（7）合理利用商铺门前的灰空间，在保证规范有序的前提下，可以将其作为出入口的延伸，也可以将其作为休憩等候空间或商品展示空间。

6.2.10.6 关于辅助空间及生活性设施

（1）应在街区入口或中心地段设置游客服务中心或咨询室，游客服务中心应具一定的标识性，给使用者提供相应的便利。服务中心的外立面和体量应与街区的整体传统建筑风格相融合。

（2）游客服务中心应提供街区导览手册、历史建筑和街区文化介绍，配合街区宣传。

（3）街区应设置一定数量的公共卫生间，卫生间的立面造型和色调应与街区传统建筑风格相协调。

（4）可考虑在街区出入口附近设置共享自行车停放点，规范自行车停放。

（5）自行车停放场地与街区内的步行区域应形成高差，避免自行车在街区内穿行。

（6）在过道旁、主街旁设置休闲座椅，方便使用者随时停歇。同时配置相应的直饮水设备和垃圾桶等，创造人性化的休息环境。

（7）街区导览指示栏应布置在出入口空间的显著位置，使经过的使用者可以边走边看，避免因围观而影响交通。

6.2.10.7 关于细部设计

（1）街区建筑高度可参差错落，在不破坏传统场所氛围的同时形成良好天际线。

（2）建议分别按点状布置和围合布置的方式设置共享空间的休闲座椅，分别满足独处与交往的行为需求。

(3) 建议共享空间的休闲座椅采用无靠背和有靠背两种方式，休息者可以自由选择背对人群或面向人群。而在走廊过道的休闲座椅宜采用靠背面向主街的形式，避免休息者和廊下步行通过者互相干扰。

(4) 座椅周围配备垃圾桶或饮水设施，更便于配合人们在休息时的其他活动。在动线过程中，应适时给行人提供座椅。景观条件好、干扰人流少的地方，如台阶、路缘石、草坡、花池、水堤等形成高差的地方可能成为使用者落座的处所，应结合人的尺度和行为习惯设计。

(5) 广场采用块状材料（如白麻石、广场砖），对防滑、排水、清洁等较为有利且易于拼出图案。

(6) 铺地尽量采用麻石、青砖等传统材料，保持历史氛围感。

(7) 路灯、垃圾桶的造型元素宜考虑从街区传统元素中提取设计。

(8) 街区的消防栓、廊道下的电线以及一层店铺的空调室外机等，应适当遮挡，保持现代与传统间的视觉和谐。

(9) 主力店铺或街区广场的屏幕广告宣传应注意屏幕的尺寸、亮度以及播放时长，不宜造成过于强烈的视觉冲击。

(10) 街区管理者对于商铺中的广告噪音、宣传投影屏的光环境以及饮食业态散发出来的气味应采取科学的管理。

(11) 户外座椅的材质和形式应贴近自然，以木质、石质为主，靠近绿化树荫，顺应自然景观，以台阶或石柱等方式实现，让休憩者得以更好地感受自然气息。

6.3 传统商业街模式语言

"模式"（Pattern）主要涉及物件之间隐藏的规律关系，一般指可以作为范本或模本的式样。模式的建立过程是在重复出现的概率事件中寻找规律，将前人累积的方法加以抽象提炼，总结出解决某类问题的现实经验和方法论。这也正如克里斯托弗·亚历山大对"模式"的经典描述，"每个模式都描述了一个在我们的环境中不断出现的问题，然后描述了该问题解决方案的核心。通过这种方式，你可以无数次地使用那些已有的解决方案，无需再重复相同的工作"。不同的领域有其相应的模式，一个成熟的领域会形成其特定的模式语言。建筑学领域的设计模式既强调建筑环境储存在记忆中的有组织的心理图像，又强调环境信息的加工过程或环境的有组织结构。同时，模式作为一种思想体系和思维方式对建筑环境现象做出理论图式或解释方案。值得注意的是，从"模式"的词源"pattern"也可进一步看出，模式语言的描述强调对空间和事件作场景式的修辞，侧重于以画面感的方式来增加空间的整体趣味，在描述中注入更多的个体情感要素。模式有助于使个体对一个建筑环境的理解兼具文学性和实用性。克里斯托弗·亚历山大最早将模式语言系统地引入到理论研究中，将从大量建筑和规划实践中提炼出的丰富的设计经验和建议，归纳描述为253个建筑模式语言。其中模式32、46是针对商业环境下的行为与空间的描述。

6.3.1 文献回顾

通过查阅相关文献，笔者大致了解了我国学界针对商业街空间环境模式的研究现状。具体而言，于晨晨基于广州大学城商业街的选址、规模及经营等因素，提出商业空间优化建议及空间模式的规划原则。韦金妮通过分析步行街外部开放空间和建筑实体空间的构成要素，对不同步行商业街区的空间布局特征进行模式化总结。林川归纳总结了7种住区商业街的空间模式。于欣淼总结杭州市典型商业步行街空间形态模式，并提出相应指导意见。裴燕从规划的角度提出了商业空间基本模式和提升空间活力的模式。李颜提出购物中心空间模式设计语言，扩展了商业建筑领域的模式语言理论。综上，在研究对象方面，对于商业步行街模式的研究有一定数量，但具体针对传统商业街、历史街区模式的研究较少。在研究结论方面，除了李颜针对购物中心的设计提出亚历山大式的模式语言以外，大多数关于模式的研究重点在于街区空间的类型归纳整理上，模式近似于一种类型划分，并不是严格意义上的设计导论。另外，关于街区的设计策略和指导建议大多是基于实践经验的设计总结，具有一定的指导意义和推广价值，但并不能称之为真正意义上的模式语言。

6.3.2 空间模式研究途径及内容选择

本书根据传统商业街舒适度研究结果，结合传统商业街的空间组织分析，寻求街区意象元素，从而提炼相关模式语言。研究参考《建筑模式语言》的表达逻辑和研究方法，将研究成果转为模式语言，以此作为亚历山大模式语言理论在传统商业街区领域的丰富和扩展。

对传统商业街空间模式的研究主要遵循以下途径：第一，研究者在先导性研究阶段对大量研究客体进行实地走访和现场调研，对现有建筑的空间组织方式及实际使用状况作出分析，借此提出基于社会及实际建成环境的空间模式要素；第二，研究者通过对相关专论和文章的阅读，以及对社会背景信息和资料的收集、分析，吸收、提取其中切合实际的合理见解和建设性主张，进而提出基于理论研究成果的空间模式要素；第三，研究者通过对代表性的街区案例进行使用后舒适度评价研究、动线空间研究和场所意象中行为习惯等的研究，比较全面地把握传统商业街使用者行为方式与建筑空间之间的显性关系，推测使用者的隐性需求，从而提出相应的空间模式要素；第四，亚历山大模式语言强调要素之间的事件关联、事件与空间的关联，这种对于空间和事件的体验更多侧重于视觉和物理层面，笔者拟在模式语言中注入更多的个体情感要素，赋予模式语言新的生气。

在模式内容的选择上，研究者主要把握两个方面的要素：一是与当前街区的商业活动直接相关，有助于发掘研究对象的环境原型；二是传统商业街区的空间与商业、休闲行为存在较为稳定的对应关系，能体现空间式样的可重复性和空间事件本质性的内容。在模式关系的设置上，研究者强调模式在建筑语言中呈现的层次序列关系，即各模式之间往往彼此支持，且存在大小嵌套和包含的逻辑关系。各模式以相对松散的方式贯穿起来，提高模式应用时的可操作性。设计者通过重叠、压缩等语法使用模式语言，通过模式之间的关系创造出比模式本身更丰富的内涵。

6.3.3 空间模式语言的提出

6.3.3.1 模式A——情节片段

传统街区的街景应能呈现繁忙又平和的生活秩序，容纳相应的活动与情节。作为空间记忆的一种表达方式，情节有别于身边的日常事件，也不等同于新闻信息，它是对个人情感色彩和亲身体验的呼应。在有关城市历史进程的情节中，传统商业街的现状本身并不能彰显街区的全部过去，街区历史写在各种片段所组合成的意象中。而我们自身对空间的记忆也产生于空间中的一系列事与物。有意味的空间往往与其中发生的事件情节甚至一些细节相关联，形成一组记忆簇。在某种意义上，情节意味着某种文化的基因，对于每个人、每个民族和地区的文化生活及其传承有着特殊的意义。

（1）发现已经历的时间细节：善于发现和挖掘街区中时间累积的细节并给予保留，如店铺上保存完整的门牌信息、墙身上残留的标语口号、旧式的花格栅窗、建筑立面的装饰纹理、转角处的茂盛榕树等。这些细微处串联起街区昔日的时光，让人穿越到某一时间、某一情境（见图6-16）。

图6-16　建筑中的时间细节（笔者拍摄）

（2）强调已存在的历史节点：街区中有名的文化历史景观如名人故居、书院、祠堂、剧院等，曾经是街区的亮点，在街区的路线标识中应给予特别的介绍和指引。即使是一个小小的街巷，若将其名字背后所蕴含的典故加以梳理陈述，亦能让游者对这个街区产生亲切感和游览兴致。

（3）保留已发生的生活场景：通常"一个城市及其居民的历史"并无完整详细的记录，日常商贸习俗、生活习惯的保留就像把过去的场景延续到当下，它会与我们头脑中留下的种种印象相契合。它或许存在于老字号店铺里的甜品糕点，或许存在于吆喝叫卖的商家宣传，也可能存在于巷口街坊的闲坐谈笑。事件、场景、情感、体验，这些构成了对过去生活的联想，引发对整个街区场所的感知，是每个人对各自生活片段的记忆（见图6-17）。

图6-17 街区中的生活情节（笔者拍摄）

一般而言，情节是空间体验的媒介，人们在街区中感受到与自身相关联的生活情节有可能引发某种回忆、情绪，从而建立起场所感。这些情节增强了空间趣味性与场所感染力。

6.3.3.2 模式B——记忆唤醒

街区中的建筑与其所处基地的诸要素共同形成传统商业街的场所环境。场所精神是传统环境中重要的品质，其来源于有形的街区的建筑、肌理、环境等，以及这些物质实体之间的相互作用和联系，包括场所当中人与环境、人与人之间相互作用的关系和行为。换言之，场所精神的感知"基于空间及其事物的体验"，是具体存在的人与所处空间环境之间的一种互动。从某种意义上说，对传统商业街区中场所精神的感知也是人类在通过街区和建筑自觉找寻历史意识和情感寄托。

场所环境强调在街区整体形态的视角下观照环境视觉感受和心理情感。格局、肌理和空间形态是一个街区与其他街区的本质相区别的体现，记录了街区的布局规划特点和营建形成的积累过程，蕴含了街区与城市、社会、人文等的关系。街区中的既存老建筑群延续着街区的空间特征和视觉印象，整体上的风格趋于一致，构成街区和谐的历史景观，而建筑之间，大至体量、风格、材质，小至色彩、细部装饰构件等，又各具建造特色，从而形成街区特有的领域感和标识度。这些建筑形象、街道形态伴随着一代人的成长，被视为记忆、认识和归属的标志，其场所精神也蕴含在这种肌理的维系中。在场所精神的营造中，应力求街区中的建筑、景观和配套设施等要素能在当下商贸活动和日常生活中发挥作用，自由的商业行为、自在的日常生活不仅展现街区中特定的现实形态，同时也为未发生的变化提供框架与线索。传统街区带给人们的是某种历史的抽离，在这个时间穿越的过程中，行走者在此时街区与彼时历史的契合中建构场所精神。人们在街区游历时不仅参与商贸活动，还捕捉蕴含在街区中的人文价值、思维方式和审美情趣，这种游历体验正是传统街区有别于现代大型综合商业环境的独特价值所在。

空间提供的感觉意象应唤起使用者对具有类似功能与形态环境的情感。在具体实施方式上，可与模式A和模式H相互结合。

6.3.3.3 模式C——模糊地带

灰边界拥有不同空间属性，处于空间之间的转换处，既连接不同的空间区域，也参与空间内不同的事件，实现了空间的过渡。这也使得该空间的体验更为复杂。在研究样本中，建筑物的连续墙面后退以及建筑之间围合形成的公共空间，抑或是街道交叉处作为街角广场的某个角落，既是交通空间，也常常是邻里休息闲聊的交流空间。此外，沿街建筑以挑檐或骑楼檐廊的方式延伸室内空间，柔化了由店铺空间向街道外部空间的转变，模糊了商业空间和交通空间的界限。这类"点"空间具有灰空间的过渡特质，使得街区的生长态势是自由的也是自觉的。

6.3.3.4 模式D——等候边缘

街道、店铺的边缘如同页面的空白，可做批注，也可留白，从容且随意。现场调研发现，街区中的餐饮和娱乐空间时常出现等候行为，如等候就餐、等候买票或等候游玩的亲朋等。餐饮空间旁等候用餐的顾客排到了街道中央，拥挤的过道妨碍了行人正常穿行以及对娱乐空间的张望等。大多数街区对于边缘等候空间的处理较为简单粗放。如果街道和店铺的边缘地带只考虑人流的通过，而没有考虑使用者的停留，就容易造成通过与停留行为相互干扰，既影响整体环境的有序，也会降低人们消费的舒适感。

因而，设计者应综合考虑业态组合与等待的边缘空间，不仅是吸引消费者到此产生商业行为，还需要为等候行为提供适当的场所，允许等候时段消费者进行其他活动。餐厅可以利用外围灰空间放置休闲座椅、凉棚等以形成等候空间，并利用景观、书报栏或宣传海报等将餐厅出入口与等候空间有机联系起来。当消费者不多时可在等候区设置餐位，使消费者就餐时与外界的景致和过往行人产生交流，同时增加餐厅的吸引力。相对而言，娱乐空间的等待时间较长，亲朋在等候时往往会在周围走动或选择有休闲座椅和绿荫的场所稍坐，活动范围较大。据此，可在娱乐空间附近设置咖啡厅、茶室等小型业态，适当分流娱乐场所的消费人群，在提供休息场所的同时也可以促进更多的消费。也可以考虑在娱乐空间周围设置公共的休息节点，配以休闲座椅和景观以形成较独立的等候区域，既是一个标识性的空间，也给等候的人群创造相对合适的交往距离。

"等候边缘"模式强调的是暂时的空间行为与目的场所之间的关联性，因此首先应有直接的空间衔接关系；其次应把握不同时段的行为反差，通过行为方式的转换实现调整、休息的目的。因此，以站或坐为主的行为模式、舒适的座椅、可观赏的景观和绿荫、相对独立的区域和不同的人际尺度是建立这一模式的要素。

在具体实现方式上，"等候边缘"可以是店铺的附属部分，如与店铺相连的过道、走廊等，也可以是公共休闲节点，可结合模式C。

6.3.3.5 模式E——索引提示

一个完整的建筑意象由场所空间和相互间的位置关系组成。在行为心理学中，人们对某个环境感到亲切和安全，在某种意义上来源于其对该环境的熟悉。然而，一个环境带给人们的趣味与新奇感又与其适当的陌生和复杂性有关。所以，当传统商业街面向大多数外来的游客时,上述两个看似相悖的环境行为关系应得到必要的调和,此时适宜的方位提示起着关键性的作用。方位提示模式就是以环境拓扑的方式告知使用者容易寻址的方法,形成街区环境的空间趣味性及多元化内容,使行走者在环境的差异中体验到发现的乐趣所在。

随着游客的行进,街区中的方位提示像是序列乐章的演奏,有先后、详略、轻重、节奏。进入街区前,公共交通枢纽处的行进指引——靠近街区,渐渐清晰的路牌指示和老街区的宣传文字——进入街区领域,关于街区平面的介绍或不同建筑风景的参照——出口处,到达各个公共交通枢纽处的指示,由此形成一个完整的体系。此外,具有差异性的空间和景观能实现良好的方位参照。不同的建筑立面装饰、休闲景观的设置等,有助于使用者建立清晰的"图式"系统。行进道路上的标志物,可以使人在行走时交谈、思考、遐想而无需时时想着自己的方向和路径。主干交通路径应具有相对清晰的层次关系,清晰的交通层次是使用者把握空间布局关系,建立相对正确的心理认知地图的关键。

6.3.3.6 模式F——轻重相宜

在某种意义上,业态布局是关于街区的商铺以何种方式向消费者提供何种服务的过程,涉及业种的选择与配置,需要综合考虑业种的类型、面积、数量及位置等。商业业态影响着街区的活力,传统商业街通过合理设置聚客力等级不同的业种,满足不同层次使用者的需求。与现代商业街有所不同的是,传统商业街应根据特定的街区主题、场所环境及形象定位对业态做出取舍,以形成有特色的营商环境。对于传统老字号商铺,应在选址和宣传推广上给予更多的支持。有特色的书店、工艺品商铺往往是街区中的点睛之笔。餐饮是带动人流的主要业态,在传统商业街中,应对快餐型餐饮业态的比例有所控制,同时应关注到餐饮的气味、卫生情况等对于街区整洁的影响。过多的中低型服务和商品会削弱传统街区的整体格调,应对街区的业态格调和层次有所把控。节假日期间在街区的中心广场或公共空地以"小集市"方式吸引临时商家出售特色的手工制品,实现对街区氛围的有益补充。不定时在主街举办商品体验活动,鼓励传统手工艺展示和游人参与,延展街区商贸活动。

6.3.3.7 模式G——亲切尺度

合适的街道尺度能营造亲切的氛围,有益于增添行走的乐趣,是影响街区舒适度的重要因素之一。街道尺度涉及街区动线的长度、宽度和休闲节点的设置等。设计者应力求通过空间尺度的变化、线性空间的连续以及面状节点空间的停顿,创造出人性化的、富有趣味的行走空间。值得注意的是,在传统街区中,往往宽度在2~3米的巷道更有可能实现与来往陌生人的从容交流,同时也促使人们感受推敲整体空间的大小,观看街道的细节。

在动线长度的安排上,过长的步行距离易使消费者产生疲惫,过短则降低了商铺的曝光率。我国大部分传统商业街的动线长度控制在500米左右。从某种程度上说,传统商业街中的行走舒适感与现代商业街相通。但在缓和动线冗长感方面,传统商业街更易于设置停留、张望或休憩的缓冲节点来打破空间尺度,从而产生空间的丰富感。通过路网的曲折蜿蜒、高低错落,街巷的宽度变化,以及街区中既存老建筑的融入、园林景观的设置、传统老字号商铺的布局等,可以弱化行走的乏味和漫长感。传统街区中没有实墙、防火墙等,连续的路径使商业活力自然延展,也使街区的界面更为丰富。

6.3.3.8 模式H——触媒效应

传统街区中的老字号商铺、名人故居、牌坊、祠堂、庙宇等,被视为街区稳定的象征,所辐射出的场所影响力是整个街区的精神核心。据现场调研,这些建筑在街区的整体空间序列上常常处于核心或轴线位置,是街区的特色区域和活力区域,起着聚集人流的作用。这实际上是一种"触媒效应"的体现。在传统商业街中,可通过强化原有的特色元素或策略性引进新元素,改善现有的场所条件,进一步提升整个街区的形象、特色与品质。在催化视角下,一方面可通过有形的物质触媒,尤其是经过修复有历史价值的重要建筑,提升或优化街区现存其他要素的价值,实现街区的联动开发。另一方面可通过无形的文化触媒,如街区中的风俗文化景观,吸引聚集人群并直接作用于街区物质空间的形态与面貌。值得注意的是,在街区原有的空间环境中引入新的触媒元素时,应考虑其与街区的整体特性是否和谐一致。新的触媒元素与街区其他元素共同构成街区新的历史,营造出不一样的场所文化。这将直接或间接地提升其周围环境的价值,打破以往的荒废状态。新的触媒元素对街区中现存元素起着正面的作用。

总的来说,传统街区中的触媒效应可能是从某一区域(如恩宁路的永庆坊)或某一单体建筑开始,但其最终目的是街区的整体复兴。触媒本身既构成街区新的历史,同时又延续街区固有的历史。街区通过建筑的触媒效应得到复兴,复兴的街区又往往根植于城市中某个片区,成为其中的亮点,即成为该片区的触媒"新元素"。其通过激发相关要素,推动整个片区持续、渐进地发展,最终形成富有生机、充满活力的综合城市环境。

6.4 本章小结

本章主要从建筑设计的视角,对前面各章的研究成果进行归纳和提炼,同时基于理论到实践的可操作性,作出建言性和可选择性的阐述。据此,提出了关于传统商业街的环境导则和环境策略建议,提炼了关于传统商业街的模式语言。

第7章 总结与展望

城市文化作为核心动力，在"存量焕新，内涵增值"城市建设新阶段中推动城市转型发展，传统商业街更新提升的积极意义日渐显著。2019年底，李克强总理在国务院常务会议中呼吁，应适应新业态、新模式，改善商业街的环境品质，提升休闲与消费的综合体验。广州作为岭南地区的中心城市，面向2035年提出"美丽宜居花城、活力全球城市"的城市发展目标，历史文化遗产的保护与利用是对"老城市新活力"号召的有效呼应与践行。在这种宏观的社会建设和城市发展背景下，笔者落实到岭南传统商业街这个微观命题。

传统商业街更新保护是对蕴含特定历史记忆的实体空间进行修复，使其重新承担当代城市职能。在激活商业的同时修复区域人文精神，维系社会共识与人文认同。这个过程涉及建筑遗产保护、社会学、心理学、环境行为、建筑规划与设计等领域，需要建筑师了解街区的历史文化底蕴，把握及预见所提供的形式和空间能否创建良好的商业环境，同时呼应原有的场所精神，实现商业激活和文化重塑之间的良性互动。于是，如何在遗产保护层面探讨传统商业街的更新改造和商业适应性问题，是本书的研究重点。

7.1 研究成果

（1）建立岭南传统商业街综合评价指标模型。
（2）建立岭南传统商业街的人流预测多元线性回归方程。
（3）提炼岭南传统商业街的空间设计模式语言。

7.2 研究创新点

（1）本研究综合岭南地域的文化和建筑共性等，对若干街区样本进行实地调研，提出较为完整的传统商业街舒适度综合评价指标集，从而填补了岭南传统商业街使用后评价研究的空白，也扩展了传统商业街保护更新设计理论研究。

研究分别以使用群体和街区类型为自变量进行两个阶段的问卷调研。从建构的舒适度模型可知，街区舒适度评价一级指标根据重要性排序由高至低依次为交通空间、景观场所、商业功能、设施设备和建筑使用。在具体的评价因素上，权重较大的指标有整体场所氛围、公共交通便利程度、建筑外观整体效果、老字号及特色店铺、动线长度、休闲设施等。整体而言，在使用群体中，游客更注重于环境的使用便利性及舒适性，商家则偏重商业环境的功能完整性。在街区类型中，网络形的舒适度最佳，其次为树形和梳形。

（2）本研究运用空间句法技术和商业理论，以第一手的现场数据为佐证，从业态流线、空间格局、商业要素等方面对三类街区作出分析，得出传统商业街人流预测方案，从而为以后相关的传统商业街研究提供较为科学和丰富的数据化资料，也扩展了国内的空间句法研究。

笔者运用空间句法软件对三个不同平面类型的传统商业街分别从城市区位、商业街内部流线、商业空间均好性、商业空间可识别性及商业空间可视性等方面作出空间句法研究，探讨不同类型街区空间的特性。此外，在对样本实际人流分布状况进行实测统计的基础上，修正影响人流的动线商业因子，建立普适于不同平面类型传统商业街的人流预测方案，提高空间句法预测结果的信度与效度。上述研究有益于传统商业街的动线设计兼顾人流引导，最终实现街区的商业均好，同时有益于在更新改造中针对不同类型的街区把握相应的侧重点。

（3）作为对建成环境主观评价理论（SEBE）的应用研究，本研究提出岭南传统商业街的空间设计模式语言。这是对"结构—人文"评价体系在理论方面的验证和补充，也是在岭南传统商业街区建筑领域内扩展克里斯托弗·亚历山大所建立的建筑模式语言库。

岭南传统商业街模式语言的提炼针对街区改造中所涉及的空间品质、建筑改造、业态组合、场所氛围等问题，关注建筑环境与具体使用行为、方式的结合。相应提出的改造策略则落实到具体实施环节，偏重认识层面和经验技术层面，强调环境营造的合理性。两方面结合主要探讨了传统商业街有效率、有趣味、有意义使用等具有弹性和灵活性的命题。

（4）本研究有别于传统建筑学领域的表象性研究，主要从真实、文化、行为层面探讨岭南传统街区的可意象性体验问题。以传统建筑修缮改造技术与理论为基础，辅以实证获取量化的研究成果，这是传统建筑保护理论与实践的有益尝试。

本研究基于建筑保护相关理论和代表性街区样本，探讨在更新改造中建构真实性和文化性意象的策略方法。另外，通过行为地图及对不同空间内使用者使用行为和方式的实地考察，获取现场实测数据信息，从而探讨使用者的行为与场所空间、功能之间的认知关系，间接地反映影响使用者感知场所意象的因素。通过量化的实证研究深化传统建筑学理论，扩展和丰富传统建筑学理论的研究方法。

7.3 研究不足与展望

鉴于笔者的学识、经验及研究时间有限，对某些问题的理解还不够全面、深入，以致本研究存在一定局限性。拟从以下几个方面进行尝试和突破：

（1）传统商业街的使用人群主要有外来顾客、店家和当地原住民。在本书的研究中考虑到商业街不同于一般的生活街区，其原住民中有相当一部分同时也是店铺使用者，所以在派发问卷时将原住民当作店家考量。基于研究的严谨，不排除部分原住民在街区中是以居住为主，其对街区舒适度评价的侧重点会有别于其他以商业活动为主的人群。因此在后续研究中，拟对该类人群进一步关注。

（2）随着大数据和互联网的普及，对使用者行进路线进行跟踪的可操作性越来越强。通过网络问卷调研的方式，了解使用者手机记录的街区停留节点、停留时间以及消费数额，比现场填写问卷或采访获得的数据更为精确可信。这些基础数据将有助于分析使用者在街区中的行为轨迹，对于业态安排、空间节点的设置都有现实意义。

（3）紧密结合传统建筑修复技术，拓展其在环境意象的真实性和建构适应性方面的实现空间，从材料、技艺、设计、施工、审美等各方面综合提升街区的环境品质。

笔者认为，随着历史文化资源在城市发展进程中越来越受重视，建筑设计研究趋于科学化，为新技术的"融贯"提供了更多样的研究策略。其中，建筑环境评价学科对人的使用行为和使用心理的关注、空间句法学科根据人类认知方式对空间关系的量化分析策略，以及商业策划学科的实践成果都为传统商业街的更新保护研究提供了契机，使其得以与现代的遗产保护理念和建筑技术学科步调一致，协同发展。

参考文献

1. 学位论文

[D1] 林冲.骑楼型街屋的发展与形态的研究[D].广州：华南理工大学，2004.

[D2] 李小妮.祁县旧城传统商业街保护与更新的探析[D].太原：太原理工大学，2009.

[D3] 李茉.城市历史文化街区的保护与再生[D].大连：大连理工大学，2009.

[D4] 潘旭.济南商埠区公共空间改造与活力复兴[D].济南：山东大学，2008.

[D5] 袁泉.苏州历史街区内建筑保护与更新研究[D].上海：上海交通大学，2009.

[D6] 帅湘.长沙历史街区中商业街设计的地域性表达[D].长沙：湖南大学，2008.

[D7] 钟军立.旧城区传统商业街改造研究与实践[D].重庆：重庆大学，2004.

[D8] 杨一琴.历史街区商业街空间更新与设计[D].长沙：湖南大学，2003.

[D9] 何淼.城市更新中的空间生产：南京市南捕厅历史街区的社会空间变迁[D].南京：南京大学，2012.

[D10] 魏祥莉.商业性历史文化街区保护性利用研究[D].北京：中国城市规划设计研究院，2013.

[D11] 李俊.商业空间内外部一体化的综合开发[D].天津：天津大学，2006.

[D12] 刘涟涟.天津街商业步行街设计导则研究[D].大连：大连理工大学，2005.

[D13] 侯柠.小规模渐进式活化历史街区[D].荆州：长江大学，2011.

[D14] 刘雪菲.基于"城市触媒理论"的城市历史街区保护与更新模式探析[D].济南：山东建筑大学，2011.

[D15] 孙乐.历史街区复兴中的城市触媒策略研究[D].济南：山东建筑大学，2008.

[D16] 李佳伶.基于ArcGIS的历史街区建筑保护更新模式研究[D].湘潭：湖南科技大学，2010.

[D17] 王汀.融入民居环境的商业空间[D].苏州：苏州大学，2012.

[D18] 许艳.传统商业街空间环境更新研究[D].合肥：合肥工业大学，2010.

[D19] 赵瑞云.历史街区商业步行街传统特色营造[D].西安：西安建筑科技大学，2009.

[D20] 高盛.传统风貌商业街区空间特点研究[D].长沙：湖南大学，2008.

[D21] 张晶.城市中心历史街区商业复兴空间设计方法研究[D].上海：上海交通大学，2007.

[D22] 万陆洋.历史性商业街区的保护与改造研究[D].无锡：江南大学，2008.

[D23] 姜芹.步行街情境化设计研究[D].长沙：中南大学，2012.

[D24] 段影.城市历史文化街区情境策略[D].长沙：中南大学，2011.

[D25] 赵洁.自发形成的与经过设计的商业步行街空间形态的比较研究[D].北京：北方工业大学，2010.

[D26] 祝琬.影响街道活力的物质空间研究[D].武汉：华中科技大学，2008.

[D27] 兰峥.历史街区商业外部空间设计研究[D].重庆：重庆大学，2007.

[D28] 潘旭. 济南商埠区公共空间改造与活力复兴 [D]. 济南：山东建筑大学，2011.

[D29] 陈丽. 江南传统街区入口空间的景观原型研究 [D]. 无锡：江南大学，2012.

[D30] 詹少辉. 汉正街地区的隙间类型研究 [D]. 武汉：华中科技大学，2008.

[D31] 朱昌萍. 历史商业街临街立面保护与改造的方法 [D]. 合肥：合肥工业大学，2009.

[D32] 彭燕. 商业步行街地域特色表达研究 [D]. 重庆：重庆大学，2011.

[D33] 刘英杰. 河南传统商业街调研与设计实践探析 [D]. 郑州：郑州工业大学，2013.

[D34] 史学民. 开封市老城区传统商业街更新设计及其地域文化研究 [D]. 郑州：河南大学，2010.

[D35] 姚玉祥. 传统风貌商业街的文化意境研究 [D]. 长沙：湖南大学，2011.

[D36] 张可欣. 基于文化特征的西安旧城步行商业街区规划设计研究 [D]. 西安：西安建筑科技大学，2009.

[D37] 毛成功. 历史文化名城商业用地空间形态研究 [D]. 西安：西安建筑科技大学，2008.

[D38] 李瑶. 基于非物质文化遗产保护理念下的历史街区活力复兴研究 [D]. 西安：长安大学，2009.

[D39] 李佳. 基于类型学的历史地段商业化更新设计研究 [D]. 杭州：浙江大学，2008.

[D40] 潘莹. 景观设施在重塑城市历史商业街区中的应用 [D]. 南京：南京林业大学，2010.

[D41] 李东生. 历史商业街区改造中建筑与环境视觉标识的关系 [D]. 北京：中央美术学院，2009.

[D42] 王瑶. 以游兴区：历史街区商业空间组织与设计 [D]. 西安：西安建筑科技大学，2009.

[D43] 田华. 济南老商埠区保护性旅游开发对策研究 [D]. 济南：山东师范大学，2013.

[D44] 张杉. 旧城历史街区型游憩商业区形成机制及规划设计研究 [D]. 成都：四川师范大学，2002.

[D45] 韩刚. 苏州观前地区商业空间与游憩空间整合研究 [D]. 苏州：苏州科技学院，2009.

[D46] 王艳丽. 体验经济下历史街区商业化更新设计研究 [D]. 杭州：浙江大学，2006.

[D47] 邓慧. 历史街区商业化进程中的体验设计研究 [D]. 北京：清华大学，2004.

[D48] 洪屿. 番禺沙湾古镇的历史原真性保护 [D]. 广州：华南理工大学，2012.

[D49] 孟春晓. 历史街区遗产原真性的感知研究 [D]. 北京：北京林业大学，2012.

[D50] 曹娟. 原真性概念与中国文化遗产保护 [D]. 北京：中国社会科学院研究生院，2005.

[D51] 何俊乔. 小城镇历史街区生存之道：原真性把握 [D]. 天津：天津大学，2009.

[D52] 李青琳. 广州昌兴街历史街区的保护与利用研究 [D]. 广州：华南理工大学，2012.

[D53] 黄浩. 广州上下九街区更新若干问题研究 [D]. 广州：华南理工大学，2011.

[D54] 慎重波. 广州市恩宁路骑楼历史街区保护规划研究[D]. 广州：广州大学，2007.

[D55] 王玫. 广州新河浦历史街区保护及更新研究[D]. 广州：华南理工大学，2011.

[D56] 杨芸. 商业背景下特色街区的存在与发展[D]. 广州：广州大学，2009.

[D57] 苏国彦. 广州历史文化街区边界空间研究[D]. 广州：华南理工大学，2012.

[D58] 孔维檀. 基于消费者行为的街区式商业动线设计研究[D]. 广州：华南理工大学，2017.

[D59] 李颜. 基于环境行为与心理分析的购物中心空间模式设计研究[D]. 广州：华南理工大学，2014.

[D60] 郭昊栩. 岭南高校教学建筑使用后评价及设计模式研究[D]. 广州：华南理工大学，2009.

[D61] 朱小雷. 建成环境主观评价方法研究[D]. 广州：华南理工大学，2003.

[D62] 尹朝晖. 珠三角地区基本居住单元使用后评价及空间设计模拟式研究[D]. 广州：华南理工大学，2006.

[D63] 张昆. 历史街区改造中价值分析与实践[D]. 邯郸：河北工程大学，2012.

[D64] 郑萌. 策略流变：析国内近期历史街区保护更新活动状态[D]. 天津：天津大学，2004.

[D65] 竺雅莉. 历史街区资源的原真性保护与评价研究[D]. 武汉：华中科技大学，2006.

[D66] 孙宜蔚. 开封商业空间改造调查研究[D]. 郑州：郑州大学，2011.

[D67] 刘明霞. 成都宽窄巷子历史街区外部空间规划建成后评析[D]. 北京：清华大学，2012.

[D68] 韩丽泓. 以各方共赢为目标的大型购物中心空间设计策略研究[D]. 重庆：重庆大学，2007.

[D69] 于伯谦. 以"空间句法"（Space Syntax）探讨SHOPPING MALL的公共空间组织[D]. 武汉：华中科技大学，2005.

[D70] 马小琴. 构建商业街评价指标体系的探索性研究[D]. 长春：吉林大学，2007.

[D71] 韦金妮. 步行商业街区空间布局模式研究[D]. 西安：西安建筑科技大学，2010.

[D72] 张文红. 基于空间句法的深圳典型商业街区空间组织模式研究[D]. 哈尔滨：哈尔滨工业大学，2012.

[D73] 张威. 广州一德路历史街区更新发展研究[D]. 广州：广州大学，2018.

[D74] 刘军伟. 基于GIS的城市商业中心等级体系评价研究[D]. 上海：华东师范大学，2009.

[D75] 袁忠. 建筑的意象化生成[D]. 广州：华南理工大学，2010.

[D76] 夏洪洲. 关于城市工业遗产的真实性保护研究[D]. 苏州：苏州科技学院，2009.

[D77] 潘艳玲. 基于符号认知的历史街区旅游体验研究[D]. 上海：上海师范大学，2012.

[D78] 邓曦. 现象学视角下历史建筑的保护与更新设计研究[D]. 大连：大连理工大学，2013.

[D79] 邓琳.原真性原则及其在重庆历史城镇保护中的应用初探[D].重庆：重庆大学，2004.

[D80] 于晨晨.广州大学城（建成区）商业空间模式研究[D].广州：华南理工大学，2011.

[D81] 于欣淼.杭州商业步行街空间形态设计及模式研究[D].杭州：浙江大学，2012.

[D82] 裴燕.住区商业街空间模式研究[D].北京：北京建筑工程学院，2012.

[D83] 谭畅.城市中心步行商业街区的空间形态及尺度研究[D].天津：天津大学，2008.

[D84] 陈庆.南方地区街区式商业动线空间设计研究[D].广州：华南理工大学，2017.

2. 著作

[M1] 叶权.贤博编[M].上海：中华书局，1987.

[M2] 万伟成.佛山历代诗歌三百首[M].广州：广东人民出版社，2017.

[M3] （英）史蒂文·蒂耶斯德尔.城市历史街区的复兴[M].张玫英，董卫，译.北京：中国建筑工业出版社，2006.

[M4] （美）简·雅各布斯.美国大城市的生与死[M].南京：译林出版社，2005.

[M5] （美）柯林·罗·弗瑞德·科特.拼贴城市[M].童明，译.北京：中国建筑工业出版社，2003.

[M6] （德）罗伯特·克里尔.城市空间[M].钟山等，译.上海：同济大学出版社，1991.

[M7] （美）罗杰·特兰西克.寻找失落的空间[M].朱子瑜等，译.北京：中国建筑工业出版社，2008.

[M8] （英）弗雷德里克·吉伯德，等.市镇设计[M].程里尧，译.北京：中国建筑工业出版社，1983.

[M9] （挪威）诺伯舒兹.场所精神：迈向建筑现象学[M].施植明，译.武汉：华中科技大学出版社，2010.

[M10] （美）阿莫斯·拉普卜特.建成环境的意义[M].黄兰谷，译.北京：中国建筑工业出版社，2003.

[M11] （日）芦原义信.外部空间设计[M].尹培桐，译.北京：中国建筑工业出版社，1996.

[M12] （日）芦原义信.街道的美学[M].尹培桐，译.天津：百花文艺出版社，2006.

[M13] （美）凯文·林奇.城市意象[M].方益萍，译.北京：华夏出版社，2001.

[M14] （丹麦）扬·盖尔.交往与空间[M].何人可，译.4版.北京：中国建筑工业出版社，2002.

[M15] 吴良墉.北京旧城与菊儿胡同[M].北京：中国建筑工业出版社，1994.

[M16] 方可.当代北京旧城更新：调查·研究·探索[M].北京：中国建筑工业出版社，2000.

[M17] 单霁翔.从"功能城市"走向"文化城市"[M].天津：天津大学出版社，2007.

[M18] 单霁翔.城市化发展与文化遗产保护[M].天津：天津大学出版社，2006.

［M19］阙维民.世界遗产视野中的历史街区：以绍兴古城历史街区为例［M］.北京：中华书局，2010.

［M20］谢建辉，陈先枢.留住历史的文脉［M］.北京：五洲传播出版社，2005.

［M21］阮仪三，李浈，林林.江南古镇：历史建筑与历史环境的保护［M］.上海：上海人民美术出版社，2010.

［M22］王德，朱玮.商业步行街空间结构与消费者行为研究［M］.上海：同济大学出版社，2012.

［M23］庄惟敏.建筑策划导论［M］.北京：中国水利水电出版社，2000.

［M24］(英) 比尔·希利尔.空间是机器：建筑组构理论［M］.杨涛等，译.北京：中国建筑工业出版社，2008.

［M25］(日) 浅见泰司.居住环境评价方法与理论［M］.高晓路等，译.北京：清华大学出版社，2006.

［M26］薛薇.SPSS统计分析方法及应用［M］.北京：电子工业出版社，2004.

［M27］(美) 戴维·迈尔斯.社会心理学［M］.张智勇，乐国安，侯玉波，译.8版.北京：人民邮电出版社，2006.

［M28］HILLIER B.Space is the machine: a configurational theory of architecture［M］.London: Cambridge University Press, 1996.

［M29］(英) 比尔·希利尔，朱利安妮·汉森.空间的社会逻辑［M］.杨滔，封晨等，译.北京：中国建筑工业出版社，2019.

［M30］段进，比尔·希利尔，等.空间研究3：空间句法与城市规划［M］.南京：东南大学出版社，2007.

［M31］黄亚平.城市空间理论与空间分析［M］.南京：东南大学出版社，2002.

［M32］梁雪，肖连望.城市空间设计［M］.天津：天津大学出版社，2006.

［M33］柴彦威.城市空间［M］.北京：科学出版社，1999.

［M34］(英) 卡伦.简明城镇景观设计［M］.王珏，译.北京：中国建筑工业出版社，2009.

［M35］黄波.GIS环境下的空间分析和地学视觉化［M］.北京：高等教育出版社，2009.

［M36］现代汉语大词典编委会.现代汉语大词典［M］.上海：上海辞书出版社，2010.

［M37］(美) 凯文·林奇.城市形态［M］.林庆怡，译.北京：华夏出版社，2001.

［M38］(芬兰) 尤嘎·尤基莱托.建筑保护史［M］.郭旃，译.北京：中华书局，2011.

［M39］约翰·罗斯金.建筑的七盏明灯［M］.张璘，译.济南：山东画报出版社，2006.

［M40］RIEGL A. The modern cult of monuments: its character and its origin［M］. New York: Rizzoli, 1982.

［M41］WANG N. Tourism and modernity: a sociological analysis［M］. Oxford: Pergamon, 2000.

［M42］陆地.建筑的生与死：历史性建筑再利用研究［M］.南京：东南大学出版社，2004.

［M43］(美) 弗兰姆普敦.建构文化研究：论19世纪和20世纪建筑中的建造诗学［M］.

王骏阳，译. 北京：中国建筑工业出版社，2007.

[M44]（意）塔夫里. 建筑的理论和历史[M]. 郑时龄，译. 北京：中国建筑工业出版社，2010.

[M45] 林玉莲，胡正凡. 环境心理学[M]. 北京：中国建筑工业出版社，2000.

[M46]（美）艾尔·巴比. 社会研究方法基础[M]. 邱泽奇，译. 北京：华夏出版社，2004.

[M47]（美）C.亚历山大，S.伊希卡娃，M.西尔佛斯坦. 建筑模式语言：城镇·建筑·构造[M]. 王听度，周序鸿，译. 北京：知识产权出版社，2002.

[M48]（美）阿尔文·托夫勒. 未来的冲击[M]. 孟广均等，译. 北京：新华出版社，1996.

[M49] 单霁翔. 留住城市文化的"根"与"魂"：中国文化遗产保护的探索与实践[M]. 北京：科学出版社，2010.

[M50] 单霁翔. 从"文物保护"走向"文化遗产保护"[M]. 天津：天津大学出版社，2008.

[M51] 陆元鼎. 岭南人文·性格·建筑[M]. 北京：中国建筑工业出版社，2005.

[M52] 何和明. 商业空间动线研究[M]. 台北：文化大学出版社，1993.

[M53] 常怀生. 环境心理学[M]. 北京：中国建筑工业出版社，1984.

[M54] 刘念雄. 购物中心开发设计与管理[M]. 北京：中国城市出版社，2009.

[M55] 张松. 文化遗产和历史环境保护的一种整体性方法[M]. 上海：上海科学技术出版社，2001.

[M56] 阳建强，吴明伟. 现代城市更新[M]. 南京：东南大学出版社，1998.

[M57] JACOBS J. The death and life of great American cities[M]. New York：Random House，1961.

[M58]（美）伊利尔·沙里宁. 城市：它的发展、衰败与未来[M]. 顾启源，译. 北京：中国建筑工业出版社，1986.

[M59] 日本观光资源保护财团. 历史文化城镇保护[M]. 西山卯三，监修. 路秉杰，译. 郭博，校. 北京：中国建筑工业出版社，1991.

3. 期刊

[J1] 黄启臣. 清代前期海外贸易的发展[J]. 历史研究，1986（4）：151.

[J2] 林琳，许学强. 广东及周边地区骑楼发展的时空过程及动力机制[J]. 人文地理，2004（19）：1.

[J3] 徐琴. 有机更新：历史文化名城走出保护性衰败与建设性破坏困境之路[J]. 城市观察，2011（3）：8.

[J4] 吕斌. 基于"价值重塑"看历史街区保护与省略化的博弈关系：以台湾三峡老街为例[J]. 城市发展研究，2013（7）：24.

[J5] 蔡辉. 我国传统商业街区的形态演进[J]. 城市问题，2010（8）：6.

[J6] 夏志伟. 传统商业街空间形态研究[J]. 重庆建筑，2010（11）：4.

[J7] 梁江，孙晖. 中国封建传统商业街区的空间形态及模式分析[J]. 华中建筑，2006

（2）：6.

[J8] 郭湘闽，王金灿.基于空间句法的深圳东门老街更新策略研究[J].城市建筑，2012（1）：4.

[J9] 张京祥，邓化媛.解读城市近现代风貌型消费空间的塑造：基于空间生产理论的分析视角[J].国际城市规划，2009（1）：5.

[J10] 克里斯托弗·亚历山大.城市并非树形[J].严小婴，译.建筑师，1986（2）：207-224.

[J11] 张晨光，吴泽宁.层次分析法（AHP）比例标度的分析与改进[J].郑州工业大学学报，2009，21（2）：85-87.

[J12] 刘敏，李先逵.历史街区探析[J].哈尔滨工业大学学报，2003（35）：4.

[J13] 朱宇恒.杭州大井巷历史街区的价值评价及修复研究[J].华中建筑，2005（1）：7.

[J14] 李和平，张睿，严爱琼，等.重庆历史街区分级保护策略[J].城市规划，2010（1）：80.

[J15] 胡明星，金超，董卫.基于GIS技术在南京历史文化名城保护规划中划定历史街区的应用[J].建筑历史与文化，2010（7）：2.

[J16] 石若明，刘明增.应用模糊综合评判模型评价历史街区保护的研究[J].规划师，2008（5）：72-75.

[J17] 庄宇，张灵珠，戴晓玲.多层面商业空间整合度与人流量关联性分析[J].同济大学学报（自然科学版），2012，40（11）：1620-1626.

[J18] 杨滔.空间句法是建筑决定论的回归？读《空间是机器》有感[J].北京规划建设，2008（5）：88-93.

[J19] 比尔·希利尔.空间句法：城市新见[J].赵兵，译.新建筑，1985（1）：62-72.

[J20] 李莉，曹亮功.基于空间句法分析的购物中心交通空间可识别性研究[J].福建建筑，2011（2）：4.

[J21] JIANG B, CLARAMUNT C, BATTY M. Geometric accessibility and geographic information: extending desktop GIS to space syntax[J]. Computers, environment and urban systems, 2013（23）：127-146.

[J22] 常伟，张道宏，邬连东.基于消费行为特征的商业街功能定位问题研究：以西安市东大街调研为例[J].上海经济研究，2008（1）：8.

[J23] 赵航.基于消费需求特性的城市商业街功能[J].城市规划，2005（11）：56.

[J24] 陈莉，张光忠.商业街建设的战略、战术研究[J].中南财经政法大学学报，2002（6）：108.

[J25] KWAN M P, MURRAY A T. Recent advances in accessibility research: representation, methodology and applications[J]. Geographical systems, 2010（5）：129-138.

[J26] 张健钦，王佳嘉，杜明义.基于空间插值法的公交客流分布可视化分析[J].测绘通报，2015（4）：5.

[J27] 李红艳.解读里格尔的历史建筑价值论[J].建筑师，2009（1）：41.

[J28] WANG N. Rethinking authenticity in tourism experience[J]. Annals of tourism research,1999,26(2):349-370.

[J29] COHEN E. Authenticity and commoditization in tourism[J]. Annals of tourism research,1988,15(3):371-386.

[J30] 刘正江.文化旅游的文化真实性及其被影响因素[J].文化建筑,2008(4):65-67.

[J31] 张朝枝.原真性理解：旅游与遗产保护视角的演变与差异[J].旅游科学,2008(2):1-8.

[J32] 常青.历史建筑修复的"真实性"批判[J].时代建筑,2009(3):118-121.

[J33] 张成渝."真实性"和"原真性"辨析[J].建筑学报,2010(6):55-59.

[J34] 吴隽宇.从东西方哲学思想探讨建筑文化遗产概念之差异[J].华中建筑,2011(5):4.

[J35] 顾孟潮.不要让城市失去记忆[J].重庆建筑,2004(3):5.

[J36] 李新.游走于历史的真实与虚幻之间：评上海新天地广场[J].福建建筑,2007(2):17.

[J37] 林川.住区商业街的7种空间模式初探[J].建筑文化,2012(1):3.

[J38] POTTEIGER M, PURINTON J. Landscape narratives[J]. John Wiley & Sons Inc：Preface,1988:10.

[J39] MOORE C W, MITCHELL W J, TURNBULL W, et al. The poetics of gardens[J]. The MIT Press,1986(10):120.

[J40] 卢永毅.历史保护与原真性的困惑[J].同济大学学报（社会科学版）,2006(5):6.

附 录

附录1 传统商业街消费行为问卷

调查员：_____ 调查地点：_____ 调查时间：_____ 问卷编号：_____

指导语：

亲爱的顾客，您好！为了更好地检验和反馈传统商业街区活化改造状况，华南理工大学建筑学博士生在此开展关于消费者行为问卷调研。该调研无关商业利益，旨在了解您在该街区的消费情况及您的使用评价，从而为改善传统商业街的购物环境提供第一手资料。您提供的信息，我们保证严格保密。非常感谢您的帮助！

一、受访者基本信息（请在相应的情况左侧打√）

基本情况	备答选项
1.受访者的性别	□男 □女
2.受访者的年龄	□20岁以下 □20～30岁 □31～50岁 □50岁以上
3.您从事什么工作？	□学生 □工人/服务员/一般文职 □教育/技术人员 □私营业主 □退休/待业 □家庭主妇 □其他____
4.您的个人收入？	□2000元以下 □2000～5000元 □5001～8000元 □8001～10000元 □10001～15000元 □15000元以上
5.您是本地人还是外地游客？	□本地人 □外地游客
6.您的来访目的？（可多选）	□参观 □餐饮 □购物 □休闲 □娱乐 □其他____
7.您到这里的交通方式？	□步行 □坐地铁 □坐公交 □骑自行车 □自驾汽车
8.您在这里的游玩时长？	□2小时以下 □2～4小时 □4小时以上 □其他____
9.联系方式（邮箱/电话，可选填）	

二、受访者的游走情况

1. 参照《岭南天地旅游地图》，按您的游走顺序标出逗留过的地点、逗留时长及相应消费金额（在对应位置打√）。

编号	逗留时长（分钟）				消费情况（元）								
	少于10	10～30	31～60	61～120	120以上	50以下	50～100	101～150	151～200	201～300	301～500	501～800	801～1000	1000以上	其他

续表

编号	逗留时长（分钟）					消费情况（元）							
	少于10	10～30	31～60	61～120	120以上	50以下	50～100	101～150	151～200	201～300	301～500	501～800	801～1000	1000以上	其他

2. 您在这里游览了哪些文化历史景点？分别逗留多长时间？请在相应的位置打√，并选出您认为感受最好的一个。

文化历史建筑	逗留时长（分钟）					对哪个印象最好？（可补充印象好的原因）
	少于10	10～30	31～60	61～120	其他	
龙塘诗社						
简氏别墅						
简照南佛堂						
文会里嫁娶屋						
元吉黄公祠						
酒行会馆						
其他						

3. 您在这里的公共休闲空间有停留休息吗？请在相应的停留时长及活动内容下打√。

公共休闲场所	停留时长（分钟）					活动内容			
	少于10	10～30	31～60	61～120	其他	歇坐	玩水	拍照	其他
岭南天地入口水池									
喷泉水景（吴系茶厅后）									

续表

公共休闲场所	停留时长（分钟）					活动内容			
	少于10	10～30	31～60	61～120	其他	歇坐	玩水	拍照	其他
麒麟社广场（近祖庙大街后出口）									
嫁娶广场（嫁娶屋旁）									
钟楼广场									
市集广场（元吉黄公祠出口）									
长生树广场（探鱼附近）									
其他									

三、佛山岭南天地的整体环境评价（请在相应的评价左侧打√）

□ 很满意　□ 比较满意　□ 一般　□ 不满意　□ 很不满意

1.您对哪些方面比较满意？（可多选）			
□ 整体环境好	□ 有历史感	□ 传统老字号多	□ 饮食业态丰富
□ 工艺精品多	□ 休闲公共空间舒适	□ 巷道尺度宜人	□ 其他方面：_____
2.您不满意的地方？（可多选）			
□ 历史建筑改造过度	□ 消费价格偏贵	□ 商品种类较单一	□ 休闲地方不够/不舒适
□ 标识不明，易迷路	□ 公共设施不够	□ 其他方面：_____	

其他发现/说明可备注（调查员自填）：

_____

附录2 传统商业街使用感受及消费习惯先导性调研（网络平台）

您好！感谢您参与"传统商业街舒适度"的调查问卷，该问卷旨在了解您对传统商业街区的主观舒适感受，据此检验和反馈目前传统商业街的改造状况。您的真实想法对今后传统街区的改造具有实在的借鉴意义，您提供的信息我们将严格保密。非常感谢您的帮助！

备注：传统商业街是指承载传统商业活动，由具有一定历史的街巷和沿街商铺组成，能反映城市某个特定时期商业风貌的街区（如广州市的上下九路、恩宁路等）。

1. 性别 [单选题]

   ○ 男
   ○ 女

2. 您的年龄 [单选题]

   ○ 20岁以下
   ○ 20~30岁
   ○ 31~50岁
   ○ 50岁以上

3. 您的职业情况 [单选题]

   ○ 工人/服务员/一般文职
   ○ 教育/技术/医护人员
   ○ 私营业主
   ○ 自由职业者
   ○ 在校学生
   ○ 退休/家庭主妇/待业
   ○ 其他
   ○ 机关事业单位公务人员

4. 您想推荐大家去逛一逛的传统商业街是？（如广州市上下九路）[填空题]
   注：广州市以外其他城市的街道也可以

   _____

5. 您推荐这条街的原因是？（可多选）[多选题]

   □ 老建筑有特色，可带外地朋友来参观
   □ 有特色小吃
   □ 可以边吃边逛
   □ 能买到生活小用品
   □ 交通比较方便
   □ 商品价格比较实在
   □ 环境比闹市悠闲，可以体验老城味道
   □ 其他

续表

6. 哪条传统商业街是您所不喜欢的？(如广州市上下九路)[填空题]
注：广州市以外其他城市的街道也可以

_____

7. 您不喜欢上述街道的原因是？(可多选)[多选题]

- □ 买不到想买的商品，商品不是我感兴趣的
- □ 环境太闷，没什么可以玩的项目
- □ 过于商业化，商品价格偏贵
- □ 改造后不伦不类，没有历史气息
- □ 建筑太破旧，设施落后
- □ 附近没有地铁站，停车不方便
- □ 游客多，太嘈杂
- □ 环境太单调，没什么可看的
- □ 逛起来很累，没地方休息
- □ 其他

8. 关于传统商业街的"交通流线"，下列因素是否影响您的通行？[矩阵单选题]

	有影响	无所谓	无影响
是否有便利的公共交通到达街区	○	○	○
附近有没有停车场	○	○	○
人流量	○	○	○
街道/巷道太宽或太窄	○	○	○
人车路线是不是分开设置	○	○	○
街区有没有清晰的路名或游览路线的指示	○	○	○
有没有显著的有别于其他街道的标志物	○	○	○
街区中间是否设有公共空地用以休闲	○	○	○

9. 关于传统商业街的"商业功能"，下列因素是否影响您的购物体验？[矩阵单选题]

	有影响	无所谓	无影响
巷道内有没有店铺经营	○	○	○
商品的种类过于接近	○	○	○
要走很久才有公共休闲空间休息	○	○	○
是否有老字号传统店铺	○	○	○
是否有特色小吃/工艺品	○	○	○
是否能买到传统日常生活用品	○	○	○

续表

	有影响	无所谓	无影响
是否有时尚品牌主力店进驻	○	○	○
街区的消费档次	○	○	○
是否设有娱乐场所（如电影院）	○	○	○

10. 关于传统商业街的"设施条件"，下列因素是否让您觉得街区更人性化和更有亲切感？［矩阵单选题］

	是	无所谓	否
餐饮店铺浓重的油烟味道	○	○	○
下雨或者日晒时购物	○	○	○
白天自然光线充足	○	○	○
店铺的音响或者招徕客人的声音	○	○	○
有保安和监控确保街区安全	○	○	○
走累时路边有休闲座椅可以休息	○	○	○
边吃边逛时随时可以找到垃圾桶	○	○	○
公共卫生间易找	○	○	○
走廊过道的电线老化	○	○	○
配备消防栓	○	○	○

11. 关于传统商业街的"景观环境"，下列因素是否让您的游览更为愉悦？［矩阵单选题］

	是	无所谓	否
街区整体环境卫生整洁	○	○	○
街区有绿化景观或小品雕塑点缀	○	○	○
休闲空间有趣	○	○	○
有历史建筑景点或文化展览可参观	○	○	○
街区视线范围开阔	○	○	○
建筑残旧	○	○	○
街区经改造后破坏原有的风格	○	○	○
建筑太高令街道显得压抑	○	○	○

续表

12. 关于传统商业街的"建筑改造"，下列改造措施是否会影响您对店铺建筑的使用？［矩阵单选题］

	有影响	无所谓	无影响
建筑内部是不是合理打通整合	○	○	○
过道或休闲空间是否合理利用，扩大经营	○	○	○
橱窗展示效果	○	○	○
店铺与店铺之间的路线是否方便快捷	○	○	○
建筑外立面有无装饰细节	○	○	○
店铺空调机位是否突兀	○	○	○
对旧建筑材料运用是否得当	○	○	○

13. 针对上述影响舒适度的5个方面，请按影响您舒适感受的程度，由高至低加以排序。［排序题，请在中括号内依次填入数字］

［　］a. 交通流线
［　］b. 商业功能
［　］c. 设施条件
［　］d. 景观环境
［　］e. 建筑改造

14. 针对上述5个方面中的具体舒适度影响因素，请您根据个人感受列出6个较为重要的因素。［填空题］

_____

15. 感谢您的参与，请留下您的个人信息，方便我们致谢，如果您觉得不便可填写匿名资料。［矩阵文本题］［必答题］

姓名/昵称/简称
手机/邮箱/微信

附录3 样本实地调研记录

街区名称/所属区域/样本编号	区位简介	街区概况			走访观感
		交通组织	空间布局/环境面貌	业态类型/租赁状况	
第十甫路/广州市荔湾区/DSF-GZ	位于广州城区西南，东起文昌南路，西至宝华路口，连通宁路，紧邻荔声海内外的上下九步行街，是广州的传统繁荣商业地段	1. 街区内人车混行 2. 购物人群以步行者居多，车道基本用于通行、不运输货物 3. 从地铁长寿路站经此区段至下九路，交通便利	1. 街区呈传统的骑楼街风貌特色。步行区域以骑楼廊道为主，中间马路两边车道宽阔干净。 2. 沿街建筑立面经粉饰修葺，融入岭南传统建筑元素，整体界面较统一 3. 主干道以外的次级街巷有一定保留，街巷人口有标识 4. 部分老字号饮食商铺装修有特色	1. 沿街铺面以商品经营为主，二层及以上以饮食业态为主 2. 汇集服装、小饰品、饮食等商铺。聚集了一些老字号饮食店，如陶陶居、莲香楼等百年老店 3. 巷道业态经营 4. 铺租每年4~16万元/间	1. 街区规整，有一定的传统特色，整体的购物环境热闹但不显凌乱 2. 在非节假日时段亦不乏人流，估计与交通较便利有关，商家较满意 3. 配套有公共卫生间等服务设施，欠缺休闲座椅 4. 主干道以外的次级街巷保留较好，有绿化，也有小型的商业活动，皆有助于主街区商业氛围的营造
上下九路/广州市荔湾区/SXJ-GZ	位于老城区西关，东起上下九路，西至第十甫路，横贯宝华路、文昌路，全长1200多米，全路段店铺林立，共有商店300多家，是广州市第一条商业步行街，1999年和2004年做过不同程度的整修	1. 上九路是步行区域，机动车禁止通行。出荔湾广场后至下九路，人车混行 2. 经第十甫路的游人可直接步行至此，可达性强	1. 街区风貌与第十甫路相似，以传统骑楼为主，街区界面经修葺后高低、新旧，颜色上均有一定变化，视觉效果较丰富 2. 沿街商铺装修改造灵活，基本上内部全部打通，以便于货物的摆设。有些连着打通几个原有的小商铺，形成大规模的营商空间。有部分商铺的平面布局较新颖，呈"凹"字形	1. 二层、三层的商铺连片打通，主要经营饮食业 2. 人流量大，一间普通的饰品店在非节假日客流量近万人次/天，节假日客流量增加2倍以上，中间道路亦挤满游客 3. 巷道业态经营良好 4. 寸土万金，单间商铺年租金普遍在6万元以上	1. 街区商业氛围浓厚，场面可观 2. 管理较规范，骑楼基本用于行人行走，无商家占用 3. 较之下九路的人车混行环境，上九路的步行购物环境显得更为集中、有序。上九路的人流多于下九路 4. 二楼以上用作饮食空间，利于通风、卫生管理。中间的街道用于举办一些大型的商业活动，如影展等宣传活动，利用率较高且有益于购物氛围的营造

续表

街区名称/所属区域/样本编号	街区概况			走访观感
	区位简介	交通组织	空间布局/环境面貌	业态类型/租赁状况	

街区名称/所属区域/样本编号	区位简介	交通组织	空间布局/环境面貌	业态类型/租赁状况	走访观感
上下九路/广州市荔湾区/SXJ-GZ			3. 有一些特色的民俗小品景观，如西关风情人文景观，还有一些民俗"鸡公榄"，沿街叫卖（政府有意而为，非民间私人自发行为）		5. 商铺的空间使用较自由灵活，商铺间互相配合补足，有利于租售 6. 小品景观的设置增加了街区的传统风情，但仍缺乏一定的休闲空间，公共服务设施方面，如增加休闲座椅、饮水口（或洗手台）等会较便于行人 7. 景观绿化欠佳
恩宁路/广州市荔湾区/EN-GZ	东起宝华路，西北至宝华路，与龙津西路相接。2012年，作为旧改造新模式的试点。2016年在永庆坊试行"微改造"	1. 人车混行 2. 没有直达公交、地铁 3. 与多宝路相接，行人在此分流	1. 恩宁路保留了大量骑楼建筑及八和会馆、詹天佑故居等数处历史文物建筑 2. 骑楼建筑保存完好，建筑细部装饰精美 3. 较安静，与上下九路形成对比 4. 老字号指示不清晰	1. 以传统手工艺为主 2. 人流较少，不少店铺改为快餐店或快递仓库，格调较低，卫生条件较差	1. 老街坊搬走致生活气息流失，人流量极小（工作日和周末差别不大，晚上更安静，多是大排档在营业），定位不清晰，很多店铺关门，营业的店铺日均客流量不足10人次，店铺格调不高，多为货运、快餐、铝合金等业态 2. 值得慢走，可考虑增加店铺种类走文艺路线，从而与第十甫路的服装业态形成互补。同时应合理利用文化资源，如八和会馆、詹天佑故居等，增加文化底蕴
一德路/广州市越秀区/YD-GZ	东接海珠广场，西连人民南路。1920年自东向西拆建出一条自东向西的德新马路（因路旁有明清时期的德学社而得名）。在此基础上，诞生了广州初具规模的商业街	1. 非步行街道，以栏杆分隔人车，在主要的时段禁止货车通行 2. 车辆靠栏杆停放，有些直接停于店铺门前，对行人商家均有影响	1. 商业楼下的骑楼用于开设沿街商铺，属非典型的骑楼空间。除沿街商铺外，有整片的小面积商铺形成片区经营 2. 旧商铺位于骑楼空间内，为独立的单间商铺，二楼可作为生活空间或仓库使用	1. 整条街以批发业态为主，有玩具、海鲜、小饰品等 2. 空气不清新，有异味 3. 商家占道经营缺乏管理	1. 较嘈杂，卫生条件差 2. 人车混行，交通不便。商家尤其是批发商反映在主要的时段禁止货车通行对经营造成很大影响，所以近年来也发展零售业态 3. 顾客反映卫生状况不好，车辆大杂，但所卖商品种类多，基本上能满足需求 4. 来此购物的游客较类明确，无闲暇游览的心态

续表

街区名称/所属区域/样本编号	街区概况				
	区位简介	交通组织	空间布局/环境面貌	业态类型/租赁状况	走访观感
泰康路/广州市越秀区/TK-GZ	西接一德路，东连万福路，全长454米，宽16米。此处原来是广州新城的南界，1919年市政府拆新城的城墙建成此路	1. 无直达地铁，交通不太方便 2. 人车混行较杂乱 3. 无次级巷道业态补充	1. 传统骑楼为主，未经改造，略显破旧 2. 有原住民居住，店铺商住结合 3. 单一的纵向动线，视觉较为单调	1. 街区业态以装饰材料和小饰品为主 2. 无老字号商铺，业态较单一	1. 业态较单一，客流量不大 2. 街区卫生条件欠佳 3. 骑楼风貌没有很好地保护修缮，传统特色不显著
北京路/广州市越秀区/BJ-GZ	该片区位于广州古城发展的中心轴线，早在唐末时期便是广州城区的主要商业街道，文化底蕴深厚，商贸传统悠久。2002年起改为全天候步行街，是广州市最著名的传统商业街之一	1. 地铁直达，交通便利，街区全天候步行 2. 路牌指示清晰，游客咨询点派发的地图形式多样 3. 纵向动线与横向路线组合成网络形区	1. 现代骑楼风貌为主，界面整洁有序 2. 休闲设施齐全，标识体系完备 3. 历史文化资源丰富，明清路面、大佛寺、城址遗址等构成完整的千年古城意象 4. 现代广告牌林立	1. 人流量大，业态丰富，传统老店与现代文艺小店并存 2. 主干道常举办民俗活动、商品促销活动等增加体验经济 3. 横向和纵向动线互为补充，行走线路较丰富	1. 商贸传统悠久，街区角色定位清晰，是广州古城的文化宣传名片 2. 扩大路网后，将单调的街道、引向鱼骨形的街道，行走路线变得丰富 3. 整合文化资源，做好文化遗产的推广和介绍，有助于营造传统历史场所，商业的触媒效应也更显著 4. 民俗活动的举办丰富了体验经济形式 5. 方向的指示标识体系完善，街区的意象标识也较能达成共识 6. 现代广告牌的设置对于建筑立面有一定影响

续表

街区名称/所属区域/样本编号	街区概况				走访观感
	区位简介	交通组织	空间布局/环境面貌	业态类型/租赁状况	
佛山岭南新天地/佛山市/LNTD-FS	佛山岭南新天地以祖庙、东华里、历史风貌区为发展主轴，延续历史老街巷，创造尺度适宜的开放空间。在传统统一的肌理下融合了零售、餐饮、娱乐、旅游及文化等功能，展现了岭南的风情风貌	1.以步行为主，人车分流模式 2.各街巷彼此之间相互贯通，客流分布较均匀，商铺的可达性较强 3.设有十字路口的休闲广场既是过渡空间，也是人流的汇集点	1.街巷蜿蜒曲折，尺度宜人，视觉丰富 2.既存建筑的外观风格协调统一，凸显岭南传统民居元素，并利用传统材料、传统饰物营造街区的历史氛围。内部空间普遍做了较大幅度改造。一些商铺利用室外延伸的灰空间拓展经营区域 3.街区十字路口的休闲广场设有座椅、水池等，既方便人流的疏散，也便于游客休息、交流，在某种程度上是人气的汇聚点	1.主干道以饮食业态为主，有多家连锁的轻奢餐饮店 2.老字号商铺颇具吸引力，涉及餐饮、陶瓷工艺、武术等业态，体验和游客看相结合 3.特色人文气息较浓厚，餐饮和娱乐业态较易聚集人气，老字号商铺和现代连锁餐饮互补充	1.街道尺度适宜，蜿蜒曲折，有传统街巷的意象，旧构件的沿用材料，一定程度上营造出历史感和真实感 2.小品建筑、绿化景观融于休闲空间，整体环境较为怡人 3.对街区内的复原和主要历史建筑进行了适当的再现，修缮如旧，历史感和真实感。对街区可读性强。建筑立面细部元素可读性强。对空调机位、变配电设备等也做了细心的遮挡处理 4.街区中建有岭南民俗馆，普及了岭南文化，丰富了街区功能 5.以游客多，主要是慕名来体验老字号商铺 6.游客以吃饭为主，购物较少
凌风东、西路商业街/梅州市/LFDX-MZ	始建于1932年，全长1000米，宽8.5米，两边多为中西混合式骑楼商业建筑及中西混合式客家民居	1.以骑楼街为主，人车共用车道，双车道，是市民日常通行的基本交通通道，上下班时易堵塞	1.整条街经过改造，展现近现代街道风貌。建筑外观较新，整体风格统一，建筑之间无差异 2.未配备休闲设施，与外部环境之间没有缓冲空间，较显凌乱 3.店铺前的灰空间多用于经营，备有遮阳遮雨设施	1.店铺保留商住格局，个别店铺打通，拓展内部空间，展示现代化商品 2.街区内有不少老店铺，所售传统货物有布匹、铁器、竹编织品等 3.巷道保留干货物流通、居民保留原有生活习惯	1.既存建筑缺少细节变化，可读性有待加强，街区历史痕迹保留不多 2.新旧商家搭配，功能较齐全 3.饮食店铺利用走廊空间摆设桌椅，卫生状况有待加强 4.整条街的电线老化，个别店铺乱搭接电线，存在一定消防隐患

续表

街区名称/所属区域/样本编号	街区概况					走访观感
	区位简介	交通组织	空间布局/环境面貌	业态类型/租赁状况		

街区名称/所属区域/样本编号	区位简介	交通组织	空间布局/环境面貌	业态类型/租赁状况	走访观感
孙文西路/中山市/SWX-ZS	位于石岐铁城西门外,参与构成"山、水、城"格局,步行街两侧的低层建筑是19世纪末欧式殖民地风格建筑与岭南骑楼建筑混合而成的"南洋风格建筑"	1. 街区尺度适宜,不拥挤,交通方便 2. 与中山公园相连,景观资源丰富	1. 建筑外立面粉刷翻新,山墙装饰丰富,高低错落,视觉效果较好 2. 有永安百货,思豪大酒店等历史建筑,但历史建筑标识不清晰,文化气息不够 3. 有缓冲休闲空间,商业尺度合适 4. 服务设施完善,有座椅、卫生间、饮水机、垃圾桶等	1. 业态较为单一,选择不多,无老字号商店 2. 街区巷街接待得当,巷有小吃业态 3. 业态以服饰为主,建筑一层打通作店面,二层作仓库或空置	1. 本地人以休闲为主,外地人主要来购物。本地人认为街区改造成功。街区有雕塑、绿化等景观 2. 业态以服饰为主,主街为保持整洁不设饮食业,导致业态较单一,可增加些高档甜品店或休闲项目,丰富业态且不会破坏环境 3. 保安多,治安管理好,商家音响的音量被严格控制。步行街周末晚上人流量较大 4. 街区服务设施完善,有座椅、卫生间、饮水机、垃圾桶等
华盖路/佛山市顺德大良/HG-SD	建于民国初期,毗邻清晖园。全长600多米,街道两旁有骑楼,末清初具有骑楼特色的岭南建筑	1. 步行街摩托车可通行,汽车不能通行 2. 公共交通便利,华盖路常作为穿行通道	1. 彩色骑楼街,建筑立面有细部装饰 2. 外立面涂料有剥落 3. 市场前设小食摊档,缺休闲座椅,无卫生间	1. 业态以传统老字号小吃,有休闲饮食少 2. 街区中的市场形成区域业态,延伸到一楼公共区域,人流汇聚于此	1. 与清晖园景区形成较好的历史文化呼应,但街区中的历史文化资源并未得到重视 2. 半步行的交通方式略显杂乱。市场前设小食街档,卫生状况较差。街巷缺街接续过渡 3. 游人参观完清晖园后可以漫步至此购物

附录4 岭南传统商业街样本调研图片举例

名称	广州上下九路	广州一德路	广州泰康路	广州恩宁路
实景				
名称	广州北京路	东莞振华路	佛山岭南新天地	佛山顺德华盖路
实景				
名称	珠海斗门老街	珠海北山广场	梅州陵风东路	梅州大埔湖寮同仁路
实景				
名称	深圳南头中山街道	江门开平赤坎中华西路	江门台山通济路	中山孙文西路
实景				
名称	江门台山台城中心南路	茂名高州中山路	惠州水东街	潮州牌坊街
实景				

附录5　针对消费者和商家的开放式问卷先导调研

消费者:

1. 你常到传统商业街购物吗？你是本地人还是慕名前来的游客？

2. 为什么会选择到这条街购物？

3. 你一般会在街区逗留多长时间？

4. 你到这里的交通方式？（地铁、公交、自驾、步行等）

5. 你对这里的购物环境满意吗？你认为有什么需要改进的地方？

6. 你对广州哪条老街的印象比较深？为什么？

7. 你常常到哪家店购物？选择到这家店购物的原因是什么？（质量好、价格便宜、靠近公交站或市场等）

8. 购物的过程中，除了购买商品，有没有其他附属行为？（饮食、娱乐、休闲、聊天等）

9. 其他记录：

经营者:

1. 你在这里开店多久了？为什么会选择在这里开店？

2. 每天营业时间多长？哪个时段客流量较大？

3. 每年铺租多少？利润可观吗？

4. 街区改造后和以前相比，对生意有什么影响？（行人多了或少了，铺租涨了或降了，等等）

5. 店铺面积有多大，是如何布局的？（如二楼是否住人或作为仓库使用）

6. 你觉得有必要对店铺进行改造吗？（为什么改，怎样改）

7. 经营过程中，哪些因素对经营活动造成影响？（通风采光条件、交通运输路线、公共服务设施、物业管理等）

8. 街区有哪些地方待改进？

9. 其他记录：

备注：
1. 以聊天方式展开问答，尽量通俗化，避免用书面语，忌逐条发问。
2. 根据谈话的对象和氛围，自由组合增删问题。问题的问法没有限制，只要能得到相应答案即可（类似于记者提问的技巧）。
3. 选取不同年龄段的受访人群，避免失之偏颇。
4. 受访顾客和商家分别达到10位左右较佳。
5. 做必要的记录（笔记或录音）。
6. 旨在通过先导性调研，大致了解目前广州传统街区的使用状况。同时，间接地获取顾客和商家在街区使用过程中所关注的要素，为后续设计街区使用后评价问卷提供有效信息。

附录6 舒适度影响因素先导调研

评价因素	有影响（%）	无所谓（%）	无影响（%）	评价因素	有影响（%）	无所谓（%）	无影响（%）
S1公共交通的配套				S22治安状况			
S2有无设置停车场				S23休闲座椅/垃圾桶/卫生间			
S3人流量大小				S24电线老化			
S4过道宽度				S25消防栓配置			
S5人车分流				S26卫生整洁			
S6街区路牌导向指引				S27绿化景观			
S7街区标志物				S28公共空间趣味			
S8公共休闲空地配备				S29历史建筑/文化展览			
S9巷道店铺经营				S30视野范围			
S10商品种类				S31建筑新旧程度			
S11购物流线长度				S32街区保持原有风格			
S12老字号传统商店				S33建筑高度			
S13特色工艺品				S34店铺内部改造			
S14传统日常用品				S35过道扩大经营			
S15时尚品牌主力店				S36橱窗展示效果			
S16娱乐场所				S37店铺之间的通道			
S17消费档次				S38建筑外立面细节			
S18空气质量				S39空调机位			
S19遮雨/遮阳设施				S40旧材料的运用			
S20光线				S41其他（您的建议）			
S21声音环境							

附录7 广州传统商业街购物环境舒适度评价(第一阶段)

调研时间:___年__月__日　　　　调查地点:_____

访谈对象:

1. 姓名(可匿名):_____　　　2. 性别:____

3. 身份(顾客/商家):_____　　4. E-mail(必填):_____

(在相应的选项下打√)

因素项目	具体评价因素	评价等级					备注
		很舒适	较舒适	一般	较不舒适	很不舒适	
A 环境物理感受	1. 空气质量						
	2. 光线(人工照明、自然光线)						
	3. 天气(下雨/烈日)对于购物环境的影响						
	4. 声音环境(如商店音响、沿街叫卖等)						
B 街区空间感受	5. 街道/走廊过道的尺度						
	6. 购物流线的长度(即是否有十字路口、中庭空间分隔街区,会不会走很长一段距离都没有停歇点)						
	7. 方位感(即方向是否易于识别,有无标识性元素)						
	8. 人车交通流线						
C 商业动线感受	9. 业态布局(即商店类型是否丰富,饮食、零售等业态的搭配是否合理)						
	10. 老字号商店(传统商品的吸引力)						
	11. 巷道业态						
D 街区景观感受	12. 街区的便利设施(座椅、垃圾桶、卫生间等是否配备)						

续表

因素项目	具体评价因素	评价等级					备注
		很舒适	较舒适	一般	较不舒适	很不舒适	
D 街区景观感受	13. 街区的整体形象（新旧建筑的搭配、空调机等现代设备的安装会否太突兀）						
	14. 景观点缀（如雕像、花草等）						
	15. 街区整体卫生						
	16. 历史空间环境						
E 建筑使用感受	17. 街区的宣传展示						
	18. 商铺内部空间的改造						
	19. 水电设备安全保障（街区的电线是否老化，有无消防栓等）						
您对该购物中心舒适度的总体评价							
针对上述具体评价因素，请选出6个您认为最重要的因素（填写序号）： ①___ ②___ ③___ ④___ ⑤___ ⑥___							

附录8　传统商业街购物环境舒适度评价调查表(第二阶段)

时间：__年_月_日　地点：_____

指导语：

　　亲爱的顾客/商家，您好！传统商业街舒适度评价属于建成环境评价的范畴，我们想了解您对该街区的使用情况，以及您对购物环境的看法。请您根据自身感受在相应评价等级下打"√"，并在表格的最后对要素进行重要性排序。您也可以在"备注"栏发表相应的看法或提出改进措施。您的意见将成为用于提高街区环境质量的第一手资料，非常感谢您的帮助！

1. 性别：_____　　　　　　　　2. 年龄：_____

3. 身份：<u>顾客/商家</u>(对应打"√")　　4. 职业：_____

5. 联系方式（E-mail/微信/电话）：_____

因素项目	具体评价因素	评价语	您的评价等级					评价语
			2	1	0	−1	−2	
A 设施配备及物理环境	1.空气质量	宜人/清新						异味/呛鼻
	2.自然采光或人工照明	适宜/明亮						刺眼/昏暗
	3.日晒或下雨对于购物的影响	方便/不影响						太晒/淋雨
	4.声音环境	宜人/合适						嘈杂/清寂
	5.休闲座椅/卫生间/垃圾桶的配备	足够/方便						缺乏/不便
B 业态模式及商业功能	6.商品的种类	丰富/有吸引力						单调/乏乏
	7.传统老字号商店/特色小店	有特色/有意义						缺乏吸引力/没有吸引力
	8.巷道中的小店经营	有序/热闹						凌乱/缺乏
	9.主力店	有号召力/人气旺						没有号召力
	10.购物以外的其他体验	丰富多样						单调选择少

续表

因素项目	具体评价因素	评价语	您的评价等级					评价语
			2	1	0	-1	-2	
C 交通流线及空间布局	11.到达街区的公共交通	充足/方便						缺乏/不合理
	12.街区的方位感及标识性元素	清晰/充足						模糊/缺乏
	13.人流量	适度						拥挤/无人气
	14.人车交通流线	合理方便						混乱/危险
	15.休闲空间/十字路口分隔购物流线	有,购物流线长度合理						缺乏,购物流线冗长沉闷
D 视觉景观及场所氛围	16.绿化或雕塑景观	有趣丰富						缺乏/单调
	17.街区整体氛围	有历史氛围						不真实/太商业
	18.附近古迹景点、文化展览或公园	相融合						缺乏/隔离
	19.街区整体卫生	整洁舒适						脏/乱/缺管理
	20.问询、求助和传单的派发管理	方便/有序						缺乏管理/乱
E 建筑使用及改造效果	21.建筑的外观造型或装修效果	得体/有细节						无特色/被破坏
	22.店铺对二层空间/公共空间的利用	合理						占道/不方便
	23.老建筑内部打通改造	适度/有特色						过度/不实用
	24.空调主机/电线/广告牌设置	协调/合理						违和/破坏整体观感
	25.店铺的水电设置	安全/合理						有隐患
您对该传统街区舒适度的总体评价		非常好						非常不好
A、B、C、D、E五大因素中,请按您认为的重要程度进行排序(由高至低填写字母): ①____ ②____ ③____ ④____ ⑤____							
25个具体评价因素中,请选出6个您认为最重要的因素(填写序号): ①____ ②____ ③____ ④____ ⑤____ ⑥____							
备注:							

附录9　文化意象开放式问卷调研

1. 是不是第一次来这个街区？上次来这里游玩是什么时候？

2. 你觉得该街区有哪些变化？（针对曾在该街区多次游走的使用者）

3. 哪些变化令你觉得可喜/遗憾？

4. 该街区的历史/文化景点有哪些？路线指引清晰吗？背景介绍详细吗？

5. 哪个历史景点让你印象深刻？为什么？

6. 该街区对你而言什么最有吸引力？

7. 哪些环节能让你在游览中体会到街区的历史文化性？

8. 哪些环节让你体会到街区的商业活力？

9. 与大型购物中心相比，你选择这条传统商业街的原因是什么？

10. 你觉得街区需要改进/值得坚持的地方有哪些？

附录10 传统商业街的行为观察和体验观察记录

编号	样本	拍摄点	拍摄内容	拍摄方式	小组人数
1	BJ-GZ	A1千年古道遗址（入口处）	人们在遗址旁边的行为（观看、拍照、谈论、静坐、路过等）	定点观察，每隔5min拍1张，拍5~10张	5~8人/组
		A2拱北楼遗址（滴水铜壶雕塑）		定点观察，每隔5min拍1张，拍5~10张	
		A3老字号店铺	人们在其中的行为（观看、拍照、品尝、购买）	拍5~10张	
		A4老建筑		拍5~10张	
		A5有特色的小店（书店、精品店、网红店）		拍5~10张	
		A6其他公共区域（如广场、休闲庭院、走廊过道）	人们的行为（观看、拍照、谈论、静坐、穿行通过等）	拍5~10张	
		A7随机选取	记录者观察到的行为	拍5~10张	
2	SXJ-GZ	B1有铜马雕塑的大广场	人们在广场上的行为（观看、拍照、谈论、静坐、路过等）	定点观察，每隔5min拍1张，拍5~10张	5~7人/组
		B2巷道（最好有商铺经营）	人们在其中的行为（购买、聊天、穿行通过等）	定点观察，每隔5min拍1张，拍5~10张	
		B3西关风情雕塑（趟门、西关小姐标识等，位于上、下九路交界处）	人们在雕塑附近的行为	定点观察，每隔5min拍1张，拍5~10张	
		B4老字号店铺	人们在其中的行为（观看、拍照、品尝、购买）	拍5~10张	
		B5随机选取	记录者观察到的行为	拍5~10张	
3	DSF-GZ	C1巷道（最好有商铺经营）	人们在其中的行为	定点观察，每隔5min拍1张，拍5~10张	4~6人/组
		C2主街道、骑楼下的走廊过道、小巷	人们的行为（拍照、欣赏、漫步、谈论、休息、步行/车行通过等）	拍5~10张	
		C3老字号店铺或老建筑	人们的行为（拍照、欣赏、漫步、购物、路过等）	拍5~10张	

续表

编号	样本	拍摄点	拍摄内容	拍摄方式	小组人数
3	DSF-GZ	C4有特色的小店（书店、精品店、网红店）	人们的行为（拍照、欣赏、漫步、购物、路过等）	拍5~10张	4~6人/组
		C5入口空间			
		C6随机选取	记录者观察到的行为	拍5~10张	
4	EN-GZ	D1粤剧博物馆	人们在其中的行为（观看、拍照、休息、谈论、漫步）	拍5~10张	4~6人/组
		D2八音会馆遗址	人们通过的行为（观看、拍照或无视）	定点观察，每隔5min拍1张，拍5~10张	
		D3铜铺	人们通过的行为（观看、拍照、询价、购买、或无视）	定点观察，每隔5min拍1张，拍5~10张	
		D4主街道、骑楼下的走廊过道、小巷	人们的行为（拍照、欣赏、漫步、路过等）	拍12~15张	
		D5随机选取	记录者观察到的行为	拍5~10张	
5	YD-GZ	E1主街道、骑楼下的走廊过道、小巷	人们的行为（聊天、卖货、询价、选购、拍照、漫步、路过等）	拍12~15张	4~5人/组
		E2与圣心教堂交会的休闲空地	人们在其中的行为（观看、拍照、驻足、静坐、谈论等）	定点观察，每隔5min拍1张，拍5~10张	
		E3出入口附近公共开阔空地	人们在其中的行为（观看、拍照、驻足、静坐、谈论等）	定点观察，每隔5min拍1张，拍5~10张	
		E4随机选取	记录者观察到的行为	拍5~10张	

注意：
1. 观察传统街区中人们的行为时重点关注不会在现代商业街中发生的行为；
2. 手绘平面图、行走的路线，记录印象深刻的店铺、景点等（凭印象和真实感受画）。

后 记

结果是为过程定性的。所幸，写到这里，漫长、曲折，终于也算完成了。尝试举重若轻保持平静地叙述，记忆深处的惊心动魄隐于沉默，忽而狭路相逢，以至这一页的记录如论文写作般迟缓、反复。

本书基于笔者读博时期的研究整理而成，能拜读于郑力鹏先生门下，实为读博第一大幸事。儒雅谦和是郑力鹏先生给我的最初印象。当年跨专业求学，蒙师不弃收留门下。先生于学识的严谨热忱，引我领略建筑历史的博大精妙；先生于人事的周正豁达，教会我如何为人处世。写作过程几经波折，先生以"菩萨低眉"般的温和仁厚给我莫大力量，领我渐次走出低谷。这份深厚朴实的师恩时时温暖并激励着我。

感谢吴庆洲教授、朱小雷教授、程建军教授、彭长歆教授、朱雪梅教授对本研究切中肯綮的建议和宝贵意见，师长们的学识和视野帮助完善了本书的写作。

书中空间句法技术相关研究得益于华南理工大学周伟强博士的鼎力相助，38℃热暑相伴调研，不吝赐教讲解技术要领，如切如磋，许多启发性的建议确保了本研究关键环节的完成。这份情义感存于心。

在资料收集及研究实施阶段，得到许多豪杰志士的慷慨相助，滴水之恩汇聚成文，挂一漏万记下此间细节：

（1）私立华联学院艺术设计系新闻采编制作专业2016、2017、2018级全体同学利用专业优势在传统街区采访拍摄做舒适度调研；

（2）北京师范大学珠海校区建筑学专业2014级杨振宇同学、城乡规划专业2015级林川泽同学等认真协助收集珠海斗门老街舒适度问卷；

（3）佛山岭南新天地香云纱店员刘女士定时、定点记录所在街区关键节点人流量；

（4）私立华联学院艺术设计系新闻采编制作专业2016级学生伍卓玲、陈苑思、陈卓滢等测算广州上下九路、一德路关键节点人流量；

（5）华南理工大学建筑学院王凯沙、冀莎菲、葛鹏飞、骆佳荣、葛天琪、邓启阳等同学测算佛山岭南新天地关键节点人流量；

（6）华南理工大学建筑学院2017级研究生海珊同学协助调研佛山岭南新天地消费者行为轨迹；

（7）北京路文化核心区管理委员会刘纪耀主任及梁文导工程师对北京路改造进行详细介绍，并热心联系游客服务中心协助设置舒适度问卷派放点；

（8）华南理工大学图书馆黄洁同学为资料的检索查阅提供便利；

（9）华南理工大学建筑学院郭昊栩老师的灼见和文采，给论文以思辨的深度和点睛的妙笔；

后 记

（10）私立华联学院侯德富老师、程华老师和彭敏老师给论文的写作提供了难能可贵的空间和时间；

（11）华南理工大学建筑设计研究院有限公司宋泳蔚同学妥帖周到筹备答辩资料；

（12）众多亲朋好友热心转发网络问卷链接，扩展了采访调研对象；

（13）以下学者提供的街区资料丰富了样本素材：广州市城市规划勘察设计院邓国基先生提供广州市骑楼改造相关资料，周伟强博士提供珠海斗门老街第一手详细资料，刘俊炜同学热心收集梅州地区街区照片，苏姗、雷万思同学提供恩宁路改造资料，林畅斌同学提供澳门街区的图片资料，王凯沙同学提供广州街区现场图片素材。

回顾读博生涯，师门的融洽友爱为这段岁月注入一抹暖色。林畅斌、黄如琅同学热忱真诚分享工程经验及生活趣闻，常令我眼前一亮；郭祥老师以及林畅斌、贾超、张惠民、黄金凤、张学严、雷万思、苏姗、康琪、易晓列、王凯沙、冯倚天、邓启阳、冀莎菲、葛天琪、黄如琅等同学彼此关爱，调研路上踏歌而行，培养了平实朴素的同窗情谊；谢轩、陈春娇、姜磊、陈晓唐等博士同学，求学途中患难相扶，感同身受般的理解和鼓励促成了弥足珍贵的革命友谊。

挚友胡子数易文稿校对文字，在我困惑之时以通透和慈悲教我清除杂念，令我笃定安心前行。好友刘洁，以其勤勉卓识领我看到另一番广阔天地，并与我分享每一步成长的喜悦，催我上进。老友许惠萍，少时携手相伴不离不弃，其善良和大智慧让我在一地鸡毛中保持清醒与平衡。侯宇表姐善解人意，理解并支持着我不切实际的想法与追求。张雪蓉、张颖、陈敏华、吴碧彤等球友，使我常感投缘和惬意松弛。疲惫惶恐时，我常想到他们。

感谢父母等长辈亲人一直以来对我的"任性"给予无限理解和包容，解我后顾之忧，助我达成心愿。叻和why如家人般可亲，聪慧灵动无赖狡黠，治愈我许多日常的忧愁。感谢郭昊栩先生倾心用力开启我的智慧，给"惊弓之鸟"以力量和耐心去追求难以实现且不合时宜的理想，人生渐渐有了"thinking living"的格局与担当。江湖辽阔击掌盟约，恰应了那句"今日相乐，皆当喜欢"。

昔日调研时看街上众生相，深深体会到"营生"一词的活泼和用力。渺小如我，天资愚钝，求学求职颇为曲折。感激每一程得到的许多"加持"，正是这些恩德给我明知不可为而为之的韧性和倔强，使我熬过那些焦虑的长夜、屏幕前的彷徨以及被中伤时的失语，令我小小身躯能扛起重担渡过难关。回首恍惚，悲伤也愉悦。诚恳纯粹地经营学问与人事，这个过程既是对诸多善意的交代，也是对自己的成全。过程，执某种信念，似已为结果正名。

收笔之际，好似走出影院，蓦然置身于光天化日之下、车水马龙之间，时空两隔。本研究历时7年，人事升沉，好时光在谈笑中掠过，其间的清明和情谊、得失与意义难以言尽。

跌跌自喜，仰天而啸——"当时只道是寻常"。

著 者

2023年9月20日